*Para a
metacrítica da teoria
do conhecimento*

FUNDAÇÃO EDITORA DA UNESP

Presidente do Conselho Curador
Mário Sérgio Vasconcelos

Diretor-Presidente
José Castilho Marques Neto

Editor-Executivo
Jézio Hernani Bomfim Gutierre

Superintendente Administrativo e Financeiro
William de Souza Agostinho

Assessora Editorial
Maria Candida Soares Del Masso

Conselho Editorial Acadêmico
Áureo Busetto
Carlos Magno Castelo Branco Fortaleza
Elisabete Maniglia
Henrique Nunes de Oliveira
João Francisco Galera Monico
José Leonardo do Nascimento
Lourenço Chacon Jurado Filho
Maria de Lourdes Ortiz Gandini Baldan
Paula da Cruz Landim
Rogério Rosenfeld

Editores-Assistentes
Anderson Nobara
Jorge Pereira Filho
Leandro Rodrigues

THEODOR W. ADORNO

Para a metacrítica da teoria do conhecimento

Estudos sobre Husserl e as antinomias fenomenológicas

Tradução
Marco Antonio dos Santos Casanova

Revisão técnica
Eduardo Socha

© Suhrkamp Verlag Frankfurt am Main 1970
© 2007 Editora Unesp
Título original: *Zur Metakritik der Erkenntnistheorie*

Direitos de publicação reservados à:
Fundação Editora da Unesp (FEU)
Praça da Sé, 108
01001-900 – São Paulo – SP
Tel.: (0xx11) 3242-7171
Fax: (0xx11) 3242-7172
www.editoraunesp.com.br
www.livrariaunesp.com.br
feu@editora.unesp.br

CIP-Brasil. Catalogação na publicação
Sindicato Nacional dos Editores de Livros, RJ

A186p

Adorno, Theodor W., 1903-1969

Para a metacrítica da teoria do conhecimento: estudos sobre Husserl e as antinomias fenomenológicas / Theodor W. Adorno; tradução Marco Antonio dos Santos Casanova. – 1.ed. – São Paulo: Editora Unesp, 2015.

Tradução de: *Zur Metakritik der Erkenntnistheorie*
ISBN 978-85-393-0406-6

1. Husserl, Edmund, 1859-1938. 2. Conceitos. 3. Teoria do conhecimento. 4. Filosofia. 5. Fenomenologia. I. Título. II. Série.

13-00463

CDD: 121
CDU: 165

Editora afiliada:

Sumário

Introdução à Coleção . *11*

Apresentação à edição brasileira . *15*

Prefácio . *29*

Introdução . *33*

    Procedimento e objeto . *33*

    Crítica imanente . *36*

    O elemento primeiro mediado . *38*

    Matematização . *41*

    O conceito de método . *44*

    Elevação do sujeito . *49*

    O permanente como o verdadeiro . *53*

    O elementar . *57*

    O regressivo . *59*

    Filosofia da origem e teoria do conhecimento . *61*

Sistema e dívida (*Schuld*) . 66
Forças de oposição na teoria do conhecimento . 67
A compulsão ao sistema . 69
Sobre a doutrina das antinomias . 71
Nominalismo . 74
Motivação e tendência da ontologia . 76
Concreção aparente e formalismo . 79
O novo e o antigo . 84

I   Crítica do absolutismo lógico . 87
Filosofia, metafísica, ciência . 87
Contradição na cientificação . 88
Sobre o conceito de intuição . 92
O cientificismo de Husserl . 97
Dialética, mesmo contra a vontade . 99
A vantagem inicial (*Vorgegebenheit*) da ciência . 101
O "realismo" da lógica . 107
O elemento lógico em si . 109
Pressuposição do absolutismo lógico . 113
Essência e desenvolvimento . 115
Máquinas de calcular, lógica, mecânica . 118
Reificação da lógica . 122
O "objeto" lógico . 125
Expressões autossemânticas e sinsemânticas . 127

Leis da lógica e leis do pensamento . *129*

Aporias do absolutismo lógico . *134*

Sobre a relação entre gênese e validade . *137*

Gênese e psicologia . *139*

Pensamento e psicologismo . *140*

O princípio de não contradição . *142*

O princípio de identidade . *146*

Contingência . *149*

Abandono da empiria . *153*

Motivos fenomenológicos e eidéticos . *154*

II Espécie e intenção . *159*

Princípio em si e essência . *159*

Vivência e "sentido" . *162*

Crítica dos "sentidos" singulares . *164*

Origem da "visão das essências" . *168*

"Abstração ideadora" . *170*

Abstração e "tóde ti" . *177*

A primazia da "análise da significação" . *183*

A função do noema . *188*

Noema e "eidos" . *190*

Relação entre as duas reduções . *192*

O caráter híbrido do noema . *194*

Essência e "estados de fato da consciência" . *196*

Antinomia do subjetivismo e eidética . *198*
"Variações eidéticas" . *200*
Essência como ficção . *204*

III Para a dialética dos conceitos epistemológicos . *211*
Fenomenologia como epistemologia . *211*
Positivismo e platonismo . *214*
O conceito husserliano de doação . *217*
"Fundação" . *221*
Ontologização do fático . *223*
Coisa como modelo do dado . *229*
Doação mediada em si . *232*
O sujeito da doação . *236*
Paradoxos da intuição pura . *242*
Matéria como preenchimento . *245*
Sensação e percepção . *250*
Antinomia da doutrina da percepção . *254*
Sensação e materialismo . *256*
Teoria do conhecimento como análise dos elementos . *258*
"Gestalt" . *260*
Intencionalidade e constituição . *263*
O aparecimento da *noesis* e do *noema* . *265*
A síntese esquecida . *268*
Crítica da teoria da correlação . *269*

Pura identidade e núcleo noemático . 271

Primado dos atos objetivantes . 276

Coisa como "fio condutor" . 278

Antinomia do noema . 280

Abdicação da crítica . 286

Posição antagônica no sistema . 288

A transição de Husserl para o idealismo transcendental . 293

Fragilidade do sistema . 297

IV A essência e o eu puro . 301

Husserl e seus sucessores . 301

A tentativa de irrupção da fenomenologia . 305

Autorrevogação . 307

Caráter de imanência e fetichismo do conceito . 311

"Atitude" . 313

Fantasia e corpo . 317

Intuição categorial . 320

O ápice paradoxal . 322

Origem do absolutismo lógico . 323

Preenchimento de momentos não sensíveis . 325

"Apercepção" . 328

Motivação do objetivismo . 331

O desvanecer do argumento . 334

Fenomenologia como filosofia da reflexão . 336

Sistema em decadência . 337

Elementos avançados e retrógrados . 339

O museu de ciências naturais . 345

Ideal abstrato de segurança . 348

Eternização do elemento temporal . 350

Origem do "eidos ego" . 353

Consciência, pura essência, tempo . 355

Ego transcendental e faticidade . 358

Equivocação do "eu" . 360

Solipsismo . 362

Aporias da experiência transcendental . 365

O fim do idealismo . 369

Índice onomástico . 373

Introdução à Coleção

Figura maior no panorama filosófico do século XX, Theodor W. Adorno foi responsável por uma experiência intelectual gerada pela confrontação incessante da filosofia com o "campo da empíria", em especial a Teoria Social, a Crítica Literária, a Estética Musical e a Psicologia. Nessa desconsideração soberana pelas fronteiras intelectuais, estava em jogo a constituição de um conceito renovado de reflexão filosófica que visava a livrá-la da condição de discurso que se restringe à tematização insular de seus próprios textos. Sempre fiel a um programa que traçou para si mesmo já em 1931, quando assumira a cadeira de professor de Filosofia da Universidade de Frankfurt, Adorno construirá uma obra capaz de realizar a constatação de que: "plenitude material e concreção dos problemas é algo que a Filosofia só pode alcançar a partir do estado contemporâneo das ciências particulares. Por sua vez, a Filosofia não poderia elevar-se acima das ciências particulares para tomar delas os resultados como algo pronto e meditar sobre eles a uma distância mais segura. Os problemas filosóficos encontram-se contínua e, em certo sentido, indissoluvelmente presentes nas questões mais determinadas das ciências particulares".[1] Essa característica interdisciplinar do pensamento adorniano permitiu que seus leitores desenvolvessem pesquisas em campos distintos de saberes, colaborando com isso para a transformação da Teoria Crítica em base maior para a reflexão sobre a contemporaneidade e seus desafios. Uma transformação que influenciou de maneira decisiva a constituição de tradições de pesquisa no Brasil, a partir sobretudo da década de 1960.

No entanto, o conjunto limitado de traduções das obras de Adorno, assim como a inexistência de uma padronização capaz de fornecer aparatos críticos indispensáveis para textos dessa complexidade, fez que várias facetas e momentos do pensamento adorniano ficassem distantes do público leitor brasileiro. Foi o desejo de suprir tal lacuna que nos levou a organizar esta Coleção.

A Coleção editará os trabalhos mais importantes de Theodor Adorno ainda não publicados em português, assim como algumas novas traduções que se mostraram necessárias tendo em vista padrões atuais de edição de textos acadêmicos. Todos os seus volumes serão submetidos aos mesmos critérios editoriais. Registrarão sempre a página original da edição canônica das *Gesammelte Schriften* e dos *Nachlaß*, indicada por duas barras verticais inclinadas (//) no texto. Serão sempre acompanhados por uma Introdução, escrita por especialistas brasileiros ou estrangeiros. Tal Introdução tem por função contextualizar a importância da obra em questão no interior da experiência intelectual adorniana, atualizar os debates dos quais esta fazia

---

[1] T. W. Adorno, Die Aktualität der Philosophie. In: *Gesammelte Schriften I*. Frankfurt a. M.: Suhrkamp, 1973, p.333-4.

Para a metacrítica da teoria do conhecimento

parte, assim como expor os desdobramentos e as influências da referida obra no cenário intelectual do século XX. Ao final, o leitor encontrará sempre um índice onomástico. Em todos os volumes serão inseridas apenas notas de contextualização, evitando-se ao máximo a introdução de notas de comentário e explicação. Trata-se de uma convenção que se impõe devido à recusa em interferir no texto adorniano e em projetar chaves de interpretação.

Há quatro coletâneas exclusivas desta Coleção. Duas seguem a orientação temática das *Gesammelte Schriften*: *Escritos sobre música* e *Escritos sobre sociologia*. Nesses dois casos, os critérios de escolha dos textos foram: importância no interior da obra adorniana ou ineditismo de abordagem (assuntos relevantes, porém pouco abordados em outros textos).

As duas outras coletâneas, *Indústria cultural* e *Ensaios sobre psicologia social e psicanálise* justificam-se em virtude de algumas especificidades da recepção brasileira da obra de Theodor Adorno. Sabemos que um dos públicos mais importantes de leitores universitários de Adorno encontra-se em faculdades de Comunicação e pós-graduações de Estudos de Mídia. Por isso, a edição de uma coletânea com alguns textos fundamentais sobre indústria cultural e cultura de massa visa, sobretudo, a alimentar o debate que ali se desenvolve. Isso também vale para outro importante público-leitor de Adorno no Brasil: os pesquisadores de Psicologia Social e Psicanálise.

Se a dialética pode ser pensada como a capacidade de insuflar vida no pensamento coagulado, então uma abordagem dialética do legado de Adorno não pode abrir mão dessa perspectiva crítica, como já sugeria o Prefácio de 1969 à segunda edição da *Dialética do esclarecimento*, obra escrita em parceria com

Theodor W. Adorno

Max Horkheimer: "não nos agarramos a tudo o que está dito no livro. Isso seria incompatível com uma teoria que atribui à verdade um núcleo temporal, em vez de opô-la ao movimento histórico como algo de imutável". Pensar o atual teor de verdade do pensamento de Adorno significa, portanto, a dupla tarefa de repensá-lo em face dos dilemas do mundo contemporâneo e refletir sobre o quanto esses dilemas podem ser iluminados sob o prisma de suas obras.

Comissão Editorial

Jorge de Almeida
Ricardo Barbosa
Rodrigo Duarte
Vladimir Safatle

Apresentação à edição brasileira

A recepção da obra de Adorno no Brasil, salvo certas peculiaridades definidas pelo modo do nosso atrelamento aos humores e estilos intelectuais, é semelhante à constatada em outros ambientes filosóficos: da preeminência do modelo de teoria crítica aberto pela *Dialética do esclarecimento* segue-se a questão da indústria cultural, dali se vai imediatamente à *Teoria estética* e, menos, às monografias musicais e os muitos volumes de ensaios. Em inflexão localizada, mas ainda significativa, são referidos também os textos sociológicos e sobre educação, a *Minima Moralia* e, mais recentemente, nota-se a incidência da *Dialética negativa*. A imagem de autor evocada nesse percurso entre textos é, sobretudo, a de um esteta e crítico cultural voltado aos fenômenos que, formal e materialmente, definiram o século XX. Tal restrição tem como efeito a dissolução do caráter antinômico reconhecido por Adorno, por exemplo, na tarefa de elaborar uma *teoria* estética ou uma dialética *negativa* que esteja à altura do seu específico diagnóstico do capitalismo tardio e de sua crítica à filosofia sistemática em versão idealista. Inegavelmente, recupera-se uma parte expressiva desse aspecto do pensamento de Adorno ao notarmos que esse mesmo percurso pode ser refeito com os olhos voltados para o espectro de temas e problemas nomeado por Merleau-Ponty como marxismo ocidental. Todavia, a imagem assim obtida permanece ainda estranha ao campo de forças composto pela miríade de conceitos e temas, em sucessivas modulações, que formam o corpo de sua obra. Dito de outro modo, mesmo que se recorra à ideia de que o materialismo, em Adorno, serve como corretivo ao idealismo, permanece um descompasso entre a univocidade da proposta interpretativa e a persistente impressão de que não é bem disso que se trata. Alguém poderia, então, indagar: o que define, afinal, o pensamento de Adorno? Antes de ensaiar uma resposta, vale observar que o caráter incompleto dessas imagens explica-se, em parte, de modo trivial: trata-se, largamente, da composição de um autor segundo a ordem em que vieram a lume, em números substantivos, as traduções de seus textos. Contudo, há ainda outra razão, essa menos evidente e, talvez, índice daquele nosso modo de atrelamento. O caso é que, traço comum a muitos de seus contemporâneos, Adorno é um autor que resiste às aproximações marcadas por, na falta de um nome mais apropriado, um espírito de unidade. Assim, as abordagens que buscam reconstruir a obra de Adorno a partir de sua vinculação a escolas filosóficas e respectivos campos de atuação acabam por formar imagens que, conquanto indiquem vias satisfatórias de entrada em alguns aspectos de seu pensamento, tendem a obscurecer outros tantos aspectos igualmente significativos. Nota-se, de imediato, a ênfase dada: evidentemente, qualquer decisão interpretativa implica a distinção entre objetos primários e secundários. O problema apontado, contudo, não está aí, mas sim no fato de a restrição ocorrer a partir da inserção do autor em uma tradição filosófica ou estoque de problemas. Se guardarmos o exato sentido dessa ressalva, talvez possamos caracterizar, com alguma finura, o pensamento de Adorno.

Antes de avançarmos, observa-se que não se está a dizer que Adorno é um autor absolutamente original, que nada guarda dos séculos que o antecederam. Pelo contrário, no que concerne ao conteúdo de sua filosofia, Adorno pode ser caracterizado, em grande medida, como conservador: são ainda seus os vetustos problemas da verdade, da beleza, da vida correta e justa; são também suas as indagações acerca do estado presente da ciência e da técnica, a pergunta pelo sentido da linguagem, como também é sua a ocupação com a sociedade, a burocracia e a economia; é sobremaneira seu o eterno voltar--se da filosofia sobre si, a recorrente dúvida acerca do que é, por fim, o objeto da filosofia. Além dessas várias ressonâncias, também formalmente a obra de Adorno guarda muito em comum com seus contemporâneos: a opção pelo ensaio, o exercício da sintaxe levado ao extremo e a atenção à palavra e seus sentidos. Entretanto, se olharmos para além das muitas afinidades, veremos que o *entrelaçamento* entre o conteúdo e a forma de sua filosofia aparece como algo característico e em grande medida único (embora ainda benjaminiano): se é possível afirmar que a principal questão estritamente filosófica enfrentada por Adorno é *o que faz um conceito?*, então é também possível sustentar que a originalidade de seu pensamento está em dizer que essa questão não pode ser respondida de maneira puramente proposicional, isto é, neutra em relação ao modo. Para Adorno, ao contrário, a verdade da proposição filosófica está inevitavelmente entrelaçada ao seu teor, à expressão, ao modo de sua composição.

Entende-se, então, por que as imagens de Adorno que se moldam em torno a uma tradição filosófica ou um estoque de problemas tendem a agir contra o autor: ou o seu pensamento é esterilizado como ensaísmo que não chega a ser (boa) literatura, ou ele é descartado como jargão que não chega a ser resposta (adequada) a dilemas concretos. Em configuração restrita, a filosofia de Adorno não é aceitável nem para artistas, nem para ativistas, nem para cientistas, quiçá para filósofos.

Em oposição a esse ponto de vista parcial, a tradição interpretativa mais afinada tomou para si como tarefa a apresentação da obra de Adorno a partir de noções que aludem ao entrelaçamento acima mencionado. Dialética entre forma e conteúdo, pensamento constelatório, ensaio materialista, campo de forças conceitual, impulso sistemático e antissistema, todas essas e ainda outras expressões e temas, recolhidos pela tradição na obra de Adorno, tornaram-se recursos propedêuticos importantes, à disposição de quem pretenda ponderar o sentido de sua filosofia segundo as imagens mais recorrentes. Algumas dessas noções são especialmente interessantes porque acenam para outra das questões-chave de toda tradição interpretativa: Qual ou quais são os textos fundamentais do autor? Quais estão, por assim dizer, no centro e quais estão na periferia? Para responder, tomemos duas daquelas noções: pensamento constelatório e campo de forças conceitual. Por um lado, as duas primeiras noções dão indícios do sentido da filosofia, no modo de pensamento próprio a Adorno: uma proposição filosófica verdadeira *contém* pensamentos *formalmente* dispostos em constelações, ou ainda, *contém* conceitos *formalmente* estabilizados em campos de forças. Por outro lado, ambas tornam mais complexa a questão do que é central em sua obra: o conceito de campo de forças, intrinsecamente, desafia uma resposta unívoca à pergunta acerca da hierarquia entre textos ou temas. O conceito de constelação, por ser índice da disposição dos objetos segundo o ponto de vista de quem observa, demonstra o caráter inevitavelmente disputável da diferença entre objeto primário e secundário, entre o que é fundamental e o que é complementar.

O volume que o leitor tem em mãos, *Para a metacrítica da teoria do conhecimento: estudos sobre Husserl e as antinomias fenomenológicas*, talvez pareça a alguns um exemplar definitivamente pertencente ao conjunto de textos menores de Adorno. Com efeito, já no título encontram-se provas circunstanciais de que esse não é *aquele* Adorno: nada se diz de estética ou de crítica cultural, tampouco são referidos os temas sociológicos ou o escólio de categorias hegelo-marxianas tão presentes em outros volumes e, de início, nem mesmo o recorrente termo *dialética* dá mostras de ser um componente da argumentação. Além disso, se atentarmos para o ano e as circunstâncias de produção do texto, informados tanto no Prefácio escrito por Adorno,[1] como também no Posfácio editorial da coleção de suas obras completas,[2] haveria outras razões para supor a condição meramente acessória do volume. Embora publicado em 1956, período maduro de sua produção, a parte maior de *Para a metacrítica da teoria do conhecimento*, o chamado "Manuscrito de Oxford", foi escrita por um jovem Adorno, entre 1934 e 1937, e está focada em temas e problemas que ocuparam, na verdade, o primeiríssimo momento de sua produção filosófica, ainda como estudante, na primeira metade dos anos 1920. Esse momento, aparentemente, resolve-se em torno

---

1 Cf. o Prefácio, à frente, neste volume.
2 Editorische Nachbemerkung. In: Adorno, *Gesammelte Schriften*, v.5: Zur Metakritik der Erkenntnistheorie; Drei Studien zu Hegel, p.385-6.

da defesa de sua tese da habilitação, "A transcendência do coisal e do noemático na fenomenologia de Husserl", em 28 de julho de 1924. De posse desses dados, é plausível supor que também a composição do *Para a metacrítica da teoria do conhecimento* — os capítulos I, II e IV são provenientes daqueles manuscritos, ao passo que a Introdução e o Capítulo III foram escritos para a edição do livro, em 1956 — nada mais faz do que confirmar que se trata de um trabalho de juventude e, *portanto*, voltado a temas que não ocuparão o cerne das ulteriores investigações filosóficas de Adorno. Ora, a questão interessante a ser colocada é se esse "portanto" se aplica ao caso.

A tradição de comentários já se debruçou diversas vezes sobre o problema da unidade da obra de Adorno, com respostas, em geral, convergentes. Sem nos determos nesse problema, que extrapola os propósitos desta apresentação, podemos nos voltar imediatamente às mesmas notas do editor das obras completas, haja vista que lá encontramos as seguintes afirmações acerca da *Metacrítica*: em primeiro lugar, um Adorno já tardio, em 1968, ainda considerava esse livro, ao lado da *Dialética negativa*, como um de seus escritos mais importantes; em segundo lugar, sobretudo a Introdução de 1956 era tomada por ele, ao lado de "Ensaio como forma", escrito no mesmo período, entre 1954 e 1958, como o primeiro texto a anunciar programaticamente a sua filosofia.[3] Ainda que se possa elencar alguns artigos anteriores que já expressam tal programa,[4] cum-

---

3 Ibid.
4 Diversos comentadores, seguindo novamente a indicação do editor das obras completas (cf. Editorische Nachbemerkung. In: Adorno, *Gesammelte Schriften*, v.1: Philosophische Frühschriften, p.393 e ss.), irão se referir sobretudo à aula inaugural de Adorno, "A atualidade da filosofia", cujo manuscrito é datado de 7 de maio de 1931, e também

Para a metacrítica da teoria do conhecimento

pre destacar que não apenas essa constatação parte do próprio Adorno, como também, e especialmente, a *Metacrítica* é um texto com a singular característica de traçar uma ponte direta entre o período de juventude e o de maturidade: os vinte anos que separam as suas várias partes não foram empecilho para sua composição, muito ao contrário, a necessidade de demonstrar sua coerência define, em grande medida, a estrutura do livro.[5] Cabe à Introdução justificar essa constelação de problemas.

As perguntas "por que um texto sobre Husserl?", "como esse conjunto de argumentos se articula aos desenvolvidos nos textos nomeadamente dialéticos?", "o que se quer indicar com o termo metacrítica?", entre outras, são respondidas, ao modo de Adorno, ao longo do volume. Não convém poupar o leitor desse desafio. Todavia, como arremate, talvez seja conveniente fazer dois comentários.

Muitos dos mais recorrentes argumentos de Adorno não estão presentes na *Metacrítica da teoria do conhecimento*, ao menos não segundo as usuais formas e conteúdos: são outros os pensamentos e conceitos, outras as constelações e campos de força. O vocabulário, especialmente, deve muito aos estudos de fenomenologia realizados por Adorno e exige, inegavelmente, bastante familiaridade com a obra de Husserl. Não se trata, contudo,

---

a uma conferência de 15 de julho de 1932, "A ideia de História natural", como dois sólidos e precoces exemplos do programa filosófico de Adorno.

5 É fato que algo semelhante, embora em menor grau, ocorre na composição de outros volumes, como os *Três estudos sobre Hegel* e a *Dialética negativa*. Um caso singularíssimo é o de *Para uma teoria da reprodução musical*, um livro inacabado, sucessivamente reescrito e editado entre 1927 e, no mínimo, 1959.

de um comentário sobre fenomenologia. Muito ao contrário, quem vai ao livro em busca de uma exegese clássica, consistente com o que a melhor tradição husserliana diz a respeito, por exemplo, das *Investigações lógicas* ou das *Ideias para uma fenomenologia pura e para uma filosofia fenomenológica*, terá um incômodo em mãos: embora Adorno demonstre conhecer a obra de Husserl, são raras as vezes em que esse autor e seus argumentos não estejam a serviço de uma intenção que não é a sua, mas a de Adorno. Trata-se antes, portanto, de uma crítica. Entretanto, essa não se faz, tampouco, de modo clássico: são muitas as convergências entre o que estaria sob a lupa da fenomenologia, sobretudo em seu embate com o que hoje chamaríamos de naturalismo, e os intentos do próprio Adorno; mais ainda, um leitor atento e bem-informado notará que vários dos contra-argumentos apresentados por Husserl a algumas vertentes do idealismo, ao positivismo lógico e à psicologia em terceira pessoa, por exemplo, são incorporados por Adorno. Nesse sentido, o relevante é, novamente, compreender que as convergências e divergências de conteúdo só ganham sentido pleno ao notarmos como os conceitos e argumentos são vertidos, por Adorno, em novas configurações formais que, essas sim, ecoam claramente temas bem conhecidos da tradição interpretativa. É por essa via, isto é, a partir de conceitos husserlianos voltados contra si mesmos, que se revelariam o que Adorno entende ser seu teor de verdade e seu teor de falsidade, que muitos dos mais caros problemas e categorias filosóficas adornianas vêm à tona: a crítica à ideologia, o imbricamento entre a razão e o seu negativo, o domínio expressivo do pensamento, a caducidade e perenidade da filosofia, a necessidade da dialética, entre muitos outros, são tópicos revelados à medida que se desbasta a superfície do texto.

Para a metacrítica da teoria do conhecimento

Se fizermos valer a última alusão e pensarmos na *Metacrítica* como um palimpsesto, podemos ainda notar uma última questão e, a partir dela, recuperar tanto o problema do entrelaçamento entre conteúdo e forma na filosofia de Adorno, como a questão do fundamental e secundário em sua obra.

O texto final da *Metacrítica*, desde os trechos da década de 1930 até os da década de 1950, sempre se fez acompanhar de um volume de notas, sucessivamente reescrito, denominado por Adorno de *Husserlbuch*, e de anotações marginais em seus volumes das *Investigações lógicas* e das *Ideias para uma fenomenologia*, de Husserl. Esse material, disponível para consulta no espólio reunido em Frankfurt am Main e fotocopiado no *Theodor W. Adorno Archiv*, da Akademie der Künste, em Berlim, lança luz sobre muitas das questões aqui tratadas.[6] Quanto ao *Husserlbuch*, o mais notável é que suas 440 páginas datilografadas, conquanto organizadas em capítulos e seções, a partir de unidades temáticas nem sempre bem definidas, pouco mais são do que, à primeira vista, notas de leitura. A meio caminho entre fichamento e resenha crítica, o material preparado por Adorno é, entretanto, copiosamente anotado, em letra cursiva, com indi-

---

[6] Algumas das intuições que compõem essa "Apresentação à edição brasileira" devem muito às consultas ao *Theodor W. Adorno Archiv*, realizadas entre dezembro de 2009 e fevereiro de 2010 e, novamente, entre dezembro de 2010 e janeiro de 2011, na Akademie der Künste (AdK). Pela oportunidade, o autor deve também agradecimentos à Coordenação de Aperfeiçoamento de Pessoal de Nível Superior (Capes), pelos auxílios para a realização da pesquisa, ao Programa de Pós-Graduação em Filosofia e ao Departamento de Filosofia da Universidade Federal de Minas Gerais (PPGF-DF/UFMG), pelos afastamentos, bem como, e com especial atenção, a Michael Schwarz, encarregado do arquivo, pela disponibilidade, o compromisso e o incentivo.

cações das páginas das obras de Husserl sobre as quais Adorno sustenta suas posições e, ademais, com inúmeras digressões curtas e aditamentos posteriores a sua composição original. Vários elementos nos permitem concluir que as mais significativas anotações datam não do período do exílio em Oxford, mas de uma revisão realizada em 1955, ou seja, à época da preparação da Introdução e do capítulo adicional do *Para a metacrítica da teoria do conhecimento: estudos sobre Husserl e as antinomias fenomenológicas*. Ora, são justamente esses novos comentários, ao introduzir novos conceitos e refazer a estrutura do argumento, os responsáveis pela recomposição do volume, são eles que atualizam o texto ao traçarem novas constelações e campos de força.

Finalmente, no que diz respeito às anotações marginais nas obras de Husserl, dois adendos são imprescindíveis. Em primeiro lugar, não há nenhum outro livro na biblioteca de Adorno, ao qual o autor tenha tido acesso, que tenha tantas anotações, marcas de leitura e comentários. Em segundo lugar, uma parte expressiva dessas anotações tem como característica justapor ao texto husserliano categorias e problemas que implicam as questões mais pungentes a Adorno, não a Husserl. É assim que, por exemplo, ao lado de uma passagem das *Investigações lógicas* voltada ao sentido da atividade teórica (v.I, §72), Adorno escreve: "DIALEKTIK" e "Hegel". As notas e breves comentários que se seguem a esses dois termos demonstram, com rara clareza, a filosofia de Adorno em movimento.

Os leitores de Adorno, tanto os especialistas como os meramente interessados, não têm muitas oportunidades de enfrentar uma reflexão madura do autor acerca da gênese e o modo de seu próprio pensamento. À parte o trabalho braçal em arquivos, essa *Metacrítica* é uma das mais auspiciosas ocasiões para tanto.

Eduardo Soares Neves Silva
Universidade Federal de Minas Gerais

Bibliografia básica recomendada

JIMENEZ, R. Adorno y la fenomenologia de Husserl. *Anales del Seminario de Metafísica*, n.30, 1996.

MILLER, J. A. Phenomenology's negative dialectic: Adorno's critique of Husserl's epistemological foundationalism. *The Philosophical Forum*, v.40, n.1, p.99-125, 2009.

O'CONNOR, B. *Adorno's negative dialectic*: philosophy and the possibility of critical nationality. Cambrigde: MIT Press, 2004.

SAVERIO, A. Adorno critique d'Husserl: dialectique sociologie et phénoménologie. *Multitudes*, n.19-20, 1993.

// Para Max

// Prefácio

A partir de um manuscrito extenso, redigido em Oxford, durante os primeiros anos da emigração, entre 1934 e 1937, foram selecionados e inteiramente trabalhados alguns textos, cuja amplitude parecia, ao autor, se lançar para além da mera contenda entre as escolas. Sem que tenha sido santificado o contato próximo com a matéria e, com isto, o compromisso contra o argumento invasivo de um método que espera colocar sob seu domínio a argumentação, a questão acerca da possibilidade e da verdade da teoria do conhecimento foi desenvolvida de maneira principial a partir de um modelo concreto. A filosofia de Husserl é motivação, não alvo. Por isso, ela não pôde ser apresentada de início de maneira fechada, para que então fossemos conduzidos a uma assim chamada confrontação. Tal como é apropriado a um pensamento que não se curva à ideia de sistema, tentou-se organizar o pensado em torno de certos focos. Resultaram um do outro estudos particulares isolados que, contudo, estão ligados uns aos outros da maneira mais densa possível, e se apoiam mutuamente. Entrecruzamentos foram inevitáveis.

A tendência do livro é objetivamente filosófica; a crítica a Husserl tem em vista, através de sua obra, o princípio pelo qual ele se empenhou de maneira tão enfática e que foi apropriado pela filosofia na Alemanha, depois dele, de maneira muito mais fundamental do que se encontra atualmente expresso. Apesar disso, o livro não é sistemático no sentido da oposição tradicional à história. Se desafia o próprio conceito de sistema, então ele busca se apoderar de um cerne histórico no interior da questão objetiva: mesmo a cisão entre sistemático e histórico cai sob a crítica que ele realiza.

Não obstante, o livro não levanta em parte alguma pretensão filológica ou hermenêutica; a literatura secundária não foi analisada. Muitos textos do próprio Husserl, sobretudo no segundo volume das *Investigações lógicas*, são densamente ambíguos; caso a interpretação de uma ou outra passagem acabasse incorrendo em erro, então o autor seria o último a defendê-la. Por outro lado, o autor não podia respeitar declarações programáticas e precisou se manter próximo daquilo que lhe pareciam dizer os próprios textos. Assim, ele não se deixou intimidar pela asserção de Husserl de que a fenomenologia pura não seria uma teoria do conhecimento e de que a região da consciência pura não teria nada em comum com o conceito da estrutura do dado na imanência da consciência, tal como esse conceito era familiar ao criticismo pré-husserliano. Encontra-se aqui em discussão tanto saber em que Husserl se distingue desse criticismo, quanto saber se essa distinção seria válida.

A análise restringe-se àquilo que foi publicado pelo próprio Husserl e atribui neste caso a primazia aos escritos propriamente fenomenológicos, sobre os quais se construiu a restauração da ontologia, a despeito dos escritos posteriores, nos quais a fenomenologia de Husserl se recolheu em um neokantismo sutilmente modificado. No entanto, como a revisão da fenomenologia pura não se achava na intenção de seu fundador, mas foi imposta pelo objeto, então o autor se sentiu livre para recorrer à *Lógica formal e lógica transcendental* e às *Meditações cartesianas*, sempre que a marcha das ponderações o exigiu. Permaneceram excluídos todos os escritos pré-fenomenológicos, sobretudo a *Filosofia da aritmética*, assim como as publicações póstumas. Em lugar algum se aspirou à completude. A atenção é dedicada mais àquelas análises realizadas por Husserl, às quais ele mesmo aplicou sua energia, do que à construção total.

Não obstante, não é nossa intenção a mera crítica aos detalhes. Em vez de limitar-se às questões epistemológicas particulares, o procedimento micrológico deve expor de maneira rigorosa como tais questões se lançam para além de si mesmas e, por fim, para além de toda a sua esfera. Os temas que tal movimento desencadeiam são resumidos na introdução. A responsabilidade pela pertinência do que é desenvolvido, porém, cabe exclusivamente aos quatro estudos.

Três dos capítulos aqui presentes foram publicados no *Archiv für Philosophie*; em primeiro lugar o último, já concluído em 1938 com // o título "Sobre a filosofia de Husserl", v.3, caderno 4; e, em seguida, o primeiro e o segundo, os dois redigidos em 1953, v.5, caderno 2, e v.6, caderno ½. Sobretudo o capítulo conclusivo foi essencialmente modificado em comparação com a pré-publicação.

Frankfurt, Páscoa de 1956.

// Introdução

Thnatà chrè ton thnatón, ouk athánata tòn thnatòn phronein.[1]

Epicarmo, Fragmento 20

Procedimento e objeto

A tentativa de discutir a fenomenologia pura de Husserl sob o espírito da dialética expõe-se de início à suspeita de arbitrariedade. O programa fenomenológico dirige-se a uma "esfera ontológica das origens absolutas",[2] com certeza anterior àquele "espírito de contradição organizado", como Hegel certa vez

---

[1] Em grego, no original: "Um mortal deve pensar pensamentos mortais e não imortais". (N. T.)

[2] Husserl, *Ideen zu einer reinen Phänomenologie und phänomenologischen Philosophie*, Halle, 1922, p.107 (doravante *Ideen*). Em português: *Ideias para uma fenomenologia pura e para uma filosofia fenomenológica: introdução geral à fenomenologia pura*, tradução de Márcio Suzuki, Ideias & Letras, 2006, p.129 (essa tradução serve de base para as passagens correspondentes do livro de Husserl citadas por Adorno).

designou seu procedimento em uma conversa com Goethe.³ A dialética concebida por Hegel e, posteriormente, voltada contra ele é, apesar de todo o parentesco, qualitativamente diversa das filosofias positivas, entre as quais a filosofia hegeliana é incluída sob o nome de sistema. Pode ser que a lógica hegeliana seja "fixada", como a kantiana, no sujeito transcendental, pode ser que ela seja um idealismo perfeito: de qualquer modo, ela aponta para além de si mesma, tal como acontece, segundo o dito dialético de Goethe, a tudo o que é perfeito. A força daquilo que pode ser contradito, uma força que Hegel irradia como nenhum outro e cujo poder a filosofia burguesa posterior, mesmo a husserliana, descobriu para si uma vez mais de maneira apenas tateante e fragmentária, é a força própria à contradição e ela se volta contra a ideia do saber absoluto. Um pensamento que se reencontra de maneira ativa e observadora em todos os entes, sem tolerar uma restrição, rompe com a obrigação de tomar por base de todas as suas determinações algo derradeiro e fixado, abalando, com isto, até mesmo a primazia do sistema, sua própria quintessência. Com certeza, o sistema hegeliano deve pressupor a identidade entre sujeito e objeto e, com isso, aquela primazia do espírito que ele procura demonstrar. No entanto, o sistema refuta, em seu desdobramento concreto, a identidade que atribui ao todo. O antiteticamente desdobrado, contudo, não é, tal como certamente se gostaria hoje que fosse, a estrutura do ser-em-si, mas sim a sociedade antagônica.

13 Não por acaso, todos os estágios // da *Fenomenologia do Espírito* que aparecem como automovimento do conceito referem-se

---

3 Cf. Eckermann, *Gespräche mit Goethe* [Conversas com Goethe], Leipzig, 1925, p.531-2.

aos estágios da própria sociedade antagônica. O elemento compulsivo, que a dialética compartilha com o sistema e que é inseparável de seu caráter de imanência, de sua "logicidade", é próximo, por seu próprio princípio de identidade, da compulsão real. A essa compulsão o pensamento se curva e, ofuscado, considera como a sua: a compulsão da estrutura social da culpa (*Schuldzusammenhang*).[4] Seu círculo fechado provoca o surgimento da aparência (*Schein*) de uma ausência de lacunas do natural e, por fim, a aparência metafísica do ser. A dialética, contudo, aniquila constantemente tal aparência. Em contrapartida, Husserl carregou, ainda na velhice, sob o título de sua exposição completa e densa da fenomenologia, aquele cartesianismo que buscava bases absolutas para a filosofia. Ele gostaria de reproduzir a *prima philosophia* por intermédio da reflexão sobre o espírito purificado de todo e qualquer rastro do mero ente. A concepção metafísica, que marcou o início da era, vem à tona em seu fim, sublimada e aguçada ao extremo. Contudo, isto se dá de maneira tanto mais incontornável, e consequente, nua, por meio do desenvolvimento de uma doutrina do Ser sob as condições do nominalismo, da recondução dos conceitos ao sujeito pensante. Essa concepção fenomenológica rejeita a análise dialética, a negatividade de Hegel, como se fosse uma mera apelação. A doutrina da mediação de tudo, mesmo da imediatidade, é incompatível com o impulso para a "redução"[5] e é estigmatizada como contrassenso lógico. O ceticismo de Hegel em relação à escolha de um "absolutamente primeiro"

---

4 *Schuld* pode ser traduzido tanto por "culpa" quanto por "dívida", "débito", polissemia explorada por Adorno ao longo do texto. (N. do R.)
5 Cf. *Ideen, passim*, em particular p.59 e p.94-5 (na trad. cit., p.85 e p.116).

como o ponto de partida certo e isento de dúvidas da filosofia deve se mostrar como um equivalente à queda da filosofia no abismo. Esse tema, em seguida, retornou nas escolas que partiram de Husserl de maneira demasiado rápida, contra todo trabalho e todo empenho do conceito, e serviu para inibir o pensamento. Quem não se deixa amedrontar por tal abismo parece perder desde o início aquilo que tem diante de si. Parece se entregar à infrutífera crítica transcendente, que paga com a ausência de obrigatoriedade (*Unverbindlichkeit*) a pretensão vazia de um "ponto de vista" superior; ou seja, que paga tal pretensão com o fato de que ela de modo algum intervém na controvérsia, mas sim, como Husserl teria dito, decide previamente "de cima para baixo".

// Crítica imanente

Mas a objeção metodológica permanece formal demais diante da dialética, que não precisa se comprometer com a diferença entre o método e a coisa em geral. O procedimento da dialética é a crítica imanente. Ela não se opõe à fenomenologia através de um ponto de partida ou de um projeto que lhe seriam exteriores e alheios, mas impele o ponto de partida fenomenológico com a sua própria força para onde ele não gostaria de ir de modo algum, arrancando dele a verdade com a confissão da própria inverdade. "A refutação verdadeira precisa entrar na força do adversário e se colocar na esfera de sua força; atacá-lo fora dele mesmo e ter direito aí onde ele não se encontra é algo que não reivindica a coisa mesma."[6] Para a consciência armada

---

6 Hegel, WW V, Glockner (ed.), Stuttgart, 1928 [*Ciência da lógica*, 2ª parte, p.11].

contra o consenso acadêmico, a contradição presente na ideia de uma ontologia conquistada a partir de um nominalismo historicamente irrevogável é elucidativa. Tal contradição se encontra no fato de uma doutrina do Ser prévia a toda subjetividade e elevada acima de sua crítica, aberta ou veladamente, dever ser encontrada justamente a partir de uma referência àquela subjetividade que a doutrina do Ser dissolveu como dogmática. O pensamento dialético, contudo, não deixa essa contradição permanecer abstratamente estática, mas se vale dela como motor do movimento conceitual, que alcança a decisão vinculante sobre o fenomenologicamente afirmado. Não temos de escavar por debaixo dos constituintes da fenomenologia pura o ser originário como o elemento propriamente primeiro e, com isto, sobrepujar, se possível, a pretensão fenomenológica. Ao contrário, os conceitos supostamente originários, sobretudo os da teoria do conhecimento, tal como eles aparecem em Husserl, são todos necessariamente mediados em si ou – segundo o modo de falar tradicional – "cheios de pressupostos". O próprio conceito do absolutamente primeiro deve ser objeto da crítica. Mesmo que, por exemplo, o conceito de "doação" (*Gegebenheit*), do qual a teoria do conhecimento trata, postule o mecanismo de reificação (*Verdinglichung*), enquanto na filosofia da imanência, à qual esse conceito pertence, a existência coisal é referida ao contexto (*Zusammenhang*) do dado, não se segue daí inversamente a primazia do coisal sobre o que está dado. Muito pelo contrário, fica claro que o esquema hierárquico de um elemento primeiro e do que deriva daí não possui legitimidade alguma. Toda tentativa de conceder essa legitimidade através de uma categoria privilegiada 15 // enreda-se em antinomias. Isto se expressa de tal modo no método imanente que a análise de algo coisificado (*Dingliche*) se depara com o dado, do mesmo modo que a análise do dado com algo coisal. Esta, porém, não é nenhuma objeção em relação a um procedimento que não se apropria da norma da redutibilidade, mas apenas em relação ao método que obedece a tal redutibilidade. Caso a crítica ao elemento primeiro (*Ersten*) não queira sair à caça do absolutamente primeiro (*Allerersten*), então ela também não pode defender perante a fenomenologia aquilo que ela mesma e alguns de seus sucessores têm em mente: prover um fundamento filosófico imanente para um ser transcendente. O que está em questão é justamente o conceito e a legitimação de tal fundamentação, não a tese, que sempre pode se alterar em termos de conteúdo, sobre o que seria, afinal, o fundamento último. É preciso romper o caráter filosófico compulsivo, considerando-o rigorosamente e chamando-o pelo nome, sem erigir um outro fascínio, mais novo e ainda mais antigo, em seu lugar.

O elemento primeiro mediado

O fato de ser menos essencial o conteúdo daquilo que é afirmado como elemento primeiro do que a questão acerca do primeiro enquanto tal; o fato de, por exemplo, a contenda sobre o começo dialético ou ontológico – se é preciso começar com o espírito ou com o ser como princípio originário – permanecer irrelevante ante a crítica da representação, tudo isso implica um uso enfático do conceito de "primeiro". Tal uso refere-se à postulação (*Setzung*) da identidade. No princípio afirmado como filosoficamente primeiro deve imergir tudo, independentemente do fato de tal princípio se chamar Ser ou pensamento, sujeito ou objeto, essência ou facticidade. O elemento primeiro dos filósofos levanta uma pretensão total de que o primeiro seria não mediado, seria imediato. Para que satisfizesse ao próprio conceito, porém, seria preciso sempre em primeiro lugar afastar as mediações como acréscimos do pensamento, por assim dizer, e descascar o primeiro como o em-si irredutível. Mas todo e qualquer princípio que a filosofia assume como algo primeiro precisa ser universal, caso ele não queira ver comprovado seu caráter arbitrário. E todo e qualquer princípio universal de algo primeiro, ainda que se tratasse do princípio da facticidade no empirismo radical, contém em si uma abstração. Mesmo esse empirismo não poderia reclamar para si nenhum ente particular aqui e agora, nenhum *factum (Faktum)* como o elemento primeiro, mas unicamente o princípio do fático em geral. Como conceito, o primeiro e imediato // é sempre mediado e, por isso, nunca o primeiro. Nenhuma imediatidade, nada fático, com o qual o pensamento filosófico espera, através de si mesmo, escapar da mediação, é acessível à reflexão do pensamento de outro modo que não através do pensamento. Foi isto que a metafísica pré-socrática do Ser registrou e transfigurou ao mesmo tempo no verso parmenídico, segundo o qual ser e pensar seriam o mesmo; algo que, com isto, também já desmente naturalmente a própria doutrina eleata do Ser como um absoluto. Com o princípio do *noein*, é lançada imperiosamente no processo aquela reflexão, a qual precisa destruir a pura identidade do *einai* e permanecer confiante em si mesma como o conceito mais abstrato, como a insuperável oposição do pensamento mais abstrato.

As características, que se entregaram ao "verdadeiro ser" das coisas, são características do não-ser, do nada – construiu-se o mundo verdadeiro a partir da contradição com o mundo real e efetivo: um mundo aparente de fato, na medida em que ele é meramente uma ilusão ótico-moral.[7]

Desde então, toda ontologia foi idealista:[8] primeiramente, sem que o soubesse, e, em seguida, também por si mesma, até que, por fim, contra a vontade desesperada da reflexão teórica, que, como um em-si, gostaria de se evadir do domínio autoimposto do espírito em direção ao cerne do em-si. Em contrapartida, esmaecem-se as diferenças, nas quais insiste a história oficial da filosofia, tornando-se irrelevantes, mesmo a diferença entre o psicológico e o transcendental. Nas *Meditações cartesianas*, a probidade de Husserl concedeu este fato. Porém, ele não deixa de afirmar que mesmo uma psicologia puramente descritiva não seria, de maneira alguma, apesar do paralelismo estrito das duas disciplinas, uma fenomenologia transcendental:

> Em verdade, a pura psicologia da consciência é um paralelo da fenomenologia da consciência transcendental. Não obstante, porém, as duas precisam ser rigorosamente mantidas afastadas uma da outra, uma vez que a mistura caracteriza o psicologismo transcendental, que torna uma autêntica filosofia impossível.[9]

Mas se trata de nuanças. A admissão tem um peso tanto maior, uma vez que o próprio Husserl continua possuindo uma dívida

---

7 Nietzsche, WW VIII, Leipzig, 1906, *Götzendämmerung*, p.81.
8 Ibid., p.80.
9 *Cartesianische Meditationen und Pariser Vorträge*, Haag, 1950 (doravante CM), p.70.

Para a metacrítica da teoria do conhecimento

em relação ao critério que permite destacar da imanência da consciência tradicionalmente de estilo cientificista o eu puro (que ele, por fim, evoca), a terra natal do transcendental. Nessa imanência, os dados de consciência são um pedaço do "mundo", da existência, o que não é o caso do eu puro. À pergunta, no entanto, // sobre o que tais dados no eu puro seriam, Husserl informa: "fenômenos da realidade efetiva".[10] Contudo, certamente não há como falar de fenômenos sem existência.

Matematização

Na medida em que o elemento primeiro da filosofia sempre deve já conter tudo, o espírito confisca aquilo que não lhe é igual, transformando-o em igual, em uma posse sua. O espírito faz um inventário; nada pode escapar de sua rede, o princípio precisa garantir perfeição. O caráter numerável daquilo com o que ele se ocupa se transforma em axioma. A disponibilidade instaura a aliança entre filosofia e matemática que dura desde que Platão fundiu a herança eleata, tanto quanto a heraclítica, com a dos pitagóricos. Sua doutrina tardia, segundo a qual as ideias seriam números, não é simplesmente uma digressão de uma especulação exótica. Quase sempre, o central pode ser deduzido da leitura das excentricidades do pensamento. Por meio da metafísica dos números, é consumada de maneira exemplar a hipóstase da ordem, com a qual o espírito tece tão completamente a sua teia até parecer que o tecido seria a própria coisa velada: já para o Sócrates do período intermediário de Platão, parece "necessário buscar" seu "refúgio nos conceitos e investi-

---

10 Ibid., p.71.

gar com o seu auxílio a verdadeira essência das coisas".[11] O véu diante do espírito, porém, se torna tanto mais espesso quanto mais conforme à coisa ele se torna enquanto espírito dominante – tal como acontece no número. No conceito do primeiro, que vigora nos textos originários da filosofia ocidental e que foi tematizado no conceito de Ser da metafísica de Aristóteles, o número e a contabilidade são pensados concomitantemente. O primeiro já pertence em si à série numérica; onde quer que se fale de um *próton*, é preciso que se indique um *deúteron*, é preciso que se possa contar. Até mesmo o conceito eleata do uno, que deve ser único, só é compreensível em sua relação com o múltiplo que esse conceito nega. Nós nos escandalizamos com a segunda parte do poema de Parmênides, em virtude de sua incompatibilidade com a tese do uno. Todavia, sem a ideia do múltiplo, a ideia do uno não teria de maneira alguma como ser determinada. Nos números reflete-se a oposição do espírito ordenador e fixador com aquilo que se encontra a ele contraposto. Para torná-lo igual a si, ele primeiramente o reduz ao indeterminado, que, então, determina como o múltiplo. É verdade que o espírito não se define como idêntico ao múltiplo ou reconduzível ao múltiplo. Mas os dois são similares.

18 O contraposto perde como uma grande // quantidade de unidades as suas qualidades particulares, até que ele se desvela como repetição abstrata do centro abstrato. A dificuldade de definir o conceito de número provém, por isso, do fato de que sua própria essência se mostra como o mecanismo da formação do conceito, com cujo auxílio ele teria de ser definido. O próprio conceito é subsunção e contém, com isso, uma relação

---

11 Platão, *Fédon*, p.99; cf. em particular também p.100.

numérica. Os números são ocasiões para tornar o não idêntico comensurável com o sujeito, com o modelo da unidade, sob o nome do múltiplo. Eles trazem a diversidade da experiência para a sua abstração. O múltiplo produz a mediação entre a consciência lógica, como unidade, e o caos, no qual o mundo se torna, logo que a unidade é contraposta a ele. Ora, mas se no múltiplo já está contida em si a unidade como o elemento, sem o qual não se pode falar do múltiplo, então o uno exige inversamente a ideia da contagem e da pluralidade. Naturalmente, o pensamento da pluralidade ainda não se transformou, por sua vez, naquilo que se encontra contraposto ao sujeito em sua unidade sintética. A ideia da unidade do mundo pertence a uma fase posterior, a da filosofia da identidade. A continuidade da série numérica, contudo, permaneceu desde Platão o modelo de todos os sistemas integrais, e também de sua pretensão à completude. É dela que se deduz a regra cartesiana respeitada por todas as filosofias que se apresentam como ciência: nenhum elo pode faltar. Ela já sinaliza, numa antecipação dogmática da posterior pretensão filosófica à identidade, aquilo que deve ser pensado como algo inteiro e fechado, ainda que permaneça incerto saber se realmente pode ser pensado de tal maneira. A identidade do espírito consigo mesmo, a posterior unidade sintética da apercepção, é projetada à coisa mesma, por meio do mero procedimento, que atua de maneira tanto mais intransigente quanto mais puro e rigoroso ele deseja ser. Esse é o pecado original da *prima philosophia*. Apenas para impor continuidade e completude, ela precisa eliminar aquilo que não se ajusta a seu julgamento. A pobreza da sistemática filosófica, que por fim rebaixa os sistemas filosóficos à condição de espantalhos, não é o sintoma de sua decadência, mas é algo teleologicamente posto pelo próprio procedimento. Este, já em Platão, requer de maneira inflexível que a ideia de virtude seja necessariamente demonstrável por uma redução a seu esquema, do mesmo modo que uma figura geométrica.[12]

// O conceito de método

A autoridade de Platão, assim como a imposição da mentalidade matematizante como a única obrigatória, quase não deixam vir à tona da consciência a aberração de reduzir uma categoria concretamente social como a categoria de virtude – localizada expressamente por Górgias no contexto social, a saber, no contexto da dominação[13] – à sua estrutura esquemática e à sua essência. No triunfo da matemática, assim como em todo e qualquer triunfo, ressoa algo do escárnio mítico, como na sentença oracular: quem fica esperando já perdeu o que há de melhor. A matemática também é uma tautologia pelo fato de seu domínio totalizante limitar-se àquilo que ela já prepara e constitui para si mesma. No *Menon*, exprime-se, de maneira dogmática e infundada, sem possibilidade de oposição (provavelmente com o fim de despistar aquela aberração), o desiderato de Sócrates de reduzir a virtude a seu elemento imutável e, com isto, a seu elemento abstrato, destacado do contexto social. Esse desiderato, que se pode pressentir em toda e qualquer análise do significado na fenomenologia pura, já é, contudo, o desiderato do método em sentido forte, do modo de procedimento do espírito, aplicável por toda parte e

---

12 Cf. Platão, *Menon*, *passim*, em particular também p.86-7.
13 Ibid., p.73.

sempre confiável, pois renunciou à relação com a coisa, com o objeto do conhecimento – relação que Platão ainda queria ver respeitada.[14] Tal conceito do método é a forma prévia da teoria do conhecimento, ainda não consciente de sua própria implicação, do recurso ao sujeito autocrático. Essa teoria quase nunca se mostrou como diversa da reflexão do método. Contudo, o corte que ela realiza pertence constitutivamente ao conceito de uma *próte philosophía*. Como essa *próte philosophía* não pode ser representada de outro modo senão metodologicamente, o método, o "caminho" regulado, é sempre uma consequência legítima de um posterior ao anterior: onde se pensa metodologicamente, também se exige algo primeiro, para que o caminho não se interrompa e não termine em mero acaso, contra o qual ele tinha sido imaginado. O procedimento é planejado desde o início de tal modo que nada fora de seu caminho gradual possa perturbá-lo – daí o caráter inofensivo de tudo o que é metódico, desde a dúvida de Descartes até a destruição heideggeriana respeitosa do que é legado pela tradição. Só a dúvida determinada, nunca a dúvida absoluta, // é que se tornou algum dia perigosa para as ideologias; a dúvida absoluta coaduna-se com o objetivo do método de ser mais uma vez produzido a partir de si mesmo. A isto corresponde, na teoria do conhecimento de Husserl, a demarcação da *epoché* entre sofística e ceticismo.[15] A dúvida simplesmente transpõe o juízo para preparar o resgate científico das hipóteses de uma consciência pré-crítica em uma simpatia secreta pelo entendimento humano convencional. Ao mesmo tempo, contudo, o método

---

14 Cf. Platão, *Fedro*, p.265-6.
15 Cf. *Ideen*, p.56 (na trad. cit., p.81).

da coisa desconhecida (método esse que só se faz presente se a coisa pode ser conhecida), constantemente violenta a coisa, pois esse método modela o outro segundo a si mesmo – eis a contradição originária, na construção das filosofias da origem, da ausência de contradições. O conhecimento metódico, protegido de aberrações, autárquico e que se mostra para si mesmo como incondicional, tem por *télos* a identidade puramente lógica. Com isto, porém, ele substitui a si mesmo pela coisa como um absoluto. Sem o ato de violência do método, a sociedade e o espírito, a subestrutura e a superestrutura dificilmente teriam sido possíveis; e isso fornece posteriormente ao método aquela irresistibilidade (*Unwiderstehlichkeit*) que a metafísica projeta de volta como ser transubjetivo. A filosofia da origem, que apresentou pela primeira vez a ideia de verdade enfática como método, era ao mesmo tempo, contudo, um *pseudós* em sua origem. Só em raros momentos históricos, momentos tais como o hiato entre o relaxamento da coerção escolástica e o começo da nova coerção cientificista-burguesa, o pensamento conseguiu tomar ar; em Montaigne, por exemplo, a liberdade tímida do sujeito pensante articula-se com o ceticismo em relação à onipotência do método, a saber, da ciência.[16] Socialmente, porém, na constituição do método como cisão em relação à coisa, aparece a cisão entre o trabalho intelectual e o trabalho corporal. No processo de trabalho, a universalidade de um procedimento metódico foi fruto da especialização. Justamente o espírito, reduzido à função particular e em favor do privilégio próprio, se desconhece como absoluto. Já a ruptura (*Bruch*) no poema

---

16 Cf., por exemplo, Montaigne, *Essais*, Rat (ed.), Paris, sem data II, Capítulo XII (Apologia de Raimond Sebond), p.113 e ss.

de Parmênides é sinal da discrepância entre método e coisa, por mais que ainda falte aí um conceito de método. O caráter absurdo de dois regimes de verdade, que aparecem imediatamente um ao lado do outro e dos quais um deve ser, porém, mera aparência, expressa de maneira flagrante o caráter absurdo da figura mais arcaica // da "racionalização". Verdade, ser, unidade – os principais termos eleatas – são puras determinações do pensamento, e Parmênides os reconhece enquanto tais; porém, ele e seus sucessores omitem o fato de que esses termos se apresentam como indicações de como se deve pensar, "método". O neokantismo hostil à história, característico de Paul Natorp, tocou neste aspecto da filosofia antiga melhor do que o mergulho excessivamente respeitoso em seu elemento arcaico. Exatamente como no caso do procedimento metodológico, a coisa mesma só se mantém contraposta aos termos originários de Parmênides como um conteúdo perturbador: um mero engodo, que ele rejeita. A *dóxa* de Parmênides é o excedente do mundo sensível sobre o pensamento; o pensamento é o ser verdadeiro. Não que os pré-socráticos formulem com autenticidade as questões sobre as origens, posteriormente emudecidas pela culpa da profanação. Mas neles – e ainda em Platão – a ruptura, a alienação, foi enunciada de maneira pura e não dissimulada. Esta é sua dignidade, a dignidade de um pensamento que ainda não encobre a desgraça que ocasiona. O progresso da *ratio* progressiva, enquanto mediação progressiva, encobre de maneira cada vez mais engenhosa aquela ruptura, sem poder jamais dominá-la. Com isso, ela fortaleceu a inverdade da origem. Com a contradição aberta pelos eleatas, ainda não presa por nenhum conceito, o *chorismós* ensinado por Platão concebeu duas esferas juntas; mesmo que em oposição brusca, trata-se de uma primeira mediação antes de toda *méthexis*. Em sua obra tardia, Platão procura preencher (assim como Aristóteles) essa lacuna com total empenho. Pois se, por um lado, essa lacuna designa o próprio fundamento das filosofias da origem, por outro, ela se mostra como simplesmente insuportável para elas. Essa lacuna anuncia a impossibilidade de tais filosofias, o fato de que sua objetividade se deduz de um arbítrio subjetivo. Seu caráter fechado é ela mesma a ruptura. Daí a intolerância fanática do método, seu arbítrio total, contra todo arbítrio que seria divergência. Seu subjetivismo erige a lei da objetividade. O domínio do espírito só acredita em si mesmo como ilimitado. Como unidade reconquistada, no entanto, assegura apenas o dissenso; verdadeiramente algo absoluto, aparência de reconciliação, descolado daquilo com o que seria preciso se reconciliar, e, em tal caráter absoluto (*Absolutheit*), com ainda maior razão, imagem do contexto inexorável de culpa. Precisamente a junção sem lacunas, da qual eles não conseguem se livrar, inflige a desgraça das filosofias da origem e cria ao mesmo tempo a condição para se libertar delas. O processo de desmitologização, que o espírito empreende criando uma segunda mitologia, desvela a inverdade da própria ideia do primeiro. O primeiro precisa se tornar cada vez mais abstrato para a filosofia da origem. No entanto, quanto mais abstrato ele se torna, tanto menos ele explica, tanto menos ele se mostra apropriado para a fundamentação. Para ser consistente, o primeiro aproxima-se imediatamente do juízo analítico no qual ele quer transformar o mundo; aproxima-se da tautologia. E, por fim, não diz mais absolutamente nada. A ideia do "primeiro" consome a si mesma em seu desdobramento, e esta é a sua verdade, que não teria como ser conquistada sem a filosofia do "primeiro".

Para a metacrítica da teoria do conhecimento

Elevação do sujeito

Na medida em que o sujeito fornece o princípio, a partir do qual todo e qualquer ser provém, ele eleva a si mesmo. Quanto a isso, pouca coisa se alterou, desde os autoelogios daqueles pré-socráticos que gritavam pela praça do mercado, que se mudavam de um lugar para o outro como médicos desempregados e cuja desonestidade ressoa na ira platônica contra os sofistas, até Husserl. Os escritos de Husserl estão cheios de admiração pelos "campos descomunais", por ele próprio descortinados.[17] Nas *Meditações cartesianas*, isso significa: "uma ciência de um tipo inaudito ganha o nosso campo de visão",[18] ou: "No momento em que tivermos nos apoderado das tarefas fenomenológicas da descrição concreta da consciência, então se abrirão para nós verdadeiras infinitudes, fatos – antes da fenomenologia – nunca investigados".[19] Martin Heidegger assume o mesmo tom no pronunciamento de que o Ser seria "o que há de mais único que efetivamente há".[20] Com a pretensão de se impor, o porta-voz da *prima philosophia* se arroga há muito tempo como aquele que tem tudo no bolso e tudo sabe. Ele ergue a pretensão de soberania diante daqueles com quem se relaciona por meio do desprezo, algo que em Platão se manifestava como a recomendação de reis filósofos. Mesmo no nível mais elevado, na doutrina hegeliana do saber absoluto, a *prima philosophia* não está curada disso. Hegel

---

17 *Formale und transzendentale Logik. Versuch einer Kritik der logischen Vernunft*, Halle, 1929 (doravante *Logik*), p.221; cf. também p.225-6.
18 CM, p.68.
19 Ibid., p.79.
20 Martin Heidegger, *Einleitung in die Metaphysik*, Tübingen, 1953, p.60.

joga conversa fora, dizendo aquilo que a maioria dos pobres sábios guarda para si: que a filosofia é ela mesma o verdadeiro Ser; já Platão, fora da utopia, se satisfez em reservar // para os filósofos lugares privilegiados na imortalidade.[21] A pompa visível ou camuflada, assim como a necessidade, de maneira alguma óbvia, de uma segurança espiritual absoluta – pois, por que a felicidade jocosa do espírito deveria ser atenuada pelo risco do erro? – são o reflexo da impotência e da insegurança reais. São o lamento de autocomiseração, por meio da positividade, daqueles que nem contribuem para a real reprodução da vida, nem possuem o direito de participar corretamente de seu domínio real. Como terceira pessoa, apenas vendem e apregoam seus meios de dominação aos dominantes, o espírito reificado no método. O que eles não possuem, eles querem ao menos encontrar na miragem de sua própria jurisdição, a jurisdição do espírito: a irrefutabilidade substitui para eles o domínio, mescla-se com o serviço que eles de fato realizam, sua contribuição para a dominação da natureza. Seu subjetivismo, cego desde o início, é imediatamente punido por sua limitação. Por causa do domínio, esse subjetivismo precisa dominar e negar a si mesmo. Para que não se equivoquem, em nome de sua própria elevação, os filósofos se rebaixam. O que mais gostariam de fazer é eliminar a si mesmos. Eles utilizam sua subjetividade para subtrair da verdade o sujeito e representam a objetividade como resto. Toda *prima philosophia*, mesmo a pretensão heideggeriana da "destruição",[22] foi essencialmente uma teoria residual; a verdade deve ser aquilo que resta, a sobra, o mais insípido

---

21 Cf. Platão, *Fédon, passim*, em particular p.82.
22 Cf. Heidegger, *Sein und Zeit*, Halle, 1927, p.19 e ss.

de tudo. O conteúdo do resíduo fenomenológico de Husserl também é completamente pobre e vazio, o que se comprova no momento em que a filosofia, tal como nos excursos sociológicos das *Meditações cartesianas*,[23] ousa dar o menor passo possível para escapar da prisão do resíduo e retornar à vida livre. Pois a *philosophia perennis* comporta-se em relação à experiência inteira como o unitarismo em relação à religião e a cultura em relação àquilo que seu conceito neutralizado administra. Huxley tem ironicamente razão quando deduz a sua *philosophia perennis* do elemento comum aos pensadores que passou em revista: o curto excerto mostra aquilo que já estava implícito quando pela primeira vez e de modo patético se atribuiu um conceito universal ao ser verdadeiro. É só em liberdade que o espírito consegue se realizar e se reconciliar com aquilo de que se descola. E com a liberdade, caso se deseje ir além de // simples afirmações solenes, sempre vem um elemento de insegurança. A própria liberdade nunca é dada, ela vive ameaçada. O que é absolutamente certo, porém, é sempre a não liberdade. A obrigação de se entregar ao absolutamente certo trabalha, como toda compulsão, para sua própria destruição: sob a divisa de uma certeza indubitável, o espírito científico elimina toda certeza indubitável. Mas isso não afeta a ideia diretriz de que algo sobra. O absolutista Husserl, que gostaria de separar metodologicamente o "resíduo fenomenológico",[24] compartilha essa ideia com nominalistas e relativistas furiosos como Pareto, que contrastam os resíduos com os derivados.[25] As mais divergentes correntes da teoria tradicio-

---

23 Cf. CM, por exemplo, parágrafo 58, p.159 e ss.
24 Cf. *Ideen*, p.91-2 (na trad. cit., p.114-5).
25 Cf. Vilfredo Pareto, *Traité de la Sociologie Générale*, Paris, 1912, p.56, p.459 e ss.

nal[26] estão de acordo quanto ao fato de que deve ser eliminado, segundo o hábito científico-natural, aquilo que encobre a pura coisa, os "fatores perturbadores". Esses fatores, porém, sempre são um suplemento subjetivo à coisa. Quanto mais profunda for a consumação dessa operação, tanto mais impositiva será sua condução ao puro pensamento e, portanto, aos homens, dos quais ela buscava se livrar. O caminho para a libertação do antropomorfismo, no qual a Filosofia Primeira percorre sob o signo da desmitologização, desemboca na apoteose do *anthropos* como segunda mitologia. Porque ela eventualmente lembra a psicologia, a filosofia orgulhosa proscreve, desde Husserl, a psicologia. Por medo desta, a filosofia sacrifica, em sua busca pelo resíduo, tudo em função do qual ela existe. Assemelha-se com aquilo que os padres ingênuos ainda podem pregar em suas comunidades interioranas mais afastadas: o fato de valores eternos serem moedinhas para o cofrinho é algo que toda *prima philosophia* – mesmo a de Max Scheler, que tanto desprezava a pequena burguesia – possui em comum. Se, porém, desde a hipóstase platônica das ideias eternas da metafísica, o elemento temporal é escamoteado e os resíduos do temporal são reificados, isso deve ser atribuído à indigência sob a qual a metafísica floresceu, ao medo constante de perder o pouco que ela tinha. Insegura, a metafísica produz sua eternidade a partir de algo temporal, das relações de propriedade, que são criadas pelos homens e que de forma alienada governam sobre eles. O programa husserliano da filosofia como ciência rigorosa, a ideia de segurança absoluta, não é exceção. Na medida em que seu

---

26 Cf. Max Horkheimer, *Traditionelle und kritische Theorie*, em: *Zeitschrift für Sozialforschung* 6 (1937), p.245 e ss.

cartesianismo constrói cercas em torno daquilo do qual acredita possuir o título de propriedade – do invariante e do *a priori* –, // em torno daquilo que, segundo a versão francesa das *Meditações cartesianas*, "*m'est spécifiquement propre, à moi ego*",[27, 28] a própria *prima philosophia* se transforma em propriedade. A *prima philosophia* ignora a função dos invariantes para o conhecimento, tanto faz se os invariantes tocam em algo essencial ou são indiferentes. Assim, Husserl espera uma reforma salutar da psicologia, ao conceber uma psicologia intencional, puramente *a priori*, sem se perguntar se a psicologia empírica, de maneira alguma invariante, não ofereceria muito mais, no sentido de uma intelecção mais plena (*an Fülle der Einsicht*) do que aquela psicologia pura que pode se estabelecer sem medo, pois nada arrisca.

O permanente como o verdadeiro

Com a imposição sub-reptícia do permanente como o verdadeiro, o início da verdade transforma-se no início do engano. Trata-se de uma falácia dizer que o que perdura é mais verdadeiro do que o transitório. A ordem, que remodela o mundo transformando-o em uma propriedade à disposição, é imposta ao próprio mundo. A invariância do conceito, que não existiria sem a abstração da determinação temporal daquilo que ele compreende, é confundida com a imutabilidade do ser-em-si. A manobra grotesca do adepto da fenomenologia, que procura

---

27 Em francês, no original: "aquilo que me é especificamente próprio, a mim, como ego". (N. T.)

28 *Méditations Cartésiennes. Introduction à la Phénoménologie*, Paris, 1931 (doravante MC), p.78.

dar conta daquilo que, em seu jargão, se chama "o problema da imortalidade", somente traz à luz, por meio de sua grosseria, o que se esconde nas profundezas da caverna das grandes especulações. Esse truque impotente consiste em ratificar de maneira inabalada o ocaso de cada alma individual, pois o puro conceito de cada alma como tal, seu *eidos* individual, seria efetivamente incorruptível. Heráclito, diante de quem Hegel e Nietzsche se curvaram,[29] ainda equiparava a essência à transitoriedade (*Vergängnis*); desde a primeira e autêntica formulação da doutrina das ideias,[30] atribuiu-se a perecibilidade do fenômeno ao reino da *dóxa*, à aparência, reservando a essência à eternidade. Só Nietzsche se rebelou contra isto:

> A outra idiossincrasia dos filósofos não é menos perigosa: ela consiste em confundir o último com o primeiro. Eles colocam aquilo que vem no fim – infelizmente! Porque ele não deveria vir de modo algum –, os "conceitos supremos", ou seja, os conceitos mais universais e mais vazios, a derradeira fumaça da mais diluída realidade, no início como início. Isto, por sua vez, não é outra coisa senão o seu modo de venerar: o superior não // pode surgir do inferior, não pode ter de maneira alguma surgido [...] Moral: tudo aquilo que é de primeiro nível precisa ser *causa sui*. A proveniência a partir de outra coisa vale como objeção, como dúvida em relação ao seu valor. Todos os valores supremos são de primeiro nível, todos os conceitos supremos, o ente, o incondicionado, o bem, o verdadeiro, o perfeito – tudo isso não pode ter vindo a ser, precisa

---

29 Cf. Hegel, WW XVII, Glockner (ed.), Stuttgart, 1928, *Vorlesungen über die Philosophie der Geschichte* I, p.344 e ss.; cf. Nietzsche, op. cit., p.77.
30 Platão, *Banquete*, St. 210 e ss.

consequentemente ser *causa sui*. Tudo isto, contudo, também não pode ser mutuamente desigual, não pode estar em contradição consigo [...] O derradeiro, mais fino, mais vazio é estabelecido como o primeiro, como causa em si, como *ens realissimum* [...][31]

Mas aquilo que Nietzsche considera como o crime de "fiandeiros doentios" (*kranker Spinneweber*),[32] que, para o bem da vida, não deveriam ter "existido de modo algum", foi cometido com a própria selvageria da vida. E a desgraça que ocorre a partir daquele *próton pseudós*, que ele define como uma desgraça do espírito, provém do domínio real. A vitória é codificada pelo vencedor que se declara como o melhor. Depois de um ato de violência exitoso, o subjugado deve acreditar que o que sobrevive possui um direito mais elevado do que aquilo que pereceu. O tributo, que o sobrevivente tem de pagar para que o pensamento transfigure tal fato em verdade, é a sua própria vida; ele precisa estar morto para ser consagrado à eternidade:

> Eles me perguntaram: quais são os tipos todos de idiossincrasia dos filósofos? [...] Por exemplo, sua falta de sentido histórico, seu ódio em relação à própria representação do devir, seu egipcismo. Eles acreditam que estão prestando uma honra a uma coisa, quando a desistoricizam, *sub especie aeterni* – quando fazem dela uma múmia. Tudo aquilo que os filósofos manipularam durante milênios foram múmias conceituais; nada efetivamente vivo sai de suas mãos. Eles matam, eles empalham, esses senhores idólatras do conceito, quando eles louvam – eles se tornam para todos um

---

[31] Nietzsche, op. cit., p.78-9.
[32] Ibid., p.79.

perigo de vida, quando eles louvam. A morte, a mudança, a velhice tanto quanto a geração e o crescimento são para eles objeções – até mesmo refutações. O que é não vem a ser; o que vem a ser não é... Agora, eles acreditam todos, até mesmo com desespero, no ente. No entanto, como eles não conseguem se apoderar dele, eles buscam por razões pelas quais eles continuam privados do ente.[33]

Nietzsche, porém, subestimou ao mesmo tempo aquilo que desmascarou, permanecendo, por isto, preso a uma contradição a partir da qual a autorreflexão do pensamento deveria surgir.

Outrora, // considerou-se a transformação, a mudança, o devir em geral como prova da aparência, um sinal de que precisaria haver algo aí que nos induziria ao erro. Hoje, inversamente, até o ponto em que o preconceito da razão nos obriga a estabelecer unidade, identidade, duração, substância, causa, coisidade, ser, vemo-nos de maneira exata enredados no erro, necessariamente dispostos para o erro; por mais seguramente que, com base em um cálculo rigoroso, estejamos de acordo quanto ao fato de que há aqui o erro.[34]

A metafísica do permanente retirou seu fundamento cognitivo da constância da coisa ante as suas aparências (*Erscheinungen*). A crítica esclarecida que Nietzsche resume, e que é, no fundo, a crítica de Hume, dissolveu a hipóstase da coisa desenvolvida por esta metafísica. Mas mesmo isso não ocorre sem descontinuidades. A contraposição do elemento fixo ao

---
33 Ibid., p.76.
34 Ibid., p.79.

caótico e a dominação da natureza nunca teriam sido possíveis sem um momento de estabilidade no que foi dominado. De outro modo, o dominado desmentiria constantemente o sujeito. Riscar completamente de maneira cética esse momento e localizá-lo unicamente no sujeito não é uma *hybris* menor do que absolutizar os esquemas da ordem conceitual. Nos dois casos, sujeito e objeto são coagulados e transformados em *hypokeimenon*. O mero caos, que o espírito reflexivo desqualifica no mundo em favor da própria onipotência, é tanto um produto do espírito quanto o cosmos que ele institui a fim de venerá-lo.

O elementar

O estável, o que se sustenta, é representado pelo conceito filosófico como o elementar. Ele deve – e Descartes também não duvidou disto – ser mais simples do que o sustentado. Como, porém, o *hypokeimenon* seria mais verdadeiro do aquilo que se eleva sobre ele, primordialidade e verdade são aproximadas uma da outra. Essa é talvez a consequência mais fatídica da suposição de imediatidade, com a qual o sujeito, a mediação, se engana forçosamente em relação a si mesmo. Sempre vigorou na teoria da origem, como garantia de sua afinidade com a dominação, uma tendência à regressão, um ódio contra o complicado. O progresso e a desmitologização não iluminaram nem aplacaram essa tendência, mas a deixaram vir à tona de maneira ainda mais crassa vez por outra. O inimigo, o outro, o não idêntico é sempre ao mesmo tempo o diverso da universalidade do sujeito, é o diferenciado. Os filósofos difamaram esse outro sempre que a meditação se manifestava vigorosamente com ares de radical, desde a maldição platônica sobre os // modos musicais supostamente enfraquecedores até as investidas heideggerianas contra o "falatório" (*das "Gerede"*). A partir do momento em que eles passaram a perguntar sobre o que se encontrava no início, já estava na ponta de suas línguas aquele ato que corta o nó górdio; mesmo Hegel defendeu com o tema da irrelevância do individuado essa tradição da filosofia. Para a sua fama mais elevada, o conceito puro insulta o particular mais elevadamente desenvolvido como impureza e decadência: não há nenhum progresso da racionalidade científica e filosófica sem tal retrocesso. Os sistemas totalitários não o urdiram a partir de um lugar qualquer, não histórico, mas levaram a termo brutalmente aquilo que a ideologia preparava espiritualmente há milênios, como domínio do espírito. A palavra "elementar", porém, cobre tanto o cientificamente simples quanto o miticamente originário. A equivocidade não é fortuita, assim como a maioria das equivocidades. O fascismo procurou realizar a filosofia da origem. O que há de mais antigo, aquilo que está aí há mais tempo, deveria imediata e literalmente imperar. Desse modo, o caráter usurpador do primeiro veio à luz de maneira crua. "Sangue e solo" (*Blut und Boden*), as potências da origem totalmente quiméricas das sociedades industriais, concretizadas pelos fascistas, tornaram-se, já na Alemanha de Hitler, zombaria de criança. A identidade entre o originário e a dominação apontava para o fato de que quem tem o poder não deveria ser somente o primeiro, mas também o originário. Como programa político, a identidade absoluta converte-se em ideologia absoluta, na qual ninguém mais acredita.

O regressivo

A Filosofia Primeira não foi de maneira alguma mera dominação. Ela também aponta de início para a libertação em relação à natureza, e a racionalidade nunca se livrou totalmente da lembrança da autonomia e de sua realização. No entanto, logo que se absolutizou, ela se aproximou quase constantemente da temida dissolução. A filosofia da origem — que se volta, a partir da fuga do condicionado, para o interior do sujeito, para a pura identidade — teme ao mesmo tempo se perder na condicionalidade do meramente subjetivo. De qualquer modo, este, como momento isolado, nunca conquista a pura identidade e mantém sua mácula tão bem quanto o que se contrapõe a ele; a grande filosofia não conseguiu se libertar // dessa antinomia. Um pensar que afirma a si mesmo como o fundamento do Ser está sempre a ponto de proibir a si mesmo como fator de perturbação do Ser. Mesmo a especulação idealista só quebrou aparentemente essa proibição: ela dessubjetivou, por assim dizer, o sujeito. O mecanismo de abstração, velado para si mesmo, avança de maneira imanente para a mesma ontologia contra a qual ele trabalha. Graças a essa tendência, a filosofia da origem, acossada, refugiou-se no platonismo e precisou ao mesmo tempo se desesperar para levar tal recaída a um denominador comum com o irrevogável motivo subjetivo-crítico. Isso remonta ao tempo de Kant. Foi ele quem refutou a conclusão do primeiro como imediatidade e quem, contudo, procurou conservar o primeiro sob a figura do *constituens*. Kant liquidou a questão acerca do Ser e, no entanto, ensinou a *prima philosophia*, a "fundamentação" (*Grundlegung*) em todos os aspectos. O empenho heroico de Hegel não conseguiu nada contra isso.

Mesmo o sujeito-objeto é um sujeito disfarçado. Todavia, diferentemente desse subjetivismo transcendental, não temos hoje diante de nós a questão do Ser como algo original e autêntico (*Eigentliches*), livre dos escombros de milênios, como querem os apologetas da questão do Ser. Ao contrário, seu em-si absoluto é apenas a absoluta cegueira contra a própria mediação subjetiva, imanente à mesma questão do Ser. Juntamente com a posição (*Setzung*) a um só tempo dogmática e vazia do Ser, o movimento do pensamento que visa conhecer a origem declara sua própria falência. Tal movimento celebra a origem às custas do conhecimento. A irracionalidade, na qual a *ratio* filosoficamente absolutizada termina, revela o caráter arbitrário daquilo que deseja eliminar todo arbítrio. Ela aparece não apenas nos discursos sobre projetos, mas já em Husserl, que decreta as reduções fenomenológicas, responsáveis pela produção de sua "esfera do ser das origens absolutas", como algo que se pode executar ou não. É o oposto, por exemplo, do conceito de obrigação (*Nötigung*) na ética kantiana ou da dedução kantiana da revolução copernicana como uma revolução necessária em seu conjunto, da qual a razão necessita para se assenhorear daquelas contradições nas quais ela se enreda de maneira não menos necessária. Quanto mais total se mostra hoje a pretensão ontológica, que avança para além de todo pensamento reflexivo em direção ao mito, tanto mais dependente // ela se torna da mera "atitude" (*Einstellung*), que funciona em Husserl por assim dizer como existencial. No momento em que tal filosofia, precisamente no tratamento do assim chamado problema da constituição, procura imitar a matemática, que pode proceder ao seu bel-prazer em nome do mais estrito rigor, fixando e variando multiplicidades, o arbítrio do absoluto logo cumpre a sua função política. A forma de uma filosofia total é apropriada à do Estado total, na medida em que liga a arbitrariedade dos discursos, na qual a necessidade das palavras se desfaz, com a ordem ditatorial de um reconhecimento sem qualquer protesto. Autoridade e usurpação unificam-se uma vez mais de maneira imediata.

Filosofia da origem e teoria do conhecimento

A teoria do conhecimento foi a figura científica da filosofia da origem. Ela queria elevar o absolutamente primeiro ao nível do absolutamente certo por meio da reflexão sobre o sujeito, que não tinha como ser eliminado de nenhum conceito do primeiro. No prosseguimento de tal reflexão, contudo, intensifica-se ao mesmo tempo a compulsão à identidade. O pensamento que não é mais, como Husserl o denomina, consumado "diretamente" (*geradehin*), mas que é lançado de volta a si mesmo, isola-se cada vez mais contra tudo aquilo que não se deixou absorver nele e na sua jurisdição (*Bannkreis*), na imanência do sujeito. O fato de que o mundo poderia ter sido produzido a partir daquela imanência ou de que apenas a validade de juízos sobre o mundo poderia ser verificada, não é de antemão menos problemático do que o juízo despreocupado com a mediação. Por isso a imanência se impôs como um princípio, no prosseguimento da reflexão, apenas de maneira bem gradual. O arbítrio, complemento da compulsão, já se encontra na suposição de que tal recurso seria a condição suficiente da verdade, por mais que possa ser motivado passo a passo pela meditação científica. A teoria do conhecimento incorpora esse arbítrio por meio de seu próprio processo. A determinação do absolutamente primeiro na imanência do sujeito fracassa, porque essa imanência nunca consegue dissolver completamente em si o momento do não idêntico, e porque, ao mesmo tempo, a subjetividade, o órgão da reflexão, contesta a ideia de algo absolutamente primeiro como pura imediatidade. Enquanto a ideia da filosofia da origem aponta de maneira monista para a pura identidade, a imanência subjetiva – na qual o absolutamente primeiro procura permanecer imperturbável – não se deixa reduzir àquela pura identidade // consigo mesma. O que em Husserl se chama "instituição originária" (*Urstiftung*) da subjetividade transcendental é ao mesmo tempo um *pseudos* originário. Por isso, na análise epistemológica, a própria imanência é sempre uma vez mais polarizada segundo momentos subjetivos e objetivos; Emil Lask expôs isso de maneira particularmente enfática. A estrutura noético-noemática de Husserl é igualmente estrutura de uma imanência dualista, sem que ele, porém, tivesse percebido a contradição que assim se perpetuava. O retorno de sujeito e objeto em meio à subjetividade, a duplicidade do uno, ocorre em dois tipos de teoria do conhecimento, e cada uma vive da irrealizabilidade da outra. Dito de maneira grosseira, trata-se dos tipos do racionalismo e do empirismo. Completando-se mutuamente de maneira hostil, eles não se diferenciam de modo tão radical, em sua composição interna e em suas conclusões, quanto sugere a historiografia filosófica tradicional. A metacrítica da teoria do conhecimento deve lidar com os dois. Podemos dizer que o empirismo nunca defendeu de maneira tão categórica a ideia do absolutamente primeiro quanto o racionalismo e seus sucessores idealistas; por isso, ele parece menos emaranhado em dificuldades do que o racionalismo. Por isso também, o empirismo se entrega, com menor energia, ao processo que, através de tais dificuldades, nos conduz aos próprios limites das determinações da imanência: no empirismo, o pensamento capitula cedo demais e sem resistência. Na medida em que a humildade desse pensamento se curva à mera existência, abdica de penetrá-la e perde o momento da liberdade e da espontaneidade. Mesmo na jurisdição da imanência, um pensamento consequente, crítico e autorreflexivo apreende muito mais da essência — do processo vital da sociedade — do que um procedimento que se resume a registrar fatos e que, de fato, depõe suas armas antes mesmo de usá-las. Se o empirismo, como teoria do conhecimento, pressente na consciência fático-psicológica a condição de todo conhecimento e a declara como o princípio fundamental, por outro lado, essa consciência sempre poderia, de acordo com as regras do jogo do empirismo, ser outra coisa. Ela contradiz a ideia do absolutamente primeiro, que é a única ideia a motivar de qualquer modo a análise da consciência, mesmo a análise empirista do *human understanding*, como método filosófico. // Mas o polo oposto, isoladamente subjetivo em meio à consciência, o "espírito", se subtrai à possibilidade isoladamente objetiva de o ente, o "dado", ser previamente encontrado (*Vorfindlichkeit*). Por isso, esse polo se subtrai à determinação tanto quanto aquele outro polo. Tanto o espírito quanto sua "realização" (*Leistung*) desafiam a análise: ele não se deixa estabelecer daquele modo que a teoria do conhecimento, como método científico, deve exigir. Por outro lado, aquilo que pode ser estabelecido já é formado segundo o modelo daquela facticidade em relação à qual o espírito deve ocupar o polo oposto. O espírito, entretanto, não pode estar separado do dado, assim como esse dado não pode estar separado do espírito. Nenhum dos dois é um primeiro. O fato de os dois serem essencialmente mediados um pelo outro faz com que sejam igualmente incapazes de se mostrar como princípios originários. Todavia, caso alguém quisesse descobrir o princípio originário em um tal ser-mediado (*Vermittelsein*), então confundiria um conceito relacional com um conceito substancial e reclamaria o *flatus vocis* como origem. Mediatidade (*Vermittelheit*) não é nenhum enunciado positivo sobre o ser, mas uma indicação para que o conhecimento não se aquiete em tal positividade. Propriamente, ela é a exigência para que a dialética proceda concretamente. Se fosse expressa como princípio universal, a mediatidade desembocaria, assim como em Hegel, sempre no espírito; com a sua transição para a positividade, ela se torna falsa. Dominar tais aporias é o empenho contínuo das teorias do conhecimento, embora nenhuma tenha sido bem-sucedida. Toda e qualquer teoria do conhecimento se encontra sob a maldição de Anaximandro, cuja filosofia do Ser, uma das mais primevas, previu o destino posterior de todas as subsequentes. A metacrítica da teoria do conhecimento requisita a reflexão construtiva de sua estrutura como uma estrutura de culpa e punição (*Schuld und Strafe*), de um erro necessário e uma correção inútil. Com a desmitologização crescente, o conceito filosófico se torna cada vez mais espiritual e cada vez mais mítico. A introdução da *Fenomenologia do espírito*, até hoje um programa ainda não implementado, pressente algo de tal necessidade. Naturalmente, a crítica imanente da própria teoria do conhecimento não está alijada da dialética. Enquanto a filosofia da imanência – a equivocidade entre uma imanência lógica e uma imanência epistemológica nos indica uma estrutura central — só poderia ser implodida de maneira imanente, ou seja, por meio da confrontação com sua própria inverdade, sua imanência mesma é a inverdade. A crítica imanente precisa conhecer essa inverdade de maneira transcendente, apenas para que possa // começar. A *Fenomenologia* de Hegel satisfaz essa exigência, ao se entregar passivamente ao movimento do conceito e ao mesmo tempo conduzir ativamente esse movimento, transformando desse modo o objeto. O conceito de imanência estabelece os limites da crítica imanente. Quando uma afirmação é medida a partir de seus pressupostos, então se procede de maneira imanente, a saber, obedecendo às regras lógico-formais; o pensar se transforma em critério de si mesmo. A constatação, porém, de que nem todo ser é consciência não resulta de uma necessidade do pensamento na análise do conceito de ser, apenas inibe a conclusividade de tal análise. Pensar o não pensar: esta não é nenhuma consequência sem rupturas do pensar, e sim a suspensão da pretensão de totalidade do pensar. A imanência, contudo, no sentido daquela equivocidade entre imanência da consciência e imanência lógica, não é outra coisa senão tal totalidade. A dialética nega as duas coisas de uma só vez. A teoria do conhecimento só é verdadeira quando leva em conta a impossibilidade de seu próprio começo e quando se deixa levar, em cada um de seus passos, pela sua inadequação com a coisa mesma. Ela é falsa, porém, quando acredita que é bem-sucedida; quando acredita que suas construções e seus conceitos aporéticos sempre corresponderiam às coisas. Em outras palavras, ela é falsa segundo a medida da cientificidade que lhe é própria. No entanto, não é incabível afirmar que a crítica de tal inverdade permanece presa nas abstrações que ela desmonta e que ela seria apenas uma preocupação supérflua de eruditos, sobretudo depois que a dialética materialista, que queria destroçar a filosofia da consciência, acabou degenerando na mesma dogmática e despachando a filosofia da consciência por simples decreto, sem que ela jamais tivesse se colocado um dia diante da lógica da coisa. Todas as vezes em que isso acontecer, o idealismo ressuscitará.

Sistema e dívida (*Schuld*)

Apesar de seu teor estático-descritivo, que se abstém aparentemente da especulação, a teoria do conhecimento de Husserl também se envolve com uma estrutura de dívida.[35] Mesmo o seu sistema se assemelha, dito em termos modernos, a um sistema de crédito. Seus conceitos formam uma constelação, na qual cada um deve resolver o compromisso do outro, apesar de a apresentação encobrir o processo pendente entre eles. Expressões de Husserl como "cumprimento" (*Erfüllung*) – o cumprimento de um contrato; "evidência" (*Evidenz*) – a prova; "juízo" (*Urteil*) – o juízo de um processo, são construídas // involuntariamente em sua teoria do conhecimento de maneira análoga a uma relação jurídica universal. Por fim, pode chegar mesmo a intensificar-se a semelhança por meio de suplementos arcaizantes oriundos da linguagem jurídica, tais como "domínio" (*Domäne*) e "instituição" (*Stiftung*). Sob a figura de um contrato nunca cumprido, e, por isso, em si infinito, que se repete irremediavelmente, a teoria do conhecimento mais esclarecida participa ainda do mito

---

35 Ver nota 4 anterior. (N. do R.)

do primeiro. Sua metacrítica apresenta a ela a sua nota promissória e a obriga a chegar à intelecção (*Einsicht*), conquistada externamente junto à sociedade, de que a equivalência não seria a verdade, de que a troca justa não seria a justiça. O processo real da vida social não é algo contrabandeado sociologicamente para o interior da filosofia, por meio de subordinação, mas é o cerne do próprio conteúdo lógico.

Forças de oposição na teoria do conhecimento

A teoria do conhecimento, o empenho por realizar de maneira pura o princípio da identidade por meio de uma redução sem lacunas à imanência subjetiva, se torna, contra a sua intenção, o meio da não identidade. Como desmitologização progressiva, ela não apenas consolida o encantamento (*Bann*) do conceito purificado de todo elemento heterogêneo, mas também trabalha para quebrar o encantamento. Acompanhá-la passo a passo, escrever sua história interior, já é o despertar. As determinações epistemológicas particulares não são, afinal, absolutamente falsas – elas só se tornam assim quando querem ser absolutamente verdadeiras –, tampouco se referem a estados de coisas: toda e qualquer determinação particular exige a ausência de contradição. O que é preciso aplacar é a loucura de supor que essa ausência de contradição, que a totalidade da consciência, seria o mundo e não a autocontemplação do conhecimento. Por fim, a última coisa que deveria fazer a teoria do conhecimento, que possui por cânone a mediatidade dos conceitos, é anunciar um objetivismo imediato: ela deixa isso a cargo das ontologias contemporâneas ou dos burocratas do pensamento do bloco do Leste. Criticar a teoria do conhecimento também significa retê-la. É preciso confrontá-la com a sua própria pretensão de absolutidade, com a pretensão kantiana expressa na questão sobre como a metafísica seria possível, com o ideal husserliano da filosofia como ciência rigorosa. A usurpação da universalidade, que a teoria do conhecimento comete, compromete-se ao mesmo tempo em satisfazer a universalidade do pensamento, o que implica a dissolução do privilégio do qual o espírito filosófico // se nutre, na medida em que atribui a universalidade a si mesmo. Conhecimento, medido a partir do ideal da universalidade, não pode mais ser monopolizado pelos curandeiros e pelos sábios que o empreendem; sabedoria é algo tão anacrônico quanto, segundo a intuição de Valéry, a virtude. Quanto mais coerente for o procedimento da teoria do conhecimento, tanto menos ela se expandirá: assim, ela prepara o fim do fetichismo do conhecimento. O espírito fetichizado transforma-se em seu próprio inimigo. Em raras vezes isso aconteceu de modo tão penetrante e prototípico como em Husserl. Se a filosofia da imanência codificou a *hybris* do espírito que quer ser tudo, então precisamente ela descobriu o momento da reflexão, da mediação. Com isso, a filosofia da imanência determinou, por um lado, o conhecimento como trabalho, e, por outro, o seu portador, o sujeito lógico-universal, como sociedade. Sem o momento da reflexão subjetiva, todo conceito de dialética seria nulo; o que não é refletido em si não conhece a contradição, e a perversão do materialismo dialético na religião de Estado russa e na ideologia positiva se baseia teoricamente na condenação de tal elemento subjetivo como idêntico. Se a filosofia da imanência tende, e com razão, a se converter em dogma, em ontologia ou em realismo da cópia (*Abbildrealismus*), ela também desenvolve o antídoto para tanto. Só o idealismo permitiu que a realidade efetiva, na qual os homens vivem, se tornasse transparente como uma realidade efetiva invariante e independente deles. Seus contornos são humanos e mesmo a natureza pura e simplesmente extra-humana resulta de uma mediação da consciência. Os homens não têm como passar por cima disso: eles vivem no ser social, não na natureza. O idealismo, porém, é ideologia quando meramente humaniza a realidade efetiva. Torna-se semelhante ao realismo ingênuo, como sua justificação reflexiva. Precisamente por causa disso, o idealismo revoga o que está na "natureza", até mesmo a natureza transcendental.

A compulsão ao sistema

A estrutura geral da imanência (*Immanenzzusammenhang*) enquanto absolutamente fechada em si, não deixando nada de fora, já é sempre um sistema necessário, independentemente do fato de ser expressamente deduzida da unidade da consciência ou não. A desconfiança de Nietzsche em relação à *prima philosophia* também se dirige, portanto, contra os sistemáticos: "Eu desconfio de todos os sistemáticos e fujo deles. A vontade de sistema é uma falta de honestidade".[36] // Assim como autores mais recentes deduzem o pensamento do sistema jurídico a partir de uma necessidade didática, a partir da necessidade de uma apresentação coesa e convincente para os ouvintes,[37]

---

36 Ibid., p.64.
37 Cf. Helmut Coing, *Geschichte und Bedeutung des Systemgedankens in der Rechswissenschaft* [História e significado do pensamento sistemático na ciência do direito], em: *Discursos da Universidade de Frankfurt*, caderno 17, 1956, p.36.

podemos reconduzir os sistemas filosóficos a uma necessidade semelhante. Os dois primeiros sistemáticos de grande estilo foram os primeiros líderes das escolas organizadas. O sistema não deixa nada de fora, e é assim que o mestre, o orador, o demagogo se comportam em relação aos ouvintes. Sua autoridade irracional é mediada pela *ratio*, sua pretensão de liderança, pela compulsão lógico-argumentativa. Já o Sócrates platônico acaba com seus interlocutores por meio de uma demonstração, nada ática e nada elegante, da ignorância destes: do panegírico de Alcibíades, ao final do *Banquete*, o eco sutil do desconforto continua ressoando. Quanto mais problemática a sabedoria, tanto mais implacável a necessidade de sublinhar seu rigor. E, para isso, adapta-se à lógica da consistência, que permite exercitar a compulsão ao pensamento prescindindo da experiência do objeto, ou seja, de maneira "formal" e, portanto, incontestável. Enquanto a filosofia de Platão denuncia os retóricos, que tratam formalmente de objetos dos quais eles não entendem nada, o próprio Platão adere, com seu método da definição conceitual, a um formalismo de advogado, que só excede o formalismo sofístico, por meio da consistência. No embate, Sócrates precisa manter quase sempre a razão contra aqueles que ele designa como inimigos, apesar de (e por causa de) "não saber nada". Não é por acaso que, no discurso de Agaton ou ocasionalmente no *Fedro*, fica a dúvida de saber se Platão está parodiando uma brilhante peça de retórica ou se está apresentando um nível da verdade ou, por fim, as duas coisas. O caráter bombástico de muitas sentenças socráticas certamente resulta da constatação de que o saber total, que tais sentenças atribuem a si mesmas, sempre exclui ao mesmo tempo a ação de inclusão que caracteriza o sistema (*das Einschließende des*

Systems): este talvez seja o segredo mais sombrio da Filosofia Primeira. A distinção enfática entre essência e aparência, sua grande descoberta, possui igualmente o aspecto do "eu sei e vocês não sabem", por mais que a vida calcificada e alienada de si precise dessa distinção como seu corretivo.

Sobre a doutrina das antinomias

Mas precisamente esse fervor excessivo com o qual a Filosofia Primeira oferece aos tolos o seu saber atesta a sua insegurança. A // pretensão do absoluto, com a qual ela se manifesta, é o meio de seu próprio abalo. O sistema, que formula tal pretensão em nome da coesão e da completude, se depara com a impossibilidade de satisfazê-la. O idealismo, que por meio da redução à unidade absoluta do "eu penso" tinha se tornado capaz pela primeira vez de uma sistemática desdobrada por completo, descobriu, segundo a medida de seu próprio radicalismo, o caráter questionável daquilo que foi por ele definitivamente cristalizado. Na doutrina das antinomias da *Crítica da razão pura*, a *prima philosophia* alcançou a consciência filosófica disto. A busca pelo puro e simplesmente primeiro, pela causa absoluta, resulta em uma regressão ao infinito; algo infinito não pode ser posicionado como algo conclusivamente dado, mas, por outro lado, esse posicionamento parece inevitável para o espírito total. O conceito do dado, último refúgio do irredutível no idealismo, se choca com o conceito do espírito como a redutibilidade perfeita, choca-se com o próprio idealismo. A antinomia implode o sistema, cuja própria ideia é a ideia daquela identidade alcançada que, na medida em que é antecipada, na medida em que é finitude do infinito, entra em desacordo consigo mesma.

O recurso à imanência subjetiva só aconteceu para remover aquilo que já estaria contido em algo primeiro; de outro modo, a filosofia da imanência perde a sua *raison d'être*. Mas seu próprio curso, a análise da consciência, traz à tona o fato de que ela não contém algo absolutamente primeiro, independentemente de seu material e daquilo que "advém" à consciência. O ontologicamente primeiro é o ontologicamente não primeiro, e, com isto, sua ideia vacila. Kant procura sair do impasse de uma maneira bastante engenhosa e artificial com a diferença entre forma e conteúdo. Na determinação da contradição e de sua necessidade, que impede propriamente a arbitragem que foi tentada pelo próprio Kant, surge a verdade ainda menos reconciliada, quando comparada com o idealismo posterior. Como apologeta da *prima philosophia*, porém, Kant continuou defendendo de qualquer modo a primazia da forma. A dependência recíproca por ele mesmo compreendida entre forma e matéria não pôde afetar o ponto de partida do sistema. As formas como doação *sui generis* se tornam o absolutamente primeiro. De acordo com a segunda versão da dedução transcendental,[38] não podemos apresentar uma razão do porquê estas formas "são as únicas da nossa intuição sensível". // Este é o modelo para o procedimento posterior de Husserl na descrição das estruturas transcendentais. Kant busca naturalmente desvendar o mistério e deduzir a doação, em certa medida paradoxal, das formas. Neste caso, ele alcança uma identidade pura, o mero pensar, o sujeito que, isolado como sujeito "puro" de todo conteúdo, é transformado naquilo que pura e simplesmente não é e que, não obstante, é hipostasiado. A

---

38 Cf. Kant, *Kritik der reinen Vernunft*, Valentiner (ed.), Leipzig, 1913, p.160, B 146 (Conclusão do parágrafo 21).

dedução transcendental desemboca na razão como ser absoluto. A dialética transcendental critica a absolutidade do ser tanto quanto da razão. Assim, a dedução permanece em certa medida aquém da doutrina das antinomias. Apesar disto, essa doutrina pressupõe a dedução, a demonstração do caráter subjetivo da categoria, para se proteger do posicionamento "ingênuo", irrefletido, do infinito. Por meio da retirada para o formalismo, que primeiramente Hegel e depois os fenomenólogos censuraram em Kant, ele honrou o não idêntico, desprezando a possibilidade de reconduzi-lo sem restos à identidade do sujeito. Com isto, porém, ele restringiu a própria ideia da verdade que, a partir de então, não se sentiu mais capaz de classificar com conceitos de ordem aquilo que é heterogêneo. A fenomenologia restaurativa de Husserl se protegeu de maneira temerosa diante disso. Este é o seu elemento propriamente pré-crítico, que a qualificou como uma precursora da ontologia, mas é também a sua objeção legítima contra o formalismo. Nada distingue de maneira tão enfática a fenomenologia (e o que veio a ser dela) do neokantismo, de resto bastante parecido com ela, quanto o fato de Husserl, em todo caso nos escritos que seriam posteriormente decisivos, não ter colocado propriamente a questão acerca do elemento infinitesimal, ou ainda, de ter neutralizado essa questão com a possibilidade de uma variabilidade totalmente arbitrária e de um "horizonte irrestrito". O infinito era a figura paradoxal, na qual o pensamento absoluto e ao mesmo tempo aberto em sua soberania se apodera daquilo que não se esgota no pensamento e daquilo que bloqueia sua absolutidade. Desde que a humanidade começou a realmente ser absorvida em sistemas fechados de administração, o conceito de infinitude se atrofia, e o princípio físico da finitude do espaço lhe assenta muito bem.

Theodor W. Adorno

Nominalismo

De acordo com Kant, as antinomias aparecem lá onde o pensamento vai além da possibilidade da experiência. Ocorre que a *prima philosophia*, o sistema, é ameaçada pela experiência. Neste ponto, a crítica kantiana // da razão cogitou sua própria morte. De maneira alguma, porém, a questão da *prima philosophia* coincide com a alternativa entre realismo e nominalismo. Todas as filosofias da origem da época moderna surgiram sob os auspícios nominalistas. Mesmo a metafísica de Aristóteles, com a ambiguidade de seu conceito de *ousía*, se encontra nesse limiar. Podemos perguntar se toda e qualquer filosofia do primeiro, na medida em que procura determinar, a partir do próprio pensamento, seu substrato, seu procedimento formador do conceito, não acaba cedendo ao nominalismo, contra o qual se opõe. A virada para o sujeito transforma o conceito em produto de seu pensamento; a insistência no puro em-si, *quod nulla re indiget ad existendum*,[39] o transforma em um para-outro (*ein Für anderes*). Tanto o nominalismo quanto o realismo existem sob o primado do absolutamente primeiro. Nos dois, jogam-se os dados para determinar o *ante* ou o *post*, e todo discurso acerca do *post* implica um *ante* – tanto no *res*, como princípio do ente, quanto no universal. Com certeza, o nominalismo chegou um dia a ter em vista algo diverso: a sofística de Górgias e o cinismo de Antístenes contradiziam claramente tanto a cultura fetichizada em geral quanto a filosofia do ser. Desde a fusão com a ciência, contudo, desde a vitória das grandes escolas,

---

39 Em latim, no original: "Aquilo que não tem a necessidade de nenhuma outra coisa para existir". (N. T.)

Para a metacrítica da teoria do conhecimento

inclusive daquelas que surgiram a partir daqueles grupos não confiáveis, seu impulso foi desviado. Ao se comprometer com o dado e, por extensão, com a imanência subjetiva como a sua contraparte, o nominalismo recai na posição daquele que precisa dizer B, porque disse A, por mais contrariado que ele possa estar ao dizê-lo. Como teoria da fundamentação da ciência, ele se transforma inexoravelmente no "empirismo extremo";[40] um empirismo extremo, no entanto, contradiz, como Husserl percebeu muito bem, o seu próprio conceito. O empirismo moderno desde Hume, para não falar do positivismo lógico, talvez tenha sobrepujado a metafísica absolutista no cuidado com o critério da certeza absoluta, e, nesta medida, no cuidado com o fundamental. Por outro lado, a renúncia diante do absoluto, anunciada pelas correntes nominalistas e empiristas, secretamente nunca permaneceu alheia à metafísica absolutista; para Husserl, ela era quase óbvia. A própria questão acerca do primeiro é retrospectiva; // não se espera mais nada de um pensamento que, como o platônico, tem seu absoluto na memória. O elogio do imutável sugere que nada deve ser de modo diverso do que um dia foi. Um tabu se estabelece sobre o futuro. Este é racionalizado pela exigência de todo "método", que deve explicar o desconhecido a partir do conhecido, tal como já ocorre em Platão, que atribui tacitamente um valor normativo às conveniências, à conformidade com a linguagem estabelecida. Com axiomas como o da completude e o da continuidade, o pensamento da identidade de fato sempre pressupõe uma total evidência, um completo conhecimento. O novo é filtrado; ele é

---

40 Cf. *Logische Untersuchungen* I, Halle, 1921-22, (doravante: IL, seguido do número do volume – I ou II), p.84.

considerado meramente "material", contingente, algo que, por assim dizer, perturba a paz. O que poderia ajudar o sujeito a sair do aprisionamento de si é negativamente enfatizado. É um perigo que precisa ser dominado, que precisa ser reconduzido ao recinto fechado do conhecido. Neste ponto, o empirismo concorda com seus inimigos, e isso o acorrenta à filosofia da origem.

Motivação e tendência da ontologia

A virada para a ontologia, que Husserl começou de maneira hesitante e revogou de maneira bem rápida, foi condicionada pela ruptura dos grandes sistemas, tal como ocorreu de maneira tão brusca e, por isto mesmo, tão grandiosa com a crítica kantiana da razão. As ontologias querem ser Filosofia Primeira. Essa Filosofia Primeira, por sua vez, precisaria estar livre da compulsão e da impossibilidade de deduzir, de um princípio primeiro, a si mesma e ao existente. As ontologias gostariam de ter a vantagem do sistema, sem ter de pagar a penitência; gostariam de reproduzir a obrigatoriedade da ordem a partir do espírito, mas sem fundamentá-la a partir do pensamento, da unidade do sujeito. A dupla pretensão está presa à arbitrariedade, e, por isto, o progresso da ontologia para além do sistema é na maioria das vezes tão ambíguo quanto os progressos da burguesia tardia. Ressuscitada, a ontologia regride: ela se liberta da compulsão ao sistema, a fim de se apoderar repentinamente do absolutamente primeiro, que se tornou questionável em função de sua mediação universal. Sua irrupção (*Ausbruch*) da imanência sacrifica a racionalidade e a crítica, na concordância objetiva com uma sociedade que se movimenta em direção às trevas do domínio imediato. Mas a arbitrariedade subjetiva da evasão se vinga de si mesma: a evasão fracassa. O vazio tautológico das determinações sacrossantas supremas é em vão abafado por importações da psicologia e da antropologia, cuja procedência subjetiva // se encontra escrita na testa. O que, por fim, assume ares de origem não faz outra coisa senão assumir uma postura arcaizante, manifestando aquela alergia contra o século XIX, exercitada no "Movimento Juvenil" (*Jugendbewegung*), alergia essa que não atesta tanto a superação mas um caráter incontrolável e uma traição à liberdade. Como a questão acerca do primeiro imediato é inapropriada para o estado do espírito hoje e como se decidiu que é preciso fechar os olhos para a mediação, ela conjura um estado histórico antiquado. Seu elemento intemporal e preordenado ao ôntico é uma ab-rogação, um passado que se tornou irreconhecível. Já o aluno de Brentano, Husserl, que alguns contemporâneos consideravam um escolástico e em cuja postura positivo-descritiva quase não se vê o rastro de elemento crítico, tendia contra a sua vontade para o arcaico. Depois dele, a meditação crítica ficou completa e paradoxalmente estagnada, em virtude do postulado da obrigatoriedade (*Verbindlichkeit*), herdado da crítica. As categorias são dispensadas da reflexão como meros estados de coisa a serem ainda registrados ou — na linguagem que se inventou para tanto — a serem ditos. A abdicação do conceito e a necessidade desesperada de algo ausente, do negativo portanto, é escolhida como *a priori* positivo. Com certeza, o decreto de uma positividade em si através da razão contra o impulso supostamente destrutivo da razão é tão antigo quanto a filosofia citadino-burguesa. Mas a diferença entre a tradição desta e a metafísica ressuscitada é, de qualquer modo, uma diferença que se refere ao todo. Kant considera-se seguro da reconstrução da verdade a partir da imanência da consciência, e o "como é possível" constitui a figura determinante de todas as suas questões, porque, para ele, a possibilidade mesma é inquestionável. Por isso, ele assume para si, tal como depois dele Hegel, a responsabilidade de levar a termo aquela reconstrução em todos os aspectos. Husserl se desespera com isto.[41] Nas pesquisas transcendentais, que substituem para ele o sistema, interrompe-se o pensamento. Husserl se mantém preso às determinações singulares, e a concreção felizmente reconquistada não se deve a mais filosofia, mas a menos filosofia. A única coisa em que os sucessores de Husserl continuam pensando é em despotencializar o pensamento e em canonizar um dogma, não obstante, obrigatório e, por isso mesmo, abstrato. Se a consumação crítica dos temas coagulados na fenomenologia revela seus buracos, // que ela em vão preenche por meio da passagem de um conceito para o outro, então a fenomenologia procura, em certo sentido, em sua fase final ontológica, esses mesmos buracos: sua intenção mais intimamente irracionalista tira proveito de suas irracionalidades involuntárias. Por isso, ela fala o jargão da autenticidade, que degradou entrementes toda a linguagem cultural alemã a um consagrado palavrório, com um tom teológico desprovido de conteúdo teológico, assim como de qualquer outro conteúdo para além da autoidolatria. Esse jargão simula a presença corporal do absolutamente primeiro, que não é corporal nem está presente. Sua autoridade assemelha-se à autoridade do mundo administrado, que não pode se apoiar em nada senão no *factum* da própria adminis-

---

41 Cf. Herbert Marcuse, "Begriff des Wesens", em: *Zeitschrift für Sozialforschung* 5 (1936), p.12 e ss.

tração. A entronização do abstrato consumado é, socialmente, a entronização da mera forma de organização abstraída de seu conteúdo social, que é tratado com desleixo por bons motivos. Comparado com as construções doutrinárias de Aristóteles e de São Tomás, que ainda esperavam acomodar toda a Criação, a ontologia se comporta hoje como se estivesse presa em uma casa de vidro, com paredes impenetráveis, mas transparentes, e vislumbrasse a verdade lá fora. Ela se comporta como estrelas fixas intangíveis, como palavras, de cuja sacralidade nos aproximamos demais quando meramente perguntamos o que elas significam. Porém, todo o conteúdo objetivo real, a vida dos conceitos, é jogado com grande desprezo para as ciências particulares, como a história, a sociologia e a psicologia. Do mesmo modo, a emancipação de tais ciências em relação à filosofia não chega a prosperar. A filosofia, então, não deve ser agora outra coisa senão aquilo que se ocupa com o pura e simplesmente indiferente, e sua dignidade se eleva com a indiferença da palavra suprema, que a tudo abarca e que, por isso, não abarca nada. A nova ontologia retorna, cheia de remorsos, ao começo da lógica hegeliana e se dissolve na mesma identidade abstrata com que tinha iniciado todo o jogo.

Concreção aparente e formalismo

Desde o livro de Scheler sobre a ética kantiana, o formalismo epistemológico e sistemático vem sendo difamado. Em seu lugar, foi prometido um filosofar material, na verdade bastante carregado com o conceito de valor, um conceito inteiramente questionável, deduzido das relações de troca. Os instrumentos não precisavam mais ser afiados: eles deveriam, como Hegel o queria, se colocar à prova junto à matéria. O movimento fenomenológico, porém, // que começou como teoria do conhecimento, gradualmente se afastou, por sua vez, tanto de todo ente, quanto mesmo de seu conceito supremo, o ser-aí, que Husserl queria originariamente alijar. O que se ratifica com isto é o caráter necessariamente formal da *próte philosophía*, não apenas sua forma de reflexão própria ligada à filosofia da imanência. Quem quer denominar algo absolutamente primeiro, deve eliminar tudo aquilo que algo pura e simplesmente primeiro não precisa. Todavia, se em algum momento, na recusa do acidental, a diferença ontológica é afirmada como imediata, fixa e irreversível, então o processo de purificação acaba atingindo o ente. Medido a partir do puro conceito de Ser, esse processo, como Husserl diz sem floreios, também poderia muito bem não ser. Ignora-se o fato de que, inversamente, mesmo a ideia do Ser só poderia ser pensada na relação com o ente. Isso se torna fatídico para a ontologia ressuscitada. Em vão, ainda que necessariamente, ela projeta a fatalidade para a estrutura do ser-em-si. A questão do Ser, que hoje se tornou popular, não revela a originariedade apologeticamente citada, mas antes a indigência da filosofia da origem, através de cuja rede o ôntico adentra; uma indigência da qual a filosofia da origem não pode, contudo, prescindir. No ódio contra a mediação, seu conceito de ser ainda precisa ontologizar o ente. No fim, porém, a filosofia da origem reduz a diferença ôntico-ontológica ao âmbito do mero conceito, enquanto afirma solenemente estar para além dessa diferença. O anti-idealismo volta a si mesmo na mera ideia, assim como já na fenomenologia de Husserl ele se revertera no idealismo transcendental. A consciência necessariamente falsa desse movimento de pensamento é o protótipo da ideologia. Nessa direção segue a tendência da doutrina. Caso o ente se integre de maneira indistinta ao ser, na extensão superior deste, então o ente poderá ser absolutizado de modo arbitrário quando surgir historicamente a oportunidade. Este é o esquema da superação ontológica do formalismo. Em contraposição a esse esquema, a insistência antiquada de Husserl no formalismo mostrou-se mais justificada. Por fim, embora cheia de remorsos e envergonhada, a ontologia retornou a esse formalismo, quando elaborou um ritual do puro conceito, que nega que ele seja um conceito. A aparência da concreção era o elemento fascinante (*Fascinosum*) da escola. O espiritual deveria se tornar perceptível, imediatamente certo. Os conceitos assumiriam uma conotação sensorial. // Contudo, o elemento metafórico, meramente ornamental de tal linguagem, à moda do *Jugendstil*, torna-se evidente no próprio Husserl, quando afirma que a sensibilidade pretendida do pensamento não possui nenhuma consequência para a estrutura filosófica. Em palavras oriundas de seu *Lógica formal e lógica transcendental*, publicado depois de *Ser e tempo*, tais como "confirmação" (*Bewährung*),[42] "impera inteiramente" (*durchherrscht*)[43] e "despertar"(*Weckung*),[44] se pode observar uma seletividade bastante organizada e um certo distanciamento, que nos lembram o círculo de Stefan George: a *epoché* se transformou no esotérico. A teoria do conhecimento de Husserl fez do instrumentário uma ideologia, com a qual sua postura cientificista não queria ter nada em comum, mas que, por sua parte, articulou precisamente a pretensão do obri-

---

42 *Logik*, p.57.
43 Ibid., p.114.
44 Ibid., p.186.

gatório com aquilo que Husserl exibia com o gesto de solidez científica. Por isso, a crítica a essa sua epistemologia especialista vai essencialmente muito além dessa teoria. A aura do concreto cresce em torno do conceito que, segundo os teoremas da unidade ideal da espécie e da ideação, se oferece à consciência sem nenhuma mácula por meio da abstração. Determinações subjetivamente mediadas são atribuídas àquilo que não conteria nada de subjetivo em si, como se fossem qualidades de seu ser-em-si, e assim se consolida sua autoridade. A pergunta subsequente sobre de onde aquelas determinações proviriam é impedida. Sob o tabu contra a facticidade, contudo, aqueles conceitos concretos são ao mesmo tempo desprovidos de espessura. Eles se alimentam de elementos ônticos que, então, através de mera etiquetagem, se tornam "puros", consciência pura ou puramente ontológica. A aparência da concretude baseia-se na reificação de resultados, em nada divergente do que acontece na ciência social positiva, que registra produtos dos processos sociais como os fatos mais importantes a ser considerados. Seu *pathos* metafísico, no entanto, considera o aparentemente concreto justamente a partir da distância enfática em relação aos fatos, em relação àquele elemento espiritual que, tanto no idealismo ontológico quanto em todo idealismo alemão, é preordenado à facticidade. Quem toma parte do idealismo não precisa sujar as mãos com aquilo que meramente é, com o ente a partir do qual os conceitos característicos de qualquer forma retiram novamente sua feição substancial. Nesse modo de proceder, a atrasada *próte philosophía* esquece energicamente a crítica à tese crua de que o logicamente mais elevado seria ao mesmo tempo o metafisicamente mais elevado. Porém, ela esquece igualmente o próprio processo lógico. Tal esquecimento instaura o absoluto

45 em-si. // Ao se tornar procedimento (*Weise*), a antiga sabedoria passa a saber apresentar, por fim, todas as cicatrizes de seu fracasso como medalhas de honra. Tudo lhe cai bem. Como as mediações foram expulsas para a obscuridade, as determinações, às quais se deve renunciar para a formação de conceitos universais, podem ser tranquilamente acrescentadas uma vez mais ao resultado, segundo a necessidade filosófica. Não é necessário observar aquilo que foi omitido para se chegar ao "ser em geral" (*Sein überhaupt*). Todavia, como esse ser contém em si tudo o que é pensável, ele se deixa preencher sem contradição pelo que está contido. O ser é transcrito em metáforas sensíveis, com uma predileção por realizações historicamente arcaicas; e isso porque desapareceu do conceito todo e qualquer critério que permitisse remover as metáforas do que é visado. A máxima cientificamente inofensiva da fenomenologia husserliana de intuir a essência dos conceitos em análises descritivamente fiéis da significação – como se todo e qualquer particular tivesse uma essência inabalavelmente firme, sem referência aos outros e a sua constelação –, já estimulava a concreção aparente. Diante dela, o conceito obsoleto de sistema possui ainda a sua verdade corretiva como conhecimento da impossibilidade da prática isoladora do espírito. Essa prática tornou-se a prerrogativa para dotar magicamente o conceito com aquelas cores que ele perdeu historicamente no processo de alienação. Trata-se, porém, de fantasmagorias fugidias, pois o conceito, que esconjura a essencialidade, nega sua própria essência. Husserl recomendou que suas ponderações fossem tomadas como radicais, e, desde então, surgiram questões radicais fictícias de todos os lados. Elas se transformam em respostas de si mesmas e, de resto, deixam tudo para aquela antiga pergunta que, para elas, constituiria a verdade. O conceito "radical" foi castrado com o auxílio da teologia. Se esse conceito, nas teses contra Feuerbach, queria encontrar as raízes do mal, então ele deve agora insistir com maior força na questão, além da qual não é possível continuar perguntando, uma antecipação da resposta que não existe. Para o pensamento que, na determinação do absolutamente primeiro, deixa de lado a multiplicidade dos fatos em virtude de sua condicionalidade e mediação, não resta outra elucidação a não ser aquela paradoxal e silenciada pela nova ontologia, que Leibniz atribui ao empirismo de Locke: *intellectus ipse*.[45] Nesta // formulação paradoxal, assim como em seu oposto abstrato, a doutrina da *tabula rasa*, expressa-se a impossibilidade da polarização do conhecimento e, com isso, a impossibilidade da própria questão acerca do absolutamente primeiro.

O novo e o antigo

Juntamente com o conceito de primeiro, também cai por terra aí de maneira fantasmagórica o conceito do absolutamente novo, do qual a fenomenologia tomava parte, sem trazer consigo propriamente um novo tema. Algo primeiro e algo absolutamente novo são complementares, e o pensamento dialético precisaria se desfazer dos dois. Quem recusa a obediência à jurisdição da filosofia da origem reconhece, desde o prefácio da *Fenomenologia* hegeliana, juntamente com a mediação do antigo, também a mediação do novo e já sempre o determina como contido na forma do mais antigo, como a não identidade de sua identidade. Dialética é a tentativa de ver o novo do antigo, ao invés

---

45 Em latim, no original: "o próprio intelecto". (N. T.)

de unicamente o antigo do novo. Do mesmo modo que faz a mediação do novo, a dialética conserva o antigo como mediado. Se ela transcorresse segundo o esquema do mero fluir e da vitalidade indiferenciada, então se rebaixaria à cópia da estrutura amorfa da Natureza, que ela não deve sancionar por repetição, mas sim ultrapassar por reconhecimento. A dialética extrai do antigo aquilo que lhe é fixado como coisa, como consolidado, que ela consegue colocar em movimento quando libera a força de sua própria gravidade. Ela alcança a intelecção de que o processo fechado também inclui aquilo que não se encontra incluído, e, com isso, reconhece um limite do próprio conhecimento. A própria dialética só seria ultrapassada pela práxis transformadora. Antes disso, porém, tanto o novo quanto o antigo estão sob sua jurisdição; se, por um lado, esse antigo procura remontar o domínio do autóctone à época do domínio divino, o novo idolatra, por outro lado, o primado da produção, no qual igualmente não se esconde o princípio da dominação, de modo semelhante àquela questão, que circula no mercado do espírito, sobre o que estaria sendo oferecido de novo, e que se manifesta como uma sinonímia à questão acerca da originariedade. O aspecto malicioso dessa questão, obviamente a depreciação do novo em geral, é originariamente burguês: a partir do conhecido não deve poder surgir nada desconhecido, nada diverso. Todas as peças do jogo supostamente já foram jogadas. É assim que fala o autodesprezo do pai, mutilado e condenado à não liberdade, que inveja seu filho pelo fato de ele poder ser melhor e mais feliz do que impõe sua desgraça herdada. Ao contrário do filho, a mulher, por outro lado, não tem direito à participação plena na sociedade patriarcal. // Um momento da estrutura da culpa forma a consciência de que essa estrutura não poderia ser quebrada. Descortinar o princípio de identidade, porém, significa não se deixar convencer de que o elemento que emergiu conseguiria quebrar o encantamento da origem. Toda música esteve um dia a serviço da diminuição do tédio dos bem-nascidos, mas os últimos quartetos de Beethoven não são, de modo algum, música para animar banquetes. A ternura, de acordo com a psicanálise, é uma formação reativa ao sadismo bárbaro, mas ela acabou se tornando um modelo de humanidade. Mesmo os conceitos caducos da teoria do conhecimento apontam para além de si. Desde seus fracassos até seus formalismos mais elevados, esses conceitos fazem parte de uma historiografia inconsciente e podem ser salvos, na medida em que podem ser ajudados a atingir a consciência de si mesmos, contra aquilo que querem dizer a partir de si mesmos. Essa salvação, lembrança do sofrimento que se sedimentou nos conceitos, espera pelo instante de sua destruição. Ela é a ideia da crítica filosófica. Ela não tem outra medida a não ser a destruição da aparência. Caso a era da interpretação do mundo tenha passado, e o que importa agora é transformá-lo, então a filosofia se despede, e, na despedida, os conceitos se detêm e se convertem em imagens. Se a filosofia, como semântica científica, pretende traduzir a linguagem em lógica, então ainda lhe cabe, como filosofia especulativa, fazer a lógica falar. Não é tempo da filosofia primeira, mas de uma filosofia última.

// I
Crítica do absolutismo lógico

> *Se um anjo um dia nos contasse algo de sua filosofia, acho que algumas sentenças soariam necessariamente como 2 vezes 2 é igual a 13.*
>
> Lichtenberg

Filosofia, metafísica, ciência

Desde os tempos de Descartes, emerge uma contradição na relação da filosofia com as ciências, uma contradição que já estava implícita em Aristóteles. A filosofia tenta pensar o incondicionado, ir além da positividade e da admitida existência das ciências, que se dedicam arbitrariamente a separar objetos e a isolar a coisa do método. A filosofia procura igualmente pensar a verdade não aprisionada naquilo que é produzido pela ciência. No entanto, ela toma a ciência como modelo. O trabalho da ciência atravessa o domínio da metafísica tradicional. Desde a especulação cosmológica, a ciência sempre retirou da metafísica aquilo que julgava ser o elemento mais próprio de si mesma, e, ao mesmo tempo, projetou um ideal de certeza indubitável, diante do qual a metafísica parecia vã e dogmática, na medida em que dispensava o rigor de caráter científico. A pergunta sobre como a metafísica seria possível enquanto ciência não se refere apenas ao tema da crítica kantiana da razão e de uma teoria do conhecimento; na verdade, ela se refere ao impulso de toda a filosofia moderna. Esse impulso, contudo, não é considerado desde o princípio como um "problema" a ser meramente resolvido em um progresso tranquilo, por exemplo, como a purificação da filosofia de seus conceitos pré-científicos por meio da reflexão sobre si mesma. A transformação da filosofia em ciência – uma estratégia que visa justificar, de maneira apologética, sua própria existência, seja como filosofia primeira, que fundamentaria as ciências particulares, seja como ciência suprema, que representaria o coroamento dessas ciências – não é nenhum processo feliz de amadurecimento, no qual o pensamento se livraria de seus rudimentos infantis, desejos subjetivos e projeções. Ao contrário, ela implode // ao mesmo tempo o próprio conceito de filosofia. No momento em que a filosofia incorre no culto daquilo que, segundo a formulação de Wittgenstein, "é o caso" (*"der Fall ist"*), ela entra em competição com as ciências, às quais se incorpora cegamente, ficando sempre em desvantagem. Se ela, por outro lado, se dissocia das ciências e segue livre e alegremente seu caminho de pensamento, acaba se transformando em uma prerrogativa inútil, em uma sombra da sombria religião dominical. Portanto, não se deve atribuir aos limites da ciência especializada, mas sim à coerção objetiva, o fato de a filosofia cair em descrédito junto à ciência.

Contradição na cientificação

Do movimento do próprio pensamento filosófico é possível deduzir aquilo que ocorre com ele em meio ao progresso incontornável de seu controle e autocontrole científicos. Ao se tornar mais verdadeiro, ele abdica da verdade. Quem reflete em liberdade sobre os objetos apreendidos pelas ciências organizadas talvez consiga escapar por vezes do *taedium scientiae*, mas não é recompensado por isto apenas com aquele elogio ignominioso de que foi estimulante e intuitivo. Ele sempre precisa admitir, além disso, falta de conhecimentos específicos ou superioridade daquilo que ao mesmo tempo se desfigura em hipótese e que sempre é triturado pelo moinho das perguntas "onde está a prova?" e "onde está a novidade?". Contudo, caso a filosofia se retraia em si mesma para escapar daquele perigo, então ela cai no jogo conceitual, um jogo vazio ou escolástico, não comprometido, mesmo que ela esconda esse jogo atrás de neologismos patéticos, tal como, de acordo com De Maistre, temem os grandes escritores.[1] O pensamento que segue tateante na procura pelo compreender (*Begreifen*) encontra tudo já ocupado – e no próprio compreender reside, no entanto, o tabu da falta de cientificidade. Esse pensamento não é apenas advertido de maneira salutar contra o amadorístico, contrapartida do especialista, mas também é paralisado, sem nem mesmo poder confeccionar, de qualquer modo, aquele laço espiritual entre tudo o que foi constatado – um laço de cuja ausência Fausto se queixava. Pois a "síntese", que se contenta com resultados científicos sempre já disponíveis, permanece extrínseca à relação espontânea do pensamento com o objeto; ela mesma é um ato que participa daquela organização que acredita revogar. O ideal conservado da ciência, que ajudou um dia a filosofia a se libertar dos grilhões teológicos, se trans-

---

1 Cf. J. De Maistre, WW, Lyon, 1891, p.151 (*Les Soirées de Saint-Petersbourg*).

formou entrementes nos grilhões que proíbem o pensamento de pensar. // Todavia, isso não é simplesmente um desenvolvimento falho, assim como também não o é aquele da sociedade à qual a filosofia é intrínseca. Por isso, esse desenvolvimento não pode ser corrigido arbitrariamente por meio de uma intelecção (*Einsicht*) e de uma resolução. A cientificação do pensamento submete-o à divisão do trabalho. Ou bem ele procede de acordo com os esquemas das disciplinas particulares estabelecidas, esquemas que poupam o esforço desnecessário, ou bem ele se estabelece como uma disciplina particular adicional, que se afirma no mercado por meio da diferença em relação às outras disciplinas. Um pensar que se opõe à divisão do trabalho fica aquém do desenvolvimento das forças e se comporta de maneira "arcaica"; se ele se insere, porém, como uma ciência na ordem das ciências, então renuncia ao seu próprio impulso justamente lá onde necessitaria dele da maneira mais urgente. Ele permanece preso à coisa, mera reconstrução de algo pré-formado por meio de categorias sociais e, por fim, das relações de produção; e isso ocorre mesmo quando o pensar adquire confiança para produzir juízos cientificamente sobre as assim chamadas questões de princípio, como a da relação entre sujeito e objeto. A ciência reifica, ao declarar como saber puro e simples o trabalho espiritual sedimentado, o saber inconsciente das suas mediações sociais. Todas as suas exigências e proibições expressam completamente isso. Toda e qualquer temática é, portanto, antecipadamente demarcada no mapa científico. Assim como a matemática tradicionalmente rechaça a questão de saber o que é um número como uma questão extramatemática, a filosofia deveria supostamente se ocupar apenas da estrutura e das condições daquilo que é sempre e universalmente válido. Mas, como os temas já se encontram preparados e já são fornecidos pela ordem social, o pensamento científico não se conforma àquilo que esses temas exigiriam de si mesmos. Em vez disso, o pensamento científico os submete a procedimentos socialmente requeridos ou já arraigados. Hoje, a primazia do método atingiu um ponto tal que só as tarefas de pesquisa que podem ser resolvidas com os aparatos disponíveis podem de fato ser empreendidas. A primazia do método é a primazia da organização. A disponibilidade dos conhecimentos por meio da ordem lógico-classificatória transforma-se em seu próprio critério; o que não se adapta aparece marginalmente como "dado" (*Datum*), // que espera por um lugar e, caso não se encontre lugar algum, é simplesmente jogado fora. Assim como homens em uma comunidade rigidamente organizada, toda proposição precisa se encaixar na continuidade de todas as outras: o "não vinculado", o não integrável, se transforma em um pecado mortal. De maneira drástica, o pensamento é remetido ao estrito controle por meio da organização social, na medida em que todo enunciado científico deve ser verificado por qualquer cientista avalizado da área, independentemente de sua constituição espiritual (*geistig*), e na medida em que toda realização espiritual deve ser reconstituída por qualquer um. A intelecção precisa, por assim dizer, apresentar sua carteira de identidade, caso queira ser tolerada. Precisa mostrar a "evidência", que não é procurada em seu próprio conteúdo e em seus desdobramentos, mas no carimbo de uma instrução para uso de dados futuros. Assim, o conhecimento não permanece junto a seu objeto, a fim de descortiná-lo. Propriamente, o conhecimento não visa ao objeto, antes o degrada a uma mera função do esquema, sob o qual o objeto é soberanamente subsumido;

quanto mais objetivo, quanto mais purificado de todo engano e de todo suplemento do observador, tanto mais subjetivo o conhecimento se torna na totalidade do procedimento. A forma de organização, que é imanente à ciência e que a filosofia absorve, impede a realização da meta que se encontra diante dos olhos da filosofia. Mas, se a relação da filosofia com a ciência é antagônica em si mesma; ou seja, se a filosofia, apresentada como ciência, se opõe à sua própria *raison d'être* e se, ao mesmo tempo, ela dá de ombros para a ciência, perdendo assim literalmente sua razão, então sua tentativa de se afirmar como ciência conduz necessariamente a contradições. O princípio hegeliano da dialética, compreendido a partir da tensão entre especulação e ciência, é a expressão positiva de tal negatividade. Hegel busca transformá-la em *órganon* da verdade. Aquilo para o qual toda filosofia trabalha — filosofia que, com a *Fenomenologia do espírito*, espera sua "elevação à condição de ciência" (*Erhebung zur Wissenchaft*) como movimento conceitual que aspira a se tornar senhor daquela contraditoriedade, suportando-a — isso seria a essência da filosofia. Mais um pouco, e o pensador metafísico do espírito absoluto, para quem o mundo sempre tem razão, seria chamado de positivista consequente.

// Sobre o conceito de intuição

Foi Bergson, cujo intuicionismo pode muito bem ser comparado à visão das essências (*Wesensschau*) husserliana, quem buscou cortar o nó górdio, ao postular, contra o pensamento classificatório-conceitual da ciência, uma intuição imediata e clara do vivente. Sua crítica ao cientificismo denunciou como nenhuma outra o triunfo das formas reificadas convencionais sobre o autêntico. Por meio do dualismo de dois modos de conhecimento e de dois "mundos", no entanto, ele transformou o conhecimento filosófico numa prerrogativa e, justamente por isso, o incorporou de maneira paradoxal à vida reificada, tal como ela se apresenta no interior do irracionalismo da burguesia tardia, que Bergson excede tão amplamente por meio da profundidade da experiência e da proximidade com o fenômeno, como só o impressionismo o fez em relação às ideologias neorromânticas. No mecanismo da reificação do pensamento, a conceitualidade ordenadora, à qual Bergson imputa a culpa por todas as desgraças e que não é senão um derivado da sociedade de troca, constitui apenas um momento.[2] Por outro lado, o conhecimento vivo, cuja salvação está em questão para Bergson, não dispõe de uma faculdade cognitiva alternativa. Tal suposição, pelo contrário, reflete a própria tensão entre método e coisa, intrínseca ao âmbito que Bergson detesta. Bergson compartilha com o pensamento burguês a crença no método verdadeiro e isolável; só que ele fornece a esse método aqueles atributos que tinham sido negados a ele desde Descartes, sem perceber que, na medida em que se cristaliza um método bem definido e independente de seus objetos cambiantes, ele já sanciona a inflexibilidade que deveria ser dissolvida com o olhar mágico da intuição. A experiência em sentido enfático – a rede de um conhecimento ileso que poderia servir de modelo para a filosofia – não se diferencia da ciência através de um princípio ou de um instrumentário mais aprimorado, mas através do uso

---

2 Cf. Max Horkheimer, *Zu Bergsons Metaphysik der Zeit*, em: *Zeitschrift für Sozialforschung 3* (1934), p.321 e ss. Traduzido como "Sobre a metafísica do tempo de Bergson" em: *Cadernos de Filosofia Alemã n.6* (FFLCH-USP, 2000), p.61-83.

que ela faz de seus meios, sobretudo dos meios conceituais que, enquanto tais, equivalem àqueles da ciência, e também através de sua posição em relação à objetividade. Assim como não se pode negar nessa objetividade aquilo que Bergson chama de intuição, também não se pode hipostasiá-la. As intuições entremeadas com conceitos e formas ordenadoras conquistam a sua razão de ser quanto mais a existência socializada // e organizada se expande e se enrijece. Mas esses atos não constituem uma fonte absoluta do conhecimento, cindida do pensamento discursivo por meio de um abismo ontológico. Ao contrário, eles aparecem repentinamente, por vezes de maneira involuntária — embora os artistas saibam que eles também podem ser comandados —, e explodem a estrutura fechada do procedimento dedutivo. No entanto, justamente por isso eles não caíram do céu: só os positivistas pensam dessa maneira, um positivismo do qual tanto as origens do pensamento de Bergson quanto as de Husserl não estão assim tão distantes. Na realidade, impõe-se sobre eles aquilo que, com melhor conhecimento, escapava da disposição pela qual se entendem tão bem a hostilidade ao espírito e a ciência. O caráter repentino da intuição pode ser medido a partir da resistência ao controle social, que gostaria de tirar o pensamento de seus esconderijos. As assim chamadas inspirações (*Einfälle*) não são tão irracionais nem tão rapsódicas como supõem o cientificismo e, com ele, Bergson: nelas explode o saber inconsciente, não completamente submisso aos mecanismos de controle, que atravessa o muro dos juízos convencionados e "ajustados à realidade". Na medida em que tais inspirações não pertencem à realização manipuladora do conhecimento dirigido pelo eu, mas antes retomam de maneira passiva e espontânea aquilo que o pensamento ordenador considera escandaloso, ou seja, a própria coisa, eles são de fato "estranhos ao eu". Mas não importa o que possa estar operando no conhecimento racional, ele também participa dessas inspirações, de modo sedimentado e rememorado, para se voltar por um instante contra os aparatos por sobre cujas sombras o pensamento sozinho não consegue saltar. O elemento descontínuo da intuição presta honras à continuidade falsificada pela organização: só os conhecimentos relampejantes estão saturados de lembrança e presciência, enquanto os conhecimentos oficialmente "obrigatórios" (*verbundenen*), tal como Bergson de fato percebeu, escorregam para fora do tempo e da memória. O sujeito cognoscente é dominado no momento da intuição e arrancado, pelo presente atual, da uniformidade da mera subsunção, de antigos juízos, conclusões, e sobretudo de relações cuja unificação coloca em foco aquele elemento do objeto que é mais do que o seu valor de posição no interior do sistema. Nas intuições, a *ratio* recorda o que ela esqueceu. // Nesse sentido, Freud estava certo – ainda que não tenha planejado isso – ao atribuir ao inconsciente uma espécie de racionalidade. A intuição não é a antítese da lógica: ela pertence à lógica e a adverte ao mesmo tempo sobre o momento de sua não verdade. Como um ponto cego no processo do conhecimento, do qual este não pode se desvencilhar, as intuições impelem a razão a refletir sobre si mesma como uma mera forma de reflexão da arbitrariedade, com a finalidade de pôr um fim na arbitrariedade. Nas lembranças não arbitrárias, o pensamento arbitrário busca, como sempre, em vão, algo para curá-lo daquilo que ele, não obstante, precisa perpetrar. Bergson não percebeu isso. Na medida em que exteriorizou a intuição pela voz imediata daquela vida que, porém, só vive como vida mediada, ele mesmo a diluiu e a transformou em princípio abstrato que rapidamente se vinculou ao mundo abstrato, contra o qual ele a tinha concebido. A construção da pura imediatidade, a negação de tudo o que há de rígido, o levou a afirmar no escrito sobre o riso

> que todo caráter é cômico, quando se compreende por caráter a parte completamente pronta, fechada em seu desenvolvimento, de nossa personalidade, aquilo em nós que equivale a um mecanismo definitivamente montado, que pode funcionar automaticamente.[3]

Caráter, porém, não significa para ele outra coisa senão o "enrijecimento contra a vida social",[4] ou seja, precisamente aquela resistência que se mostra como a verdade da intuição. A absolutização do conhecer intuitivo corresponde praticamente a uma maneira de proceder que envolve uma adaptação absoluta: quem se recusa a "prestar a atenção em seu entorno, a não se orientar por ele" e, em vez disto, procura "se encastelar em seu caráter como em uma torre firme", é rejeitado.[5] Mas quem deseja alterar as relações petrificadas, perpetuadas por conceitos mecanicistas, precisa justamente disso. Nenhum conceito de vivente pode ser pensado sem que lhe seja fixado o momento da persistência do idêntico. A negação abstrata da mediação, o culto da pura contemporaneidade, recai justamente em convenções e conformismo. Enquanto Bergson procura aplacar as dores sociais do espírito, ele o deixa à mercê da realidade social que justamente as provoca.

---

3 Henri Bergson, *Das Lachen*, Meisenheim am Glan, 1948, p.82.
4 Ibid., p.75.
5 Ibid.

Para a metacrítica da teoria do conhecimento

O cientificismo de Husserl

A tentativa husserliana de quebrar por meio da meditação filosófica // o encanto da reificação e "aderir à coisa mesma" em uma "intuição originariamente doadora", tal como os fenomenólogos gostavam de dizer, permanece, segundo sua própria intenção e em oposição a Bergson, em harmonia com a ciência. Na verdade, Husserl submete a ciência ao tribunal da filosofia, mas a reconhece ao mesmo tempo como o ideal da filosofia. Assim, ele parece incomparavelmente mais acadêmico do que Bergson. Apesar da palavra de ordem "em direção às coisas mesmas", seus textos são, precisamente em suas partes mais fecundas, extremamente formais e cheios de distinções terminológicas. Husserl também fala do "fluxo" de consciência, mas sua concepção da verdade é tradicional, estático-atemporal. Com sobriedade, ele tenta superar a sobriedade científica: sua força considerável para a apresentação linguística mantém-se hermeticamente estranha à arte (*kunstfremd*). De maneira não radical e contemplativa, seu pensamento fica de antemão sobrecarregado com tudo aquilo contra o que se revolta. No entanto, na medida em que não nega sua relação com a ciência, antagônica em si mesma, deixando-a atuar a partir de sua própria força gravitacional, ele acaba evitando o engodo do irracionalismo: pensar que a negação abstrata teria poder sobre a reificação. Sua engenhosidade despreza aquela felicidade impotente de um comportamento que prefere ignorar o adversário em vez de se apropriar de seu poder. Quanto mais irreconciliáveis surgem em sua filosofia as contradições, tanto mais intensa a luz que recai sobre a necessidade dessas contradições, necessidade esta que o intuicionismo despreza; e tanto mais próximo se torna seu desdobramento, ele mesmo inconsciente das contradições, das próprias contradições da verdade. Husserl aceita o pensamento em sua configuração (*Gestalt*) reificada, mas o segue de maneira tão incorruptível que chega a ir além de si mesmo. Seu programa pensa a filosofia como "ciência rigorosa",[6] envolvendo a "dissolução (*Ausschaltung*) de todas as ciências da natureza e todas as ciências do espírito, com todo seu conhecimento acumulado, justamente enquanto ciências".[7] Na verdade, isso seria válido não apenas, como ele gostaria, para as ciências positivas "que exigem a atitude (*Einstellung*) natural",[8] mas também para a "lógica pura enquanto *mathesis universalis*",[9] sem a qual não teria nenhum sentido aquele conceito de ciência rigorosa, ao qual Husserl submete todavia a fenomenologia. O pensamento, a consciência como "esfera ontológica das origens absolutas",[10] é tratado, sob o primado do ideal da ciência, como um tema de investigação pura, isento de todo preconceito // e de todo suplemento teórico. Desse modo, porém, o pensamento se coagula e recai naquilo que, segundo a essência e a possibilidade, deveria justamente surgir dele. O pensamento, "observado" pelo pensamento, decompõe-se em uma objetividade existente e um elemento que registra passivamente tal objetividade. A forma da descrição fenomenológica, tomada de empréstimo às ciências, às quais aparentemente nada acrescenta, modifica-se. O pensamento é expulso pelo pensamento. Aí

---

[6] Edmund Husserl, *Philosophie als strenge Wissenschaft*, em: *Logos I* (1910/1911), p.316 e ss.
[7] *Ideen*, p.108 (na trad. cit., p.131).
[8] Ibid.
[9] Ibid., p.111 (na trad. cit., p.134).
[10] Ibid., p.107 (na trad. cit., p.129).

está, apesar da redução do mundo natural, o rigoroso estado de fato da reificação. Mesmo a doutrina do "absolutismo lógico" é prototípica desse estado. Husserl não foi apenas o primeiro a trabalhar intensivamente com ela. Mas, transformada em teoria do estado de coisas ideal, ela resulta na construção da visão das essências, atingindo o extremo no qual Husserl e Bergson se encontram. Inevitavelmente, o irracionalismo adere ao racionalismo europeu.

Dialética, mesmo contra a vontade

Nada poderia se mostrar mais distante de Husserl do que prestar contas de tais complicações. O conceito de ciência, no qual sua concepção de filosofia se apoia, baseia-se no sentido consolidado no final do século XIX, como o triunfo de um trabalho de pesquisa sólido sobre a ilusão dialético-especulativa. Toda a dialética de sua filosofia acontece contra a sua própria vontade e pode ser extraída da força de sua consistência. Tal como a maioria de seus contemporâneos na Alemanha, ele considerou correta a aparência de um caráter sofístico na dialética. Ele nunca fala de Hegel, a não ser com menosprezo, por mais que o termo fenomenologia possa ter sido escolhido em lembrança à *Fenomenologia do espírito*. Ele fala o idioma do rancor cientificista contra uma razão que não capitula diante do saudável entendimento humano:

> Normalmente, no pensamento fático do homem normal não entra em cena, naturalmente, a negação atual de uma lei do pensamento; no entanto, dificilmente se poderá afirmar que isto não pode absolutamente acontecer, depois que grandes filósofos

como Epicuro e Hegel negaram o princípio de não contradição. Talvez, o gênio e a loucura estejam aparentados também neste aspecto, talvez também haja entre os desvairados negadores das leis do pensamento; como homem, porém, é preciso deixar que elas vigorem.[11]

// Mesmo quando Husserl concebeu sua própria tarefa como uma "crítica da razão lógica", ele ainda assim se precaveu contra a suspeita de que aquilo com o que ele estava se ocupando seria uma "mera questão de jogo de uma dialética que se encontra negociando entre o negativismo ou o relativismo céticos e o absolutismo lógico".[12] Nas *Meditações cartesianas*, declara com a mesma obstinação: "Este idealismo" – mais tarde denominado por Husserl "fenomenologia transcendental" – "não é um construto de argumentações jocosas, a ser conquistado na contenda dialética com o realismo como um prêmio pela vitória".[13] A obstinação de tal positividade dogmática, que não consegue imaginar a "contenda" – o movimento conceitual – senão como um combate simulado, é ainda mais surpreendente – ao repudiar justamente aquilo em torno do qual seu próprio pensamento gravita – quando se considera que o Husserl maduro rejeitou, de maneira quase ortodoxamente hegeliana, a positividade das ciências:

> Pois esta é sempre agora a exigência constante: ela precisa fazer por toda parte o especificamente filosófico de uma visão

---

11 IL I, p.141.
12 *Logik*, p.178.
13 CM, p.118-9.

científica, ela precisa distinguir por toda parte a ciência em uma positividade ingênua (que só pode ser considerada como um nível prévio de uma ciência autêntica e não como essa ciência autêntica mesma) e uma ciência autêntica, que não é outra coisa senão filosofia.[14]

Antes Husserl advertia, de acordo com o procedimento científico, a filosofia quanto às construções conceituais, ao passo que agora ele recusa como ingênua a ideia de ciência que motivava aquela advertência. Foi assim que o fenomenólogo precisou ser repreendido por outro filósofo, que não deixava passar nenhuma contradição, Wilhelm Wundt, o qual afirmou "que ele mesmo tinha sido vítima, no segundo volume de sua obra, de um logicismo que a história não tinha mais vivenciado desde os dias da dialética escolástica conceitual e verbal".[15]

A vantagem inicial (*Vorgegebenheit*) da ciência

Mas a filosofia de Husserl era cientificamente motivada como uma "clarificação filosófica"[16] da matemática e da lógica pura, que deveriam assegurar a consistência das ciências:

> Se uma ciência é, em verdade, ciência, se um método é, em verdade, um método, isso depende de sua concordância com a meta à qual aspira. Aquilo que advém das ciências verdadeiras, válidas enquanto tais, em outras palavras, aquilo que constitui a

---

14 *Logik*, p.240.
15 Wilhelm Wundt, *Logik*, 5.ed., Stuttgart, 1924, v.1, p.7.
16 IL I, Prefácio, p.V.

58 ideia da ciência, é o que a lógica quer investigar, para que // possamos medir a partir daí se as ciências empiricamente presentes correspondem à sua ideia, ou até que ponto elas se aproximam dela, e no que as ciências se chocam com ela. Assim, anuncia-se a lógica como ciência normativa. Ela afasta de si o modo de consideração comparativo da ciência histórica, que busca apreender as ciências como produtos culturais concretos das respectivas épocas segundo suas peculiaridades e elementos comuns típicos, explicando-os a partir das relações do tempo.[17]

Sentenças desse tipo, colocadas no início de discussões teóricas de amplo espectro, parecem plausíveis até as raias da obviedade mais indiferente, embora nelas se esconda aquilo que seria preciso primeiro demonstrar. O conceito husserliano de lógica pressupõe a consistência das ciências como sua instância de controle. E ela mesma define seu campo no sistema das ciências. Cientificidade é algo que se mede a partir da conformidade dos meios – do método –, diante do "objetivo" que é mantido ele mesmo fora de consideração, de maneira bastante similar à teoria de Max Weber da racionalidade orientada a fins. O rigor de sua própria estrutura de fundamentação serve como critério de cientificidade, e não a relação com uma coisa, qualquer que seja sua configuração. Com isso, porém, a própria lógica é tacitamente separada do pensamento: ela não deve ser a forma do pensamento, mas a forma da ciência presente. Na medida em que a investigação admite a existência da ciência, o fio entre lógica e história é cortado, antes mesmo de se iniciar a demonstração que procuraria justamente se encaminhar para

---

17 Ibid., p.26.

isso. A análise dos constituintes formais da ciência supostamente mostraria o que é a lógica; a história, porém, só teria algo em comum com as ciências como "produtos culturais concretos de suas respectivas épocas", não com as funções do pensamento sedimentadas enquanto tais nas ciências. Tanto o processo por meio do qual essas funções se formaram, processo que envolve momentos subjetivos e objetivos, quanto o resultado da confrontação de tais momentos que se sedimentou nessas funções, permanecem fora das linhas assépticas que delimitam as "regiões" científicas. É assim que a divisão do trabalho espiritual afeta a configuração imanente das questões que se apresentam como se fossem preordenadas a tudo aquilo que possui conteúdo objetivo. O absolutismo lógico de Husserl reflete a fetichização // das ciências, que se desconhecem e também desconhecem sua hierarquia como um existente em si, em sua própria fundamentação. De fato, é assim que se encontra formulado na passagem dos *Prolegômenos à lógica pura*, que esboça a relação entre matemática – em Husserl inteiramente equivalente à lógica pura – e filosofia: "E a natureza da coisa exige aqui efetivamente uma completa divisão do trabalho".[18] No sentido da primazia hierárquica das ciências dedutivas, o conflito das faculdades é logo aplacado: "Não o matemático, mas o filósofo ultrapassa sua esfera de direito natural, quando ele se opõe às teorias 'matemáticas' e procura não entregar seus filhos provisórios de criação para os seus pais naturais".[19] Sua única preocupação é esta: "Mas se a elaboração de todas as teorias propriamente ditas pertence ao domínio dos matemá-

---

18 Ibid., p.252.
19 Ibid., p.253.

ticos, o que resta, então, para o filósofo?"[20] A ciência positiva exige precedência sobre a autorreflexão do pensamento, mesmo que se trate da caracterização formal deste. Essa precedência é anunciada como um "domínio" sobre o qual a ciência possuiria os direitos de propriedade. Porém, quanto mais abstrata e isolada é a "área" científica, tanto maior é a tentação e a prontidão para hipostasiá-la. O impulso para excluir não conhece outro limite a não ser a própria possibilidade da ciência, cujo procedimento delimitador foi elevado a princípio metafísico:

> Todavia, não podemos dissolver (*ausschalten*) as transcendências ilimitadamente. A purificação transcendental não significa dissolução (*Ausschaltung*) de todas as transcendências, pois senão restaria uma consciência pura, mas nenhuma possibilidade de uma ciência da consciência pura.[21]

A remissão crítico-idealista de toda e qualquer objetividade – mesmo da ciência – à imanência da consciência não deve atingir a prerrogativa da ciência. A análise daquilo que se encontra previamente dado na consciência pura, uma análise que precede todas as ciências, precisa tratar até mesmo isso como objeto científico. Esse paradoxo é a chave para toda a fenomenologia. A objetivação científica é transposta para a fundamentação da objetividade e da ciência. O filósofo transcendental Husserl, que aprova o conjunto das críticas positivistas ao idealismo pós-kantiano, não ousa equiparar // a ciência ao absoluto, à maneira de Fichte. No entanto, ele não quer abrir mão da

---

20 Ibid.
21 *Ideen*, p.111 (na trad. cit., p.134).

primazia da ciência. Por isso, a caça idealista ao transcendental precisa antes de tudo ser adiada, a supressão da transcendência precisa ser interrompida. O transcendental é substituído por um ideal de conhecimento deduzido das ciências empiricamente existentes, apesar de toda "redução". Nesse ponto, Husserl se assemelha profundamente à resignação de Kant: a questão torna-se *como* – e não *se* – a ciência seria possível, e todo o resto é estigmatizado como especulação desprovida de fundamento. Nenhuma operação intelectual de Husserl, por mais radical que pretenda ser, daria crédito à ideia da vaidade das ciências, tal como Agripa de Nettesheim a sustentava no início do humanismo burguês. Nas *Meditações cartesianas*, o ideal da filosofia e da ciência – da "ciência universal" – continua o mesmo, e a filosofia como hierarquia de conhecimentos científicos é totalmente descrita de acordo com o esquema do racionalismo cartesiano.[22] Se, em comparação com o não tão refinado Descartes, o procedimento da dúvida parece agora estendido às ciências, isso não significa outra coisa senão que as ciências "dadas previamente", de maneira irrefletida, e até mesmo a lógica formal, devem prestar contas a um conceito mais rigoroso de ciência, um conceito de construção gradual e sem lacunas das evidências. Husserl não se preocupa em saber se a ciência é verdadeira, mas se as ciências são suficientemente científicas. A conversão crítica da metodologia científica estabelecida em legitimação da própria ciência é, para ele, tão inquestionável quanto para qualquer um de seus adversários positivistas. Isso explica por que, mesmo para o Husserl tardio, a verdade continua sendo algo coisal, previamente dado, algo

---

22 Cf. CM, p.52-3.

que precisa ser apreendido "descritivamente". Mesmo os temas idealistas da geração e da origem cristalizam a visão cientificista e a transformam em fatos (*Sachverhalten*) constatáveis. Sua filosofia nunca se julga capaz de uma participação espontânea no processo da geração da realidade; por isso, também nunca admite a intervenção na realidade. O fenomenólogo estiliza-se completamente como "pesquisador", que descobre "regiões" e projeta seu mapa; ele assume literalmente a metáfora kantiana da "terra da verdade", // um "nome encantador".[23] Até mesmo o termo "ontologia", que seria mais tarde a palavra de ordem contra a sistemática científica, poderia ser evocado pela vontade de Husserl de elevar o sistema das ciências ao nível do absoluto. As universalidades supremas de todo e qualquer domínio científico material devem agrupar-se, de acordo com a concepção de Husserl, com proposições de caráter extremamente formal e irredutíveis. A quintessência desse conjunto chama-se ontologia, e isso talvez esteja próximo do espírito de Aristóteles e de São Tomás de Aquino, por mais que as novas ontologias, ao menos de início, não quisessem admiti-lo. O modelo da filosofia de Husserl, em todos os níveis, é a matemática, apesar da objeção de *Ideias* de que não ela deve ser confundida com a filosofia.[24] Se nos *Prolegômenos* é postulada[25] uma diferença valorativa dos conhecimentos, segundo a medida de sua legitimidade, então um tal matematismo impera, segundo sua forma, sobre todo o pensamento husserliano, até o fim, mesmo lá onde ele não

---

23 Kant, *Crítica da razão pura*, p.270 (Sobre o fundamento da distinção de todos os objetos em geral em fenômenos e noumena).
24 Cf. *Ideen*, p.133 e ss., em particular parágrafo 74 (p.138-9) (na trad. cit., p.155 em diante, § 74, p.160-1).
25 Cf. IL I, p.45.

se contenta mais com a "clarificação" (*Klärung*) da lógica, visando antes à crítica da razão lógica. Ainda que o Husserl das reduções fenomenológicas tenha "colocado entre parênteses" o mundo natural das coisas, seu próprio filosofar nunca se determinou de outro modo senão sob a forma de uma concepção sublimada daquilo que possui um aspecto coisal (*Dinghaftes*), tal como se acha previamente delineado na relação entre a consciência e a intelecção dos "fatos" (*Sachverhalte*) matemáticos.

O "realismo" da lógica

O fato de Husserl — recorrendo aos primórdios da filosofia burguesa e sem ser incomodado pela crítica que a lógica de Hegel fez justamente a ela — atribuir primazia à matemática, é algo que acontece em virtude da "pureza" da matemática: o matemático "sempre deixa de colocar questões sobre a realidade efetiva das multiplicidades".[26] O caráter analítico da matemática a protege de toda e qualquer perturbação de uma experiência não prevista. Por isso, o caráter *a priori*, a certeza e a segurança do incondicionado são medidos a partir dela. O preço pago por isso é divulgado por Husserl: "Essa pureza na restrição temática a sentidos objetivos em sua essencialidade própria — a 'juízos' em um sentido mais amplo — pode ser ratificada em certa medida inconscientemente".[27] O termo "inconsciente" indica que a consumação (*Vollzug*) de atos matemáticos seria independente não apenas das "questões sobre uma realidade efetiva possível", mas também // da reflexão em relação à sua própria

---

26 *Logik*, p.124.
27 Ibid.

independência. É bem possível que a matemática como ciência necessite de tal inconsciência em sua consumação. Objetivamente, porém, essa inconsciência destrói, por fim, o próprio conceito de verdade. O simples operar é a figura enfeitiçada na qual a práxis, que funciona no vazio e está cindida tanto da teoria quanto da qualidade de seus objetos, acaba retornando à teoria. A questão acerca da significação é substituída, sob a primazia da matemática, por uma espécie de atividade de pensamento obnubilada, meramente técnica, que confunde aquele que busca o significado; o matemático, por sua vez, fareja em toda e qualquer questão acerca do significado uma sabotagem à maquinaria e, por isso, a proíbe. Sua decidida inconsciência comprova o nexo entre divisão do trabalho e "pureza" analítica: o matemático ocupa-se com objetos ideais, assim como o paleontólogo se ocupa com fósseis, e o reconhecimento cego de uma temática estabelecida de fora – como, aliás, a linguagem de Husserl também exige da filosofia – desobriga o matemático, de acordo com Husserl, do compromisso de consumar aqueles atos que poderiam revelar seu "domínio material" (*Sachgebiet*) como um momento do todo e do efetivamente real. A filosofia repete aquilo que na realidade se comprova com bastante frequência e consagra a ignorância como a fonte legítima da segurança. Quanto mais hermeticamente, porém, a inconsciência do matemático veda suas proposições contra a memória da realidade em que elas se encontram entrelaçadas, tanto mais plenamente as formas puras de pensamento aparecem como "realidade efetiva" própria, formas a partir das quais a lembrança da abstração foi eliminada. Sua objetivação resulta do fato de que essas formas puras foram expulsas de toda objetividade, sem a qual, porém, não se poderia nem mesmo falar de "forma".

A objetividade inconsciente retorna como falsa consciência das formas puras. Produz-se um realismo ingênuo da lógica. Todos os temas realistas de Husserl emulam esse realismo ingênuo, que impulsiona sua "tentativa de irrupção" (*Ausbruchversuch*) através da teoria crítico-epistemológica da imanência.

O elemento lógico em si

O discurso de Husserl sobre uma "lógica pura tratada 'dogmaticamente'"[28] expressa finalmente, em sua fase filosófico-transcendental, sua irritação com o realismo ingênuo da lógica. Por isso, na velhice, ele procurou explicar a razão lógica // a partir da consciência pura. Já na formulação originária do absolutismo lógico, no entanto, ele se deparou com o problema. Sob as "condições de possibilidade em geral de toda e qualquer teoria",[29] ele inclui justamente as condições subjetivas:

> A teoria como fundamentação do conhecimento é ela mesma um conhecimento e depende, segundo a sua possibilidade, de certas condições, que se fundam de maneira puramente conceitual no conhecimento e em sua relação com o sujeito cognoscente. Por exemplo: no conceito do conhecimento em sentido rigoroso reside um juízo, que não levanta simplesmente a pretensão de encontrar a verdade, mas que também se mostra certamente como a justificação dessa pretensão e que também possui efetivamente essa justificação. No entanto, se aquele que julga nunca estivesse em parte alguma em condições de vivenciar em si e de apreender

---

28 *Ideen*, p.306 (na trad. cit., p.326).
29 IL I, p.110.

aquela distinção, que constitui a justificação do juízo, lhe faltaria em todos os juízos a evidência, que distingue esses juízos dos cegos preconceitos e que lhe dá a certeza luminosa de não apenas tomar por verdadeiro, mas de ter por si mesmo a verdade – assim, não se poderia falar nele de uma exposição e de uma fundamentação racional do conhecimento, não se poderia falar de teoria e ciência.[30]

A partir da consequência da reflexão, tudo isso, já pensado de maneira totalmente lógico-transcendental, não é mais compatível com o "absolutismo lógico". Pois a validade das proposições lógicas é "em si" sustentada – e limitada – pela exigência de uma evidência possível para a consciência humana. Com isso, retornam novamente todas as preocupações crítico-epistemológicas que o absolutismo lógico queria banir. O impulso racional de Husserl não atacou apenas a fundamentação dogmática da lógica na psicologia, mas também o dogmatismo lógico. Isso provocou aquela virada que o expôs à censura barata de ter eliminado o psicologismo em um primeiro momento, para logo depois reintroduzi-lo de contrabando. A exigência de um ser-em-si lógico se dissolve. Só que o conhecimento das condições de possibilidade da lógica resulta, por sua vez, alienado de todo e qualquer fator da espontaneidade e subordinado ao ideal positivista de um mero acolhimento dos fatos irredutíveis, dos "dados" (*Gegebenheiten*). Isso acontece através do conceito de "evidência". Seu papel central // no conjunto do pensamento de Husserl se explica pelo fato de que a evidência promete harmonizar as exigências contraditórias da funda-

---

30 Ibid., p.110-1.

mentação por meio de um recurso ao sujeito e da percepção de estados de coisa irredutíveis, de "fatos absolutos":

> Portanto, uma teoria se choca com as condições subjetivas de sua possibilidade enquanto teoria em geral, se ela, em consonância com esse exemplo, nega todo primado do juízo evidente em relação ao juízo cego; ela suspende por meio daí aquilo que ela mesma distingue de uma afirmação arbitrária, destituída de todo direito.[31]

Assim, de maneira rudimentar, o ideal positivista da certeza sensível é ampliado, fazendo perder sua função crítica. A exigência de uma doação imediata é transferida para o campo espiritual. Que os fatos lógicos, sendo em si, devam estar fundamentados de maneira absoluta e, ao mesmo tempo, contudo, de maneira racional, é uma constatação que provoca a construção da intuição categorial. Sua doutrina tardia não é outra coisa senão a fórmula invocadora da evidência. Mas, sem um conceito auxiliar, no qual o ser-em-si do espiritual e sua justificação subjetiva coincidam, Husserl não pode seguir adiante. Se há "condições subjetivas de possibilidade de uma teoria", que se encontram em uma estrutura de juízos, então a teoria lógica não pode ser afirmada como um em si. É justamente nisso, porém, que Husserl precisa insistir desde o começo. O mesmo postulado da "independência da experiência" – que conflui para a construção "realista" do elemento lógico em si e trata da lógica e da matemática como se elas estivessem pura e simplesmente aí – requer, ao mesmo tempo, a idealidade da lógica

---

31 Ibid., p.111.

e da matemática e sua pureza em relação ao fático. Reificação e idealização transformam-se em correlatos dessa filosofia – e não é a primeira vez que isso acontece. Se as proposições lógicas fossem legitimadas por meio da análise do "como" de sua "aparição" (*Erscheinens*) – por exemplo, a partir da análise da consciência, que experimenta tais proposições –, então a questão acerca da constituição seria colocada, e um existente não teria como se manter afastado. As proposições lógicas só são "experienciáveis", quando ligadas a um ente qualquer. Só assim é que podem eventualmente se realizar. De outro modo, a representação delas permanece vazia; uma representação que pretende atribuir rigor à lógica sem que esse mesmo rigor se torne sequer compreensível no interior do pensamento da lógica. Por isso, o realismo ingênuo da lógica paradoxalmente se entrecruza com // a afirmação da idealidade em si das proposições em relação a todo ente. O pensamento precisa suspender a si mesmo, para que o privilégio de uma absolutidade que repousa sobre si mesma seja preservado para o espírito alienado enquanto automatismo lógico, no qual o pensamento não se reconhece. Ora, mas se a ciência é projetada como a unidade sistemática, imanente e sem lacunas, das "proposições em si", tal como acontece no caso de Husserl, então ela sucumbe ao caráter de fetiche: "Pensemos, por exemplo, no método fenomenológico de Husserl, no qual em última instância todo o âmbito da lógica é transformado em uma 'facticidade' de uma ordem superior".[32] Postular expressamente o caráter limitado de um método baseado em "domínios"[33] e desmascarar esses domí-

---

32 Georg Lukács, *História e consciência de classe*, Berlim, 1923, p.131.
33 IL I, p.252.

Para a metacrítica da teoria do conhecimento

nios, porém, é quase o mesmo. Ao reconhecer a reificação da matemática – e da lógica pura –, Husserl alcança uma crítica de segundo grau ao positivismo:

> É preciso atentar aqui para o fato de o matemático não ser, em verdade, o puro teórico, mas apenas o técnico engenhoso, por assim dizer o construtor que, com vista apenas aos nexos formais, constrói a teoria como uma obra de arte técnica. Assim como o mecânico prático constrói máquinas, sem precisar possuir para tanto uma derradeira intelecção da essência da natureza e de sua estrutura legal, o matemático também constrói teorias dos números, das grandezas, das conclusões, das multiplicidades, sem precisar possuir para tanto uma derradeira intelecção da essência da teoria em geral e da essência dos conceitos e leis que a condicionam.[34]

Pressuposição do absolutismo lógico

O aspecto fetichista de tal pensamento, que se detém e não se preocupa com o próprio movimento de suas consequências, vem mais claramente à tona na confrontação de F. A. Lange, em seus *Estudos lógicos,* com a filosofia de Husserl:

> Só a desatenção em relação ao conteúdo significativo puro da lei lógica torna possível desconsiderar que essa lei não tem nenhuma relação, nem direta, nem indireta com a suspensão fática do contraditório no pensamento. Essa suspensão fática diz respeito evidentemente apenas às vivências judicativas de um e mesmo

---

34 Ibid., p.253.

indivíduo em um e mesmo ponto temporal e em um e mesmo ato; ela não diz respeito a uma afirmação e negação distribuídas entre indivíduos diversos ou entre tempos e atos diversos. Para o elemento factual, // que está aqui em questão, são consideradas distinções desse gênero. A lei lógica, contudo, não é de maneira alguma tocada por essas distinções. Esse elemento se cala justamente sobre a luta entre juízos contraditórios, sobre a luta desses atos temporais, reais e determinados de tal e tal maneira, e só fala sobre a incompatibilidade entre unidades atemporais, ideias, o que denominamos proposições contraditórias. A verdade, segundo a qual em um par de proposições como essas não podem ser as duas verdadeiras, não contém a sombra de uma afirmação empírica sobre uma consciência qualquer e seus atos judicativos.[35]

Husserl critica a costumeira fundamentação psicológica da lógica na incompatibilidade entre proposições contraditórias em uma única consciência. Como o mesmo juízo pode ser afirmado e negado por indivíduos diversos e em tempos diversos, o argumento não seria suficiente. Todavia, sua demonstração só é possível porque ele isola monadologicamente a consciência de diversos indivíduos e os tempos diversos, sem que a unidade coletiva na consumação dos atos de consciência, o momento social da síntese do pensamento, ganhe efetivamente o seu campo de visão. Na medida em que não admite tal unidade coletiva, mas precisa reconhecer a validade das proposições lógicas (validade que se lança além dos indivíduos particulares), ele se vê obrigado a atribuir a essas proposições imediatamente um ser-em-si. Caso ele apreendesse o sujeito da validade

---

35 Ibid., p.97.

lógica como social e móvel, em vez de isolado e "individual", então não precisaria interpor nenhum abismo ontológico entre o pensamento e sua própria lei. Caso o pensamento fosse de fato apenas o pensamento de mônadas, então seria um milagre que essas mônadas precisassem pensar segundo as mesmas leis, e a teoria não teria nenhuma saída senão se apropriar desse milagre por meio do realismo platônico da lógica. Mas o pensar por si só já se acha previamente ordenado por meio da linguagem e dos sinais diante de cada indivíduo particular; a intenção deste indivíduo de "pensar por si mesmo" contém, mesmo em sua extrema oposição ao universal, um momento da aparência: a parte de seus pensamentos que pertenceria exclusivamente ao ser pensante individual é, tanto no conteúdo quanto na forma, algo fugaz. Isso é verdadeiro na doutrina do sujeito transcendental, que tem primazia sobre o sujeito empírico. Husserl, no entanto, está cego por um individualismo que só conhece a consciência como a consciência de mônadas.

67 // Como percebe que a validade das proposições lógicas não se esgota na abstração das mônadas, ele precisa hipostasiar essa validade. A emancipação da pura lei do pensamento em relação ao próprio pensamento retrocede àquele ponto de vista, cuja crítica tem sido o conteúdo da filosofia desde Aristóteles. Ao levar ao extremo e de maneira obstinada seu princípio, a própria ciência recai compulsivamente na mesma mitologia que ela queria extinguir.

Essência e desenvolvimento

A origem paradoxal da reificação da lógica na abstração de toda facticidade manifesta-se lá onde o jovem Husserl, pela motivação de seu trabalho, se esforça para a "clarificação filosófica" da pura lógica e da matemática:

> A isso, porém, se relaciona o estado imperfeito de todas as ciências. Não temos em vista aqui a mera imperfeição, com a qual elas investigam a verdade de seu âmbito, mas a falta de uma clareza e de uma racionalidade internas, que precisamos exigir independentemente da expansão da ciência.[36]

Novamente, supõe-se como óbvio algo que não é de maneira alguma óbvio: o dualismo entre o desenvolvimento (*Entfaltung*) material de uma ciência e a "essência" que deve caracterizá-la formalmente – o dualismo idealista entre conteúdo e forma. O progresso factual do conhecimento nas ciências supostamente não teria nada em comum com aquilo que elas são em si. Mas, se a clarificação da lógica é empreendida estritamente de acordo com esse postulado, então a teoria comete uma *petitio principii*. Objetividade e idealidade da lógica – seu ser-em-si coisal –, que deveriam ser comprovadas pela crítica filosófica, já são pressupostas por um método que atribui à lógica uma racionalidade e uma clareza independentes do estado de sua formação e que, por isso, se sente confortável em apresentá-las descritivamente. Nesse caso, trata-se de muito mais do que aquilo que Husserl explicitou mais tarde como a "autorreferência" da lógica. Com certeza, é legítimo aplicar proposições lógicas à lógica; de outro modo não seria possível julgar racionalmente sobre ela. Outra coisa, porém, é a questão acerca da essência da lógica, que só pode ser formulada e estar

---

36 Ibid., p.10.

plenamente dotada de sentido se ela não prejudicar a resposta. Isso, porém, acontece naquela suposição de Husserl – suposição de um *a priori* formal isento de fatos e, por isso, indiferente ao *factum* (*Faktum*) histórico do desenvolvimento científico. // Como só em uma lógica bastante avançada se podem extrair seus constituintes, clareza e racionalidade estão entrelaçadas com a história segundo sua própria essência: o fato de elas só aparecerem como resultado, de se cristalizarem na cisão entre método e coisa, não é extrínseco a elas, por mais obstinada que seja a obstrução para si mesmas da lembrança desse processo. A indiferença em relação a uma tal lembrança confere aos *Prolegômenos* – apesar de todo mérito quando comparado ao psicologismo que é de fato apenas o correlato da lógica reificada – uma impotência peculiar. A argumentação sempre assume premissas implícitas que gostaria de projetar como resultados explícitos. Necessariamente, a sombra daquilo que é excluído por Husserl se estende sobre a zona bem protegida da pureza – e a operação fundamental de sua filosofia é a exclusão, ela é inteiramente defensiva. Assim, Husserl não negou que "exercício e associação" fornecem momentos essenciais, e não meramente acidentais, de toda e qualquer operação lógica. Exatamente por isso, todavia, não se pode separar a lógica do pensamento. Husserl busca deduzir o exercício e a associação da legitimidade "inculcada" (*eingeprägten*), própria à forma lógica,[37] sem nem mesmo levantar a questão, tão enfatizada posteriormente, de saber como, afinal, algo puramente lógico poderia ser causa de algo psiquicamente fático, e, de maneira estranha, sem se dar conta, tampouco, de que aquelas práticas

---

37 Cf. ibid., p.21-2.

de pensamento pertencem evidentemente à consumação fática de atos, e não à pura forma.

Máquinas de calcular, lógica, mecânica

Atacável, contudo, não é apenas o pressuposto da argumentação em favor do absolutismo lógico, mas também o próprio cerne dessa argumentação. A passagem do primeiro volume das *Investigações lógicas* que contém a crítica mais imponente ao psicologismo – a polêmica contra a afirmação de que as leis de pensamento seriam "supostas leis naturais, que em uma efetividade isolada causam o pensamento racional"[38] – é ao mesmo tempo a vítima dessa reificação. Husserl argumenta[39] que seria um absurdo considerar as leis lógicas como causas psicológicas do transcurso do pensamento humano. Uma máquina de calcular é constituída "segundo leis naturais", de modo que os números aparecem exatamente como as proposições matemáticas o exigem. Contudo, ninguém irá explicar o funcionamento da máquina com leis aritméticas, em vez de leis mecânicas. // O mesmo valeria para os homens. Eles teriam, de fato, uma "intelecção" sobre a correção do pensamento por meio de um "outro" pensamento submetido a leis, uma segunda máquina por assim dizer. No entanto, seu aparato de pensamento enquanto tal funcionaria como a máquina de calcular. Por meio desse exemplo, Husserl apresentou, de maneira conclusiva, que algo psicológico não pode ser deduzido de princípios lógicos, que esses princípios lógicos não podem ser considerados leis

---
38 Ibid., p.64.
39 Cf. ibid., p.68-9.

naturais. Obviamente, assim como a máquina não funcionaria se não estivesse organizada segundo as leis da mecânica, ela também não funcionaria sem a "validade" ideal das proposições aritméticas. Mesmo nesse exemplo, a separação das esferas não ocorre sem um resto indesejável. Mas a comparação, não por acaso mecânica, não pode ser aplicada à consumação viva de uma intelecção em geral. A impossibilidade da dedução dos resultados fáticos do pensamento a partir de leis lógicas não significa nenhum *chorismós* entre as duas esferas. Nesse ponto, a comparação com a máquina é enganadora. O fato de, na máquina, a correção matemática dos resultados e as condições mecânicos-causais do funcionamento não parecerem ter nada em comum deve-se unicamente a uma negligência quanto à construção da máquina. Essa construção exige uma espécie de vínculo entre as proposições aritméticas e a possibilidade física de operar de acordo com elas. Sem um tal vínculo, não se poderia produzir nenhuma resposta correta, e a tarefa do construtor é justamente produzi-la. Não a máquina, mas certamente a consciência do construtor realiza a síntese dos dois. A máquina torna-se "coisa" justamente quando a relação entre lógica e mecânica está estabelecida de uma vez por todas. E, porque está estabelecida, ela não é mais visível nas operações particulares. O trabalho do construtor está materializado na máquina. O sujeito, que combina os procedimentos mecânicos-causais com a efetividade (*Sachverhalte*) lógica, retirou-se da máquina assim como o Deus dos deístas se retirou de sua criação. O dualismo não mediado de realidade e matemática emerge historicamente por meio de um esquecimento, de uma retirada do sujeito. Isso não é válido apenas para as máquinas, mas também para os próprios homens, na medida em que seu pensamento se desintegra

70 em momentos lógicos e psicológicos. // O sujeito transpõe para a ontologia a sua própria separação interna entre um trabalhador espiritualmente disciplinado e um existente aparentemente isolado. Alienados do sujeito, os momentos lógicos representam o elemento que conecta tudo. Como pensador e agente, esse elemento é mais do que ele mesmo. Transforma-se em portador da realização social e se mede ao mesmo tempo pela realidade, que está preordenada ao ser-para-si (*Fürsichsein*) dividido de sua subjetividade. Como pessoa psicológica, ele não acredita estar alienado de si mesmo. Mas, para retornar à mera identidade consigo mesmo (*Zurückgeworfensein*), ele tem de pagar o preço da falta de vínculo (*Unverbindlichkeit*) de todo e qualquer conteúdo de sua consciência, sem conseguir escapar da fatalidade da qual a pessoa psicológica gostaria de se salvar. Privada da relação com o universal, ela se reduz e se transforma em *factum*, rendendo-se a uma determinação que lhe é extrínseca e tornando-se uma coisa dessubjetivada, uma espécie de subjetividade enrijecida e convertida em particularidade fixa, assim como a lei que governa sobre ela. Do mesmo modo que na máquina, o elemento cindido nos homens também não tem como ser reunificado a partir do puro arbítrio do pensamento. É o processo social que decide quanto à separação e à unificação. Mas a consciência permanece ao mesmo tempo também a unidade daquilo que foi separado um do outro. Se a autoalienação fosse radical, ela seria a morte. Como é instituída pelos homens, ela também é aparência. Essa aparência obscurece a visão de Husserl, o historiógrafo inconsciente, porém fiel, da autoalienação do pensamento. Ele projeta a autoalienação para a verdade. Com certeza, ele constata o limite da analogia com a máquina. No entanto, ele dispensa rapidamente a objeção:

A máquina não é naturalmente nenhuma máquina pensante, ela não compreende a si mesma, nem o significado de suas realizações; mas será que nossa máquina de pensamento não poderia de resto funcionar de uma maneira semelhante, com a única diferença de que o curso real de um tipo de pensamento precisaria ser sempre reconhecido como correto por meio da intelecção no aparato lógico que surgiria de um outro pensamento?[40]

Esse "poderia" hipotético, que está em uma passagem central da demonstração, já deveria deixar perplexo o fenomenólogo que promete se manter junto "às coisas mesmas". Ocorre que principalmente o sujeito da argumentação não consiste em muitos "pensar" – a impossibilidade linguística do plural de "pensar" aponta para a impossibilidade material; // e, mesmo a distinção entre atos reflexivos e atos diretamente consumados não fundamentaria nenhum dualismo absoluto fora da unidade da autoconsciência. A própria possibilidade da reflexão pressupõe a identidade do espírito reflexivo com o sujeito dos atos, sobre os quais ele reflete. Como seria possível, contudo, afirmar uma divergência completa entre a legitimação cognoscente de proposições lógicas e a consumação fática de operações lógicas, se as duas se interpenetrassem em uma e mesma consciência? A unidade do pensamento, que opera aí logicamente e que apreende o sentido de suas próprias operações, só pode ser ignorada em virtude de um *thema probandum* que transpõe uma distinção de disciplinas científicas para o interior do fundamento do ser. Sem essa unidade, não seria possível imaginar nem mesmo a consistência da lógica, cuja defesa arrastou Husserl para o

---

40 Ibid., p.68.

absolutismo. O fato de se poder julgar algo objetivo de acordo com as leis da lógica em geral se transformaria em um milagre, caso não houvesse um pensamento que realiza tais juízos, que obedece à lógica e que a apreende. A teoria da quebra (*Theorie des Bruches*) de Husserl é ela mesma quebradiça.

Reificação da lógica

A fim de descobrir tudo isso, é necessário levar um pouco adiante suas ponderações sobre as "metas da economia de pensamento", cujo conceito Husserl toma da teoria do conhecimento positivista do final do século XIX, em particular de Mach e Avenarius. Husserl evoca o mecanismo da reificação, só para capitular diante dele em seguida:

> Assim, por exemplo, trata-se de um problema sério saber como são possíveis disciplinas matemáticas, disciplinas nas quais não são movidos com uma liberdade soberana apenas pensamentos relativamente simples, mas verdadeiras torres de pensamento e associações de pensamento dotadas de mil faces que se interpenetram, torres que são criadas por meio da pesquisa em uma complicação cada vez maior. É isso que conseguem a arte e o método: superam as imperfeições de nossa constituição espiritual e nos permitem indiretamente, por intermédio de processos simbólicos e sob a abdicação de uma clareza (*Anschaulichkeit*), de uma compreensão e de uma evidência propriamente ditas, deduzir resultados, que são completamente certos, porque assegurados de uma vez por todas pela fundamentação universal da potência realizadora do método.[41]

---

41 Ibid., p.198.

72   // Não seria possível encontrar uma descrição melhor do que "abdicação à clareza (*Anschaulichkeit*), à compreensão e à evidência" para caracterizar a contradição que reside justamente no fato de o trabalho matemático só poder ser realizado por meio de reificação, por meio do abandono da atualização daquilo que é sempre significado e do qual, no entanto, pressupõe como um fundamento de sua própria validade, ao consumar exatamente aquilo que se rechaça como contaminação. Na medida em que Husserl apenas descreve o estado de coisas sem decifrá-lo, acaba sancionando o fetichismo da fascinação pelos avanços espetaculares das máquinas de calcular e pela ciência cibernética correspondente, que sessenta anos mais tarde viria assumir um aspecto frenético. Ele fala, com uma boa imagem, das "torres de pensamento" matemáticas, que só seriam possíveis porque os resultados contidos na matemática não são efetivados em toda operação pelo matemático, mas acontecem entre os símbolos, de tal modo que a objetividade do procedimento matemático parece autônoma em relação ao pensamento subjetivo. Essas "torres" são artefatos que se apresentam como se fossem naturais. Assim, para nos mantermos no âmbito da mesma imagem, um velho muro, cuja origem e finalidade social foram esquecidas, é simplesmente percebido como elemento da paisagem. Mas a torre não é uma rocha, ainda que seja feita das pedras que dão cor à paisagem. Husserl reconhece a reificação da lógica para "assumi-la", tal como é próprio à totalidade do seu método, e esquecer intencionalmente uma vez mais aquilo que foi esquecido pela lógica. É inevitável a analogia com o pensamento econômico vulgar, que atribui valor às mercadorias em si, em vez de determiná-las como resultado de relações sociais. O método matemático só é "artificial" na medida em

que, nele, o pensamento não se apercebe. Mas precisamente tal "artificialidade" transforma como que por encanto a lógica em uma segunda natureza e confere a ela a aura do ser ideal. Husserl insiste na matemática como modelo por assim dizer pré-filosófico em meio à sua filosofia. Ele não vê escândalo algum no paradoxo da "maquinaria de pensamento".[42] O ferrenho antipositivista encontra-se paradoxalmente com os logicistas, quando define os produtos da maquinaria – os signos universais aritméticos para conceitos numéricos – que foram esvaziados de toda consumação vital, // como "puros signos operacionais", a saber,

> como signos, cujo significado é determinado exclusivamente por meio das formas externas de operação; cada sinal é considerado, então, como uma mera coisa qualquer, com a qual se pode nessas formas determinadas manejar de tal ou tal modo no papel.[43]

A teoria da linguagem de Husserl permanece refém do conceito lógico de "fichas" (*Spielmarke*), segundo o qual as palavras são simplesmente "signos sensíveis" e, portanto, intercambiáveis.[44] O absolutismo lógico supera a si mesmo (*hebt sich selbst auf*): na medida em que Husserl dispensa os conceitos de sua própria "evidência", eles se tornam necessariamente "formas externas de operação", ao passo que sua validade absoluta para as coisas se torna contingente. A autonomização e a eternização do formal, que o livram de uma confrontação com o pró-

---

42 Ibid.; de maneira semelhante também em IL II, p.403.
43 Ibid., p.199.
44 Cf. IL II, p.73.

prio sentido do formal, eliminam ao mesmo tempo o vínculo entre aquilo que é instituído como absolutamente verdadeiro e a própria ideia de verdade.

O "objeto" lógico

O primeiro volume das *Investigações lógicas* defende a tese de que as proposições lógicas valem para todos os juízos possíveis em geral. Na medida em que elas podem ser aplicadas a todo e qualquer pensamento relativo a todo e qualquer objeto, atingem uma verdade "em si": sua validade não teria nada a ver com objeto nenhum, justamente porque essa validade diz respeito a todos os objetos. Enquanto ente-em-si (*Ansichseiende*), as proposições lógicas devem ser ao mesmo tempo independentes dos atos que transcorrem logicamente ou nos quais se reflete sobre a lógica. O discurso acerca de "todo e qualquer objeto", no entanto, é ambíguo. O fato de se poder abstrair todo e qualquer objeto específico, pois a lógica formal seria adequada para todos, significa que, na mais elevada universalidade da categoria "objeto em geral", desaparecem as diferenças específicas; o que não desaparece aí, contudo, é a relação de suas proposições com um "objeto em geral". Elas só são válidas "para" objetos. A lógica pode ser aplicada apenas a proposições; somente proposições podem ser verdadeiras ou falsas. O princípio de não contradição, por exemplo, não poderia ser enunciado sem levar em conta o conceito de proposições contraditoriamente opostas entre si. O conceito de tais proposições, contudo, envolve necessariamente algum conteúdo, tanto em relação à facticidade de sua própria realização, ao julgamento subjetivo factual, quanto em relação aos elementos materiais, que se encontram na base de qualquer proposição, mesmo da proposição mais abstrata e mais mediada, // se é que ela efetivamente significa algo, ou seja, se é que ela é de fato uma proposição. Por isso, o discurso acerca do ser-em-si da lógica não é rigorosamente admissível. A própria possibilidade da lógica depende de existentes, depende de proposições, com tudo o que essa existência (*Dasein*) envolve, assim como, inversamente, as proposições dependem da lógica, à qual elas precisam satisfazer para serem verdadeiras. A lógica formal é funcional, não é nenhum ser ideal. No entanto, para falar à maneira da fenomenologia, caso seja reconhecido o "com vistas ao quê em geral" (*Worauf überhaupt*) como a sua condição constitutiva, então as condições de possibilidade de um tal "com vistas ao quê em geral" se transformam ao mesmo tempo nas condições de possibilidade da lógica formal. O "com vistas ao quê em geral", as proposições que estão submetidas à lógica, exigem, como sínteses, necessariamente o pensamento, mesmo quando a força impositiva da síntese oculta o momento da espontaneidade, dando a impressão de que a síntese, análoga à percepção sensível, seria o mero registro passivo de algo puramente objetivo. Desse modo, porém, as proposições lógicas remetem também a uma matéria que não emerge precisamente do pensamento, o qual atua sobre ela. Uma vez que Husserl oculta o momento subjetivo, o pensamento, como condição da lógica, ele também escamoteia o elemento objetivo, a matéria do pensamento, indissolúvel ao pensamento. Em seu lugar, entra em cena o pensamento não esclarecido e, por isso, pura e simplesmente alijado ao âmbito da objetividade. O absolutismo lógico é, sem suspeitar disso, desde o princípio um idealismo absoluto. Somente o equívoco do termo "objeto em geral" permite a Husserl interpretar as proposições da lógica formal como objetos sem um elemento objetivo. Assim, o mecanismo do esquecimento transforma-se em mecanismo da reificação. É inútil o recurso à lógica de Hegel, na qual o ser abstrato se transforma no nada, do mesmo modo que, no "objeto em geral" husserliano, se poderia prescindir de tudo o que é objetivo. O "ser, o puro ser – sem qualquer determinação ulterior"[45] de Hegel, não pode ser confundido com a mais elevada categoria husserliana do substrato, o "objeto em geral". Em Husserl, não há qualquer dúvida em relação ao princípio de identidade. Os conceitos permanecem o que são. O "nada" husserliano, a eliminação da facticidade na interpretação dos fatos lógicos, requisita a validade absoluta como um juízo isolador. Por isso, seus termos devem se submeter a seu próprio método predileto, a análise crítica do significado.

Expressões autossemânticas e sinsemânticas

// Tal análise foi realizada de maneira arguta por Oskar Kraus na introdução à *Psicologia de um ponto de vista empírico*, de Brentano:

> É antes de tudo necessário ter clareza quanto ao termo "objeto contraposto" (*Gegenstand*) [*Objekt*, objeto]; caso o empreguemos com o mesmo sentido de "caso", "coisa mesma" (*Sache*), coisa (*Ding*) ou algo real (*Reales*), então o termo é uma expressão autossignificativa (autossemântica). Ele não significa outra coisa senão aquilo que pensamos no conceito universal mais elevado, ao

---

45 Hegel, *Wissenschaft der Logik*, Parte I, p.87.

qual podemos obter por abstração das intuições sensíveis e para o qual Brentano utiliza justamente também a expressão "essência (*Wesen*), coisa mesma (*Sache*), algo real (*Reales*)". Caso se empregue, porém, "objeto contraposto" (*Gegenstand*), "objeto" (*Objekt*) em construções tais como "transformar-algo-em-objeto", "ter-algo-como-objeto", então a palavra "objeto contraposto" não é autossignificativa, mas cossignificativa (sinsemântica), pois essas construções de palavras podem ser completamente substituídas pela expressão "representar-algo". O duplo significado e o significado concomitante da palavra "objeto" talvez fiquem ainda mais claros, caso levemos em consideração o fato de a sentença "Eu tenho algo, isto é, uma coisa, algo real, uma coisa mesma, algo essencial por objeto" também poder ser expressa de maneira equivalente por meio da locução "eu tenho algo, isto é, um objeto por objeto". Nessa sentença, a primeira ocorrência de "objeto contraposto" significa a coisa mesma, coisa, essência ou algo real, e, na segunda ocorrência, ele é sinsemântico e não significa nada em si. No contexto do discurso, porém, essa sentença significa tanto quanto a sentença "eu represento uma coisa, uma coisa aparece para mim, uma coisa é meu fenômeno, tenho uma coisa objetivamente ou 'de modo dado' ou 'fenomenalmente' ou 'de maneira imanente', tenho algo 'objetivamente contraposto'".[46]

A comprovação da interpolação de um conceito sinsemântico por um conceito autossemântico caracteriza em termos da teoria da significação a reificação em seu resultado, sem desenvolvê-la evidentemente a partir de sua origem. A negligência de

---

46 Franz Brentano, *Psychologie vom empirischen Standpunkt*, Leipzig, 1924. Introdução de Oskar Kraus, p.XIX-XX.

Husserl em sua teoria da lógica quanto ao "objeto em geral", ou seja, quanto à sua relação implícita com algo objetivo, de acordo com o sentido das proposições lógicas, e a conversão da própria lógica em objeto, no erro percebido por Kraus, são apenas dois aspectos diversos do mesmo fato. Como nenhum pensamento pode emergir da polaridade sujeito-objeto e, com efeito, nem mesmo fixar essa polaridade e determinar cada momento distinto de maneira mutuamente independente, // então o objeto expulso na hipostasia da lógica pura retorna uma vez mais a ela: a lógica se transforma no objeto, do qual ela se esqueceu. Em sua ingenuidade em relação ao elemento objetivo, a lógica necessariamente compreende mal a si mesma: atribui a si mesma, como forma pura, o rigor que ela conquista de fato no juízo sobre objetos, fazendo-se passar por ontologia. Mas isso afeta não apenas a questão acerca de seus "fundamentos" (*Grundlagen*), mas toda a sua estrutura interna. A tão discutida fixidez da lógica desde Aristóteles, que só se tornou novamente flexível com Russell e Whitehead, provavelmente foi provocada pela reificação da lógica. Quanto mais ela se aperfeiçoava como ciência particular, mais se afastava de seu próprio sentido objetivo.

Leis da lógica e leis do pensamento

A reificação da lógica, como autoalienação do pensamento, tem por equivalente e por modelo a reificação daquilo com que o pensamento se relaciona: a reificação da unidade de objetos que se aglutinam sob a forma da identidade no pensamento. O pensamento trabalha sobre os objetos de tal modo que, abstraindo seu conteúdo ambiente, pode reter a mera forma de sua unidade. Tal abstração permanece o pressuposto manifesto de toda lógica. Ela se reporta à forma da mercadoria, cuja identidade consiste na "equivalência" dos valores de troca. Desse modo, essa abstração reporta-se ao mesmo tempo a uma relação social em si mesma nada evidente, a uma falsa consciência, ao sujeito. O absolutismo lógico consiste nas duas coisas: a reflexão da reificação consumada pelo sujeito no sujeito, que transforma, por fim, a si mesmo em coisa (*Ding*), assim como a tentativa de quebrar o encanto da subjetivação universal, de colocar um fim, através de algo absolutamente irredutível, ao sujeito que, detentor de toda sua potência, suspeita de sua própria arbitrariedade, para não dizer de sua impotência. O subjetivismo radicalizado transforma-se no fantasma da própria superação: já nos *Prolegômenos à lógica pura*, esse é o esquema de Husserl. Seu modo de proceder é, tal como mais tarde na teoria do conhecimento, um "proscrever" (*Durchstreichen*), um "colocar entre parênteses". Na base desse procedimento localiza-se um conceito residual de verdade, comum a toda a filosofia burguesa, com a exceção de Hegel e Nietzsche. A verdade aparece para esse pensamento como aquilo que "resta", depois de deduzidos os custos de sua produção, por assim dizer, o salário do trabalho, // em suma, aquilo que, na linguagem vulgar da ciência abandonada ao positivismo, se chama "fatores subjetivos". Para uma consciência que, em posse do imutável e do indissolúvel, possui uma fachada (*Surrogat*) de experiência, decomposta em categorias classificatórias, pouco importa saber se o substancial do conhecimento, a profusão e a mobilidade de seu objeto, não seria assim eliminado. O instrumento, que procura dissolver tudo o que é absoluto, proclama a si mesmo como absoluto. Do mesmo modo que Fausto não retém nada nas mãos a não ser o vestido de Helena, a ciência, com seu proceder obstinado, se consola diante da forma vazia do pensamento. O próprio Husserl se denomina, não sem anunciar por meio da fórmula conciliadora *sit venia verbo*[47] um leve desconforto, um "absolutista lógico".[48] O que ele tem em vista são as "leis da lógica pura independentes da particularidade do espírito humano",[49] cujo conceito é introduzido uma vez mais com os parênteses hesitantes "caso realmente haja algo desse gênero". O absolutismo lógico, com isso, projeta-se muito além da crítica da interpretação psicologista da lógica, como a derivação de sua validade a partir da dinâmica da "vida psíquica" (*Seelenlebens*). De fato, vai mais longe do que a exitosa demonstração segundo a qual as leis lógicas não são algo psíquico, meramente intra-humano. A teoria husserliana é ainda muito mais absolutista, na medida em que nega qualquer dependência das leis lógicas ao ente em geral como condição de sua possibilidade. Sobre o sentido dessa possibilidade, sua teoria não expressa relação alguma entre a consciência e o elemento objetivo. Tal relação é antes tomada como um ser *sui generis*:

> Nós, por nossa parte, diríamos, porém: igualdade universal segundo conteúdo e segundo as leis funcionais constantes (como leis naturais para a geração do conteúdo universalmente igual) não produz nenhuma validade universal, que se baseia muito mais na idealidade.[50]

---

47 Em latim, no original: "com o perdão da palavra". (N. T.)
48 IL I, p.139.
49 Ibid., p.31, Anmerkung (Observação).
50 Ibid., p.131.

Essa idealidade confunde-se, para ele, com a absolutidade:

> Se todos os seres de uma espécie, segundo a sua constituição, estão impelidos necessariamente aos mesmos juízos, então eles coincidem empiricamente uns com os outros; no sentido ideal, porém, no sentido da lógica elevada acima de tudo o que é empírico, eles podem efetivamente julgar aí de um modo contrassensual ao invés de o fazer de um modo consonante. Determinar a verdade por meio da ligação com o elemento em comum com a natureza significa abdicar de seu conceito. Se a verdade tivesse uma relação essencial com inteligências pensantes, // com suas funções espirituais e com as suas formas de movimento, então ela surgiria e sucumbiria com elas; e se isso não acontecesse com os particulares, então aconteceria com a espécie. Tal como a autêntica objetividade da verdade, a objetividade do ser também estaria perdida; mesmo a objetividade do ser subjetivo, ou do ser dos sujeitos. E se os seres pensantes como um todo, por exemplo, fossem incapazes de posicionar o seu próprio ser como verdadeiramente sendo? Nesse caso, eles seriam e também não seriam. Verdade e ser são ambos, no mesmo sentido, "categorias" e manifestamente correlatos. Não se pode relativizar a verdade e insistir na objetividade do ser. Naturalmente, a relatividade da verdade pressupõe de qualquer modo uma vez mais um ser objetivo como ponto de referência – nisso reside de fato a contradição relativista.[51]

Por mais conclusivo que isso soe, tanto mais continua, nos detalhes, vulnerável a ataques. Na medida em que a "necessidade" dos mesmos juízos é cindida dos sujeitos judicativos e atribuída à lógica ideal, o momento da coerção de tal necessi-

---

51 Ibid., p.131-2.

dade, derivada da coisa mesma, é ao mesmo tempo deixado de lado. Somente na síntese do juízo consumada pelo sujeito é que esse momento se faz valer. Sem a mediação constitutiva que é estabelecida pelo pensamento, as leis supostamente ideais não seriam de maneira alguma aplicáveis a algo efetivamente real. O ser ideal não teria nem mesmo algo em comum com o real nem mesmo como a "forma" do ser real. O que Husserl crê ser a objetividade suprema, a "lógica elevada acima de tudo o que é empírico", estaria condenado, em tal elevação, à pura subjetividade: sua relação com a efetividade estaria lançada ao acaso. Mesmo a tese plausível e pertinente do empirismo – de que o conceito de verdade seria abandonado, caso fosse determinado por meio da "comunhão com a natureza" – revela-se como uma negação abstrata, como grosseira demais. O pensamento da verdade não se esgota nem no sujeito, mesmo no sujeito transcendental, nem na legalidade ideal pura. Ele exige a relação do juízo com a efetividade, e essa relação – e, com isso, a objetividade da verdade – inclui concomitantemente os sujeitos pensantes que, na medida em que realizam a síntese, são ao mesmo tempo reconduzidos a essa síntese pela coisa mesma. Síntese e necessidade não podem ser isoladas uma da outra. A objetividade da verdade requer justamente o sujeito: separada dele, transforma-se em vítima de uma mera subjetividade. // Husserl vê apenas a alternativa rígida entre o sujeito empírico, contingente, e a lei ideal absolutamente necessária, purificada de toda facticidade. Isso não quer dizer, entretanto, que a verdade não se deduz de nenhum dos dois. Antes, é uma constelação dos momentos que não podem ser contabilizados como "resíduo" nem do lado subjetivo nem do objetivo. Em uma tentativa de *reductio ad absurdum* da lógica "subjetivista", Husserl supõe que as mesmas essências pensantes (*denkenden Wesen*) "seriam e também não seriam", caso sua disposição lhes impedisse "de estabelecer seu próprio ser como verdadeiramente sendo". A absurdidade localiza-se supostamente no fato de tais seres, apesar de seus defeitos, "serem" de qualquer modo. Porém, sem a possibilidade do pensamento, da qual o conceito de sujeitos é imanente, o absolutismo lógico seria ele mesmo sem sentido. A absurdidade aparentemente evidente só chegaria a se realizar porque Husserl assume, por um lado, pessoas psicofísicas contingentes, e por outro, as leis lógicas. Evidentemente, as pessoas não têm poder imediato algum sobre essas leis. Mas elas são mediadas por um conceito de subjetividade que transcende os indivíduos psicofísicos, sem simplesmente "proscrevê-los" (*durchstreichen*). Antes, os conservam como momentos de sua própria fundação. Assim como a verdade não se deduz por meio da mera facticidade de uma organização subjetiva, tampouco ela se deduz por meio de uma idealidade, constituída unicamente em virtude da cegueira em relação às suas próprias implicações fáticas. A teoria empirista, tanto quanto a teoria idealista, perdem a verdade, na medida em que a fixam como um ente – Husserl a denomina "ser": ela é, porém, um campo de força. Com certeza, não "se pode relativizar a verdade e se manter junto à objetividade do ser". No entanto, no lugar de tal objetividade, o próprio Husserl insere a sua cópia, a mera forma, pois não consegue apreender a objetividade senão de modo estático e reificado.

Aporias do absolutismo lógico

A idolatria da lógica como puro ser exige a separação incondicionada entre gênese e validade: do contrário, o logicamente absoluto seria transposto para o âmbito do contingente e do relativo, segundo o critério do *chorismós*, juntamente com o ente. Husserl desenvolveu a separação polemicamente contra o empirismo. De acordo com ele, o psicologismo da teoria lógica mostra "por toda parte a inclinação para confundir a gênese (*Entstehung*) psicológica de certos juízos universais // a partir da experiência, em virtude de uma suposta 'naturalidade', com uma justificação desses mesmos juízos".[52] Essa clarificação dos termos não intervém propriamente na coisa mesma. A partir do fato de a gênese e a justificação dos juízos não poderem ser "confundidos" um com o outro, de a validade significar algo diverso da gênese, não se segue de maneira alguma que a explicação do sentido dos caracteres de validade não remontaria a momentos genéticos como sua condição necessária. Aliás, o próprio Husserl, em sua filosofia transcendental tardia, reconheceu isso de maneira tácita, sem corrigir, todavia, a tese do absolutismo lógico. Na medida em que a relação da validade lógica com a gênese é necessária, tal relação pertence ela mesma ao sentido lógico a ser explicitado, a ser "despertado". Husserl apresentou as antinomias nas quais o psicologismo lógico desemboca, de maneira penetrante e com muita autoridade. Contudo, a posição absolutista, oposta e imediata, se enreda em antinomias não menos inofensivas. Existem duas explicações possíveis para uma lógica absoluta, vigorando independentemente de toda gênese e, por extensão, de todo ente. A consciência contrapõe-se à lógica, às "leis ideais". Caso a consciência queira fundamentar a pretensão da lógica e não simplesmente assumi-la, as leis lógicas precisam

---

52 Ibid., p.86.

se mostrar como algo compreensível para o pensamento. Nesse caso, porém, o pensamento precisa reconhecer tais leis como as suas próprias leis, como sua própria essência; pois pensar é a quintessência dos atos lógicos. A pura lógica e o puro pensamento seriam indissociáveis. O dualismo radical entre lógica e consciência seria suspenso, e o sujeito do pensamento entraria concomitantemente na fundamentação da lógica. Ou então o contrário: em virtude da pureza da pretensão de absolutidade, Husserl renunciaria da fundamentação da lógica como a forma imanente ao pensamento e transparente a ele como sua própria essência. Nesse caso, contudo, a lógica seria dada à consciência de maneira meramente "fenomenal" – se é que se pode traduzir uma faticidade extremamente formal em um discurso epistemológico – e não de modo evidente "em si". A consciência só reconheceria a lógica como verdadeira, se ela mesma fosse o saber da consciência, e não algo que simplesmente aparece para a consciência e que deveria ser acrescentado a ela de maneira heteronômica. // De fato, se ela for registrada e acolhida como um "fenômeno" de ordem superior, então é possível salvar a pureza do *a priori* lógico. Contudo, a lógica perderia ao mesmo tempo o caráter de validade incondicionada, caráter esse que é tão inviolável para o absolutismo lógico quanto a pureza ideal. Suas leis só valeriam, então, no contexto de sua "aparição" (*Erscheines*) e permaneceriam dogmáticas, injustificadas e contingentes. Elas se tornariam, paradoxalmente, regras da experiência: o absolutismo se converteria em empirismo. Se outras leis lógicas "aparecessem" à consciência, então ela precisaria se curvar a essas leis do mesmo modo que às leis da lógica vigente, e o fenomenólogo se encontraria justamente naquela situação cuja possibilidade o próprio Husserl tinha recusado, a possibilidade de uma "lógica dos anjos".⁵³ De fato, poderia acontecer exatamente aquilo que Husserl recusa conceder a Erdmann: "outras essências possuírem outros princípios lógicos".⁵⁴ As duas explicações da pretensão absolutista conduzem a aporias tanto quanto a contraposição psicologista. A lógica não é nenhum ser, mas um processo que não pode ser reduzido nem ao polo da "subjetividade", nem ao de uma "objetividade". A autocrítica da lógica tem por consequência a dialética.

Sobre a relação entre gênese e validade

Não obstante, Husserl acentua a oposição entre validade e gênese de maneira extrema:

> A questão não é como a experiência, a experiência ingênua ou a científica, surge, mas que conteúdo ela precisa ter para ser uma experiência objetivamente válida; a questão é quais são os elementos e leis ideais que fundam tal validade objetiva de um conhecimento real (e, de maneira mais universal: de um conhecimento em geral), e como essa realização precisa ser propriamente compreendida. Em outras palavras: não nos interessamos pelo devir e pela transformação da representação do mundo, mas pelo direito objetivo, com o qual a representação do mundo pela ciência se contrapõe a toda e qualquer outra representação do mundo, com o qual ela afirma seu mundo como o mundo objetivamente verdadeiro.⁵⁵

---

53 Cf. ibid., p.145-6.
54 Ibid., p.151.
55 Ibid., p.205-6.

A tese de que o que estaria em questão não seria a gênese da experiência, mas qual o conteúdo que ela precisaria ter para se tornar uma experiência objetivamente válida, passa ao largo do fato de o conteúdo da própria experiência se mostrar como um "surgimento", no qual momentos subjetivos e objetivos se ligam, por assim dizer, quimicamente. O juízo precisa expressar ao mesmo tempo um teor material e instituí-lo por meio de uma síntese. // Só se o caráter imanente da tensão do juízo for desprezado é que é possível abstrair o "surgimento" do conteúdo. De fato, Husserl também não se preocupa com o conteúdo, ao contrário do que suas sentenças fazem crer, mas apenas com a forma purificada do juízo, eliminando assim a dinâmica que perpassa a própria faticidade lógica. O dualismo forma-conteúdo é o esquema da reificação. Husserl explica que "nós" – a saber, a comunidade dos lógicos – não nos interessamos pelo devir, mas pelo direito objetivo a uma representação científica do mundo. Assim, ele entroniza de modo petulante o "interesse" ditado pela divisão do trabalho científico como critério da dignidade ontológica de um ser supostamente imutável perante o mero devir. A palavra "interesse", que indica um "voltar-se para" arbitrário, revela, contra a intenção de Husserl, que aquela dignidade não provém da faticidade lógica em si, mas da "atitude" de uma ciência que, em virtude de sua pretensa superioridade, se encapsula e se protege temerosamente contra a relação estrutural do conhecimento com o todo. O desinteresse do lógico pela "transformação da representação do mundo" deve apenas ao resplendor de um tal conceito a aparência de sua evidência. Com razão, a lógica não se preocupa com a transformação da representação do mundo como mera representação; não tem razão, contudo, uma vez que essa representação é uma representação da transformação do mundo. O "direito objetivo, com o qual a representação do mundo da ciência se contrapõe a todo e qualquer outro mundo", não tem, como Husserl pretendia, o seu fundamento dado por Deus na "ideia de ciência", mas encontra sua medida e seu limite na capacidade de a ciência conhecer seu objeto. A divisão do trabalho tanto lhe ajuda quanto lhe prejudica no conhecimento. O husserliano objetivismo rígido do elemento lógico também se mostra como subjetivismo oculto a si mesmo, na medida em que a ideia de ciência, o esquema de ordenação imposto pela consciência humana aos objetos, é tratada como se a necessidade indicada nesse esquema fosse a ordenação dos próprios objetos. Toda ontologia estática hipostasia ingenuamente o elemento subjetivo-categorial.

Gênese e psicologia

Husserl age de maneira leviana em sua polêmica contra a concepção genética da lógica, quando a restringe ao "psicologismo". // A interpretação genética das leis lógicas precisaria necessariamente recorrer aos processos de consciência no sujeito lógico, no indivíduo humano particular, como seu substrato último. Isso certamente lhe permite trazer à tona a diferença entre a fundação psicológica em atos individuais de consciência e a objetividade do conteúdo lógico. A gênese implícita do elemento lógico, porém, não é de maneira alguma a motivação psicológica. Ela é um comportamento social. Segundo Durkheim, nas proposições lógicas sedimentam-se experiências sociais como a ordem das relações de geração e das relações de propriedade, que afirmam a primazia sobre o ser e sobre a consciência individual. Ao mesmo tempo obrigatórias e alienadas em relação ao interesse individual, essas relações constantemente se contrapõem ao sujeito psicológico. Apresentam-se como válidas e imperativas em si, mas ao mesmo tempo também como arbitrárias – em Husserl, contra a sua vontade, algo semelhante ocorre em relação às "proposições em si". A força do absolutismo lógico sobre a fundamentação psicológica da lógica é tomada de empréstimo da objetividade do processo social que se impõe aos indivíduos e que ao mesmo tempo permanece opaco a eles. A reflexão científica de Husserl, em face desse elemento social, assume irrefletidamente a posição do indivíduo. Tal como a consciência pré-crítica em relação às coisas, Husserl eleva a lógica ao nível de um ente em si. Desse modo, ele afirma corretamente que as leis de pensamento do indivíduo – psicologicamente falando, do eu, de suas categorias voltadas efetivamente para a realidade, categorias estas que, em uma ação recíproca, se formam juntamente com essa realidade e que, nessa medida, são objetivas –, essas leis não receberam sua objetividade do indivíduo. De maneira desfigurada, prevalece a noção de que a sociedade é pré-ordenada ao indivíduo. A prioridade do indivíduo, o autoengodo do liberalismo tradicional, é abalada pelas concepções pós-liberais de Husserl. A ideologia, contudo, mantém seu poder sobre ele. O processo social que ele não vislumbrou transforma-se na verdade pura e simples. A objetividade dessa verdade é transfigurada em objetividade espiritual, no ser ideal das proposições em si.

Pensamento e psicologismo

A objeção da remissão da lógica ao pensamento e, com isso, // a um ente é por demais natural para que Husserl não tivesse precisado se deparar com ela.

Para a metacrítica da teoria do conhecimento

Não se objetará que, em todo o mundo, o discurso acerca de leis lógicas não teria podido surgir se nunca tivéssemos possuído representações e juízos em nossa vivência atual e se nunca tivéssemos nos abstraído dos respectivos conceitos fundamentais lógicos; ou até mesmo que, em toda compreensão e afirmação da lei, a existência de representações e juízos se acha implicada, ou seja, precisaria ser uma vez mais deduzida daí. Pois quase não precisa ser dito que a consequência não é retirada aqui da lei, mas da compreensão e da afirmação da lei, que a mesma consequência precisaria ser retirada a partir de toda e qualquer afirmação arbitrária e que pressupostos ou ingredientes psicológicos da afirmação de uma lei não podem ser misturados com momentos lógicos de seu conteúdo.[56]

O "quase não precisa ser dito" passa ao largo da dificuldade central. Pois não se trata de "compreensão e afirmação" da lei meramente subjetivas, independentes da faticidade e executáveis (*vollziehbar*) arbitrariamente. Ao contrário, a exigência pela sua absolutidade equivale à exigência por sua correção, e essa correção não tem de fato como ser conquistada senão junto a "representações e juízos" reais. Não se pode contrastar a "lei" a uma "compreensão e afirmação", como se fosse um modo de comportamento irrelevante por parte do espectador, lá onde a lei exige ser pensada como "lei de pensamento" a fim de se justificar, lá onde ela só pode ser expressa como lei para o pensamento – e para a "compreensão". O erro do psicologismo lógico é deduzir imediatamente do elemento psíquico-efetivo a validade das proposições lógicas, que se

---
56 Ibid., p.71.

autonomizaram em relação à "realização" (*Leisten*) psíquica fática. Entretanto, a análise do sentido da própria estrutura lógica requer a remissão ao pensamento. Não há nenhuma lógica sem proposições; nenhuma proposição sem a função sintética do pensamento. Husserl chamou a atenção para o fato de que o pressuposto psicológico para a afirmação de uma lei não deve ser confundido com a sua validade lógica. Porém, as leis lógicas só são "plenamente dotadas de sentido" e só podem ser reconhecidas quando a indicação dos atos de pensamento que as resgatam for inerente a elas. O sentido da própria lógica exige facticidade. // De outro modo, ela não poderia ser racionalmente fundamentada: sua idealidade não é um puro em-si, mas também precisa ser sempre um para-um-outro, se é que ela de fato deve ser algo. Husserl tem razão quando contesta a identidade imediata entre intelecção e faticidade, gênese e validade, na consciência científica desenvolvida e no estado irrevogável da alienação; não tem razão, porém, quando hipostasia a diferença.

O princípio de não contradição

Husserl ainda vai além. Ele expande sua crítica aos principais princípios lógicos, ao princípio de não contradição e ao princípio de identidade. Considera, em particular, Heymans e Sigwart – de cuja lógica Husserl retira a formulação de "que é impossível afirmar e negar ao mesmo tempo com consciência a mesma proposição" – como exemplos da interpretação psicológica equivocada do princípio de não contradição. Além disso, Husserl prossegue sua argumentação contra a fundamentação do princípio de não contradição a partir da impossibilidade da coexistência psicológica, tal como essa fundamentação se encontra no escrito de Mill contra Hamilton e na lógica de Höfler e Meinong. O procedimento é, mais uma vez, o de crítica da linguagem, a boa análise aristotélica das equivocidades:

> O termo "pensamento", que abarca em sentido amplo todas as atividades intelectuais, é tomado com predileção pela terminologia de muitos lógicos como o pensamento "lógico" racional, ou seja, como o julgamento correto. O fato de "sim" e "não" se excluírem no juízo correto é óbvio. Porém, o que se expressa aí também é uma proposição equivalente à lei lógica e não menos psicológica. Ela diz que nenhum juízo estaria correto, se o mesmo estado de coisas fosse afirmado e negado de uma só vez; mas ela não diz nada a respeito da possibilidade – indiferentemente de saber se em uma ou em muitas consciências – de coexistência real de atos judicativos contraditórios.[57]

A coexistência de juízos contraditórios, portanto, seria impossível apenas para um pensamento cuja "correção" já pressupõe que ele proceda de acordo com o princípio de não contradição e que, por conseguinte, não pode ser deduzido a partir da impossibilidade daquela coexistência. Mas a distinção entre pensamento puro e simples e pensamento lógico, que recai de maneira tão incisiva no resultado, nas proposições livres de contradições, // não se apresenta de maneira tão desprovida de problemas para a reflexão sobre o processo do pensamento. Os princípios lógicos não se cristalizam apenas

---

[57] Ibid., p.88.

a partir do polo objetivo, sob a coerção de "estados de coisa" lógicos, mas esses estados de coisa decorrem de necessidades e tendências da consciência pensante, que se refletem na ordem lógica. "A universalidade dos pensamentos, como a desenvolve a lógica discursiva, a dominação na esfera do conceito, eleva-se fundamentada na dominação do real".[58] O desenvolvimento histórico daquela universalidade do pensamento é justamente aquele de sua "correção" lógica; só o arbítrio contemplativo poderia isolar os dois. A própria correção emerge apenas como consequência do desenvolvimento do pensamento. Mas, se pensamento e pensamento correto não podem ser distintos semanticamente, como Husserl afirma, então a questão da coexistência possível de juízos contraditórios não é tão indiferente para a lógica quanto ele gostaria que fosse. Ele facilita as coisas, porque compartilha com os lógicos psicológicos a tese da impossibilidade daquela coexistência e somente contesta que ela teria algo em comum com a validade do princípio de não contradição. Caso a tese não seja mais admitida por ele, ou seja, caso se interrogue a origem do pensamento, a "pré-história da lógica", então a possibilidade da coexistência do contraditório em juízos fáticos não é mais irrelevante. A tese psicologista da impossibilidade da coexistência imita ingenuamente o princípio de que dois corpos não poderiam ocupar o mesmo lugar no espaço ao mesmo tempo. Tal "ponto" na vida da consciência é, como a crítica à concepção pontual de um puro presente já expôs há muito tempo, fictício. O pensamento

---

[58] Max Horkheimer e Theodor W. Adorno, *Dialektik der Aufklärung*, Amsterdã: Ed. Querido, 1947, p.25 [cf. trad. Guido de Almeida, *Dialética do esclarecimento*, Rio de Janeiro: Zahar, 1985, p.28].

do contraditório parece preceder a disjunção (*Sonderung*). Em sua gênese, a lógica se apresenta como tentativa de integração e de determinação de uma ordem fixa no originariamente ambíguo, passo decisivo da desmitologização.[59] O princípio de não contradição é uma espécie de tabu, imposto sobre o difuso. Sua absoluta autoridade, na qual Husserl insiste, provém precisamente da imposição do tabu, ou seja, da repressão de poderosas tendências contrárias. Como "lei de pensamento", o princípio envolve uma proibição de conteúdo: não pense dispersivamente, // não se deixe distrair em uma natureza não articulada, mantenha a unidade do visado como uma posse. Por força da lógica, o sujeito se liberta da decadência no amorfo, no inconstante, no ambíguo, e se fixa como forma na experiência, como identidade humana que se conserva na vida, permitindo que só sejam válidos os enunciados sobre a natureza abarcados pela identidade daquelas formas. Para tal interpretação da lógica, a validade, a racionalidade mesma, já não seria irracional, não seria um em-si inconcebível que deveria ser meramente admitido. Ao contrário, a validade apontaria para uma exigência que domina toda a existência, feita ao sujeito para que este não recaia na natureza, não se torne animal e perca aquele elemento mínimo por meio do qual o homem, um ser natural que perpetua a si mesmo, pode se lançar para além da natureza e da autoconservação, por mais impotente que seja. Ao mesmo tempo, porém, a validade lógica é objetiva, na medida em que, para poder dominar a natureza, se adapta a ela. Toda e qualquer síntese lógica é esperada de seu objeto, mas sua possibilidade permanece abstrata e só é atualizada pelo sujeito. Os dois pre-

---

59 Cf. ibid., *passim*.

cisam um do outro. No absolutismo lógico, anuncia-se, com fundamento, o fato de que a validade, instrumento supremo da dominação da natureza, não se esgota nela. O que é feito pelo homem na síntese lógica, o que é reunido por ele, não fica apenas no homem, na forma vazia de seu arbítrio. Em virtude da configuração (*Gestalt*) daquilo para onde a síntese se encaminha, daquilo que se dissolveria sem síntese, a síntese acaba atingindo um ponto muito além do mero fazer. Julgar significa ordenar e, ao mesmo tempo, mais do que o mero ordenar.

O princípio de identidade

Na esteira da tradição, Husserl trata do princípio de não contradição e do princípio de identidade independentemente. Quanto a esse último princípio, ele busca sobretudo separar a validade dos princípios lógicos de seu caráter normativo.

> A lei normal deve pressupor a absoluta constância dos conceitos como preenchida? Nesse caso, portanto, a lei só teria validade sob o pressuposto de que as expressões são usadas o tempo todo com um significado idêntico, e onde esse pressuposto não fosse cumprido, ela também perderia a sua validade. Essa não pode ser a convicção séria do excelente lógico [Christoph Sigwart]. Naturalmente, a aplicação empírica da lei pressupõe que os conceitos, e, respectivamente, as proposições que funcionam como significados de nossas expressões, sejam efetivamente os mesmos, assim como a abrangência da lei diz respeito a todos os pares proposicionais possíveis de qualidades opostas, mas dotados de uma matéria idêntica. Naturalmente, porém, esse não é nenhum pressuposto da validade, como se essa fosse uma

validade hipotética, mas o pressuposto de uma aplicação possível sobre casos particulares previamente dados. // Assim como o pressuposto da aplicação de uma lei numérica é o fato de se encontrarem previamente dados para nós, eventualmente, números, e, em verdade, números dotados da determinação com a qual a lei o designa expressamente, o pressuposto da lei lógica é o fato de que se encontrem previamente presentes para nós proposições, e, em verdade, de que se exijam expressamente proposições dotadas da mesma matéria.[60]

O que Husserl denomina um "pressuposto", ou seja, o fato justamente de as expressões terem sido aplicadas com um significado idêntico, não é outra coisa senão o conteúdo da própria proposição; onde essa lei não é satisfeita, perde com efeito sua validade, que representa sua mera tautologia. Com certeza, o princípio de identidade não é uma "hipótese", que seria verificada ou falsificada, respectivamente, de acordo com a preservação ou não dos significados das expressões. Mas sem a confrontação da expressão com uma "matéria" idêntica ou não idêntica, o princípio de identidade não se deixa efetivamente formular. Husserl adia o problema, na medida em que ataca a concepção normativa do princípio de identidade como a sua degradação ao nível de uma hipótese. A questão, contudo, não é saber se esse princípio é relativizado por meio de sua referência implícita às proposições que se encontram sob o seu domínio, mas sim saber se sem tal referência retroativa ele não degenera a um enunciado vazio de sentido.

---

60 IL I, p.99 e ss.

Portanto, compreendo por princípio de identidade não um "princípio fundamental", que precisaria ser reconhecido como verdadeiro, mas uma exigência que se encontra sob o nosso arbítrio preencher ou deixar sem preenchimento, sem cujo preenchimento, porém [...] a oposição entre verdade e erro de nossas asserções perde o seu sentido. O supostamente lógico princípio fundamental da identidade, portanto, que se costuma formular na sentença "tautológica" "A é A", não expressa de maneira alguma uma verdade óbvia e, acima de qualquer dúvida, uma verdade indemonstrável e inexplicável, derradeira e misteriosa. Ao contrário, a verdade desse princípio é, por sua parte, dependente do preenchimento do princípio de identidade no sentido acima, // isto é, do cumprimento da exigência da retenção do significado das designações, e é uma consequência do cumprimento dessa exigência. Se essa exigência não é cumprida com vistas ao signo *A*, então a proposição "*A é A*" também não é mais correta; pois se não compreendermos nessa proposição o que é dito na segunda vez com *A* como sendo o mesmo que o que é dito na primeira vez, então o primeiro *A* não é justamente o segundo *A*, isto é, a proposição "*A é A*" não é, então, mais válida.[61]

O princípio de identidade, por conseguinte, não é nenhum estado de coisas, mas uma regra sobre como seria preciso pensar. Liberta dos atos para os quais ela se estabelece, essa regra vai pelos ares: seu significado pressupõe a relação com aqueles atos. O que Husserl quer dizer é que o uso idêntico dos termos evidentemente pertence à facticidade e que, independen-

---

61 Hans Cornelius, *Transzendentale Systematik* [Sistemática transcendental], Munique, 1916, p.159-60.

temente disso, o princípio de identidade possui uma validade ideal "em si". Essa validade, porém, teria de ser buscada em seu significado, e ela não significa nada a não ser que os termos sejam efetivamente usados. Aliás, o "pressuposto" inquestionado, mas também trivializado por Husserl, "o pressuposto da lei lógica de que os princípios se encontram diante de nós", já seria suficiente para enfraquecer o absolutismo lógico, na medida em que só as suas implicações como um todo seriam seguidas de perto.

Contingência

Husserl evita esse caminho por conta de um *horror intellectualis* em relação ao acaso. A contingência é para ele tão insuportável quanto para os primórdios da burguesia, cujos impulsos teóricos ardem novamente nele, impulsos sublimados por toda reflexão. Toda a filosofia burguesa – toda filosofia primeira – empenhou-se em vão para escapar da contingência. Pois todas tentaram reconciliar uma totalidade antagônica em si real. A consciência filosófica determina o antagonismo como o antagonismo entre sujeito e objeto. Como não consegue suspendê-lo em si, ela aspira a remover o antagonismo por si mesma: por meio da redução do ser à consciência. Para esta, reconciliação quer dizer: tornar tudo igual a si mesma, e isso é, ao mesmo tempo, a contradição da reconciliação. A contingência, porém, continua sendo o "portento" (*Menetekel*) da dominação. Veladamente, a dominação é sempre algo em nome do que ela, por fim, abertamente se reconhece: totalitária. Aquilo que não é como ela, o mais fraco heterônimo, ela subsume como acaso. Não se tem poder sobre o que ocorre por acaso (*zufällt*).

90 // A contingência, surgindo não importa onde nem quando, denuncia a mentira do domínio total do espírito, a identidade do espírito com a matéria. Ela é a figura mutilada, abstrata do em si, daquilo que o sujeito arrancou tudo o que é comensurável. Quanto mais imprudente é a insistência do sujeito na identidade, tanto mais puramente ele aspira a consolidar sua dominação, tanto mais cresce a sombra da não identidade. A ameaça da contingência é fomentada simplesmente pelo *a priori* puro, que é hostil à contingência e deve aplacá-la. O espírito puro, que procura ser idêntico ao ente, precisa, em virtude da ilusão da identidade e da indiferença entre sujeito e objeto, se retirar cada vez mais para o interior de si mesmo, deixando mais coisas de fora, a saber, tudo o que é fático. "É claro que, nesse sentido expresso, toda teoria que deduza os princípios lógicos de fatos quaisquer é logicamente contrassensual."[62] A *prima philosophia*, como teoria residual da verdade que se baseia no que permanece como consciência indubitável, tem por complemento o elemento contingente que lhe é rebelde e que ela precisa de qualquer modo excluir, a fim de não colocar em risco sua própria pretensão de pureza. E quanto mais rigorosamente é interpretada a pretensão do caráter *a priori*, quanto menos essa filosofia corresponde a tal pretensão, tanto mais é empurrada para o reino do acaso. Por isso, a dominação total do espírito inclui também a sua resignação. Não obstante, o caráter insolúvel do "problema da contingência", a não conformidade do ente a sua determinação conceitual, é ao mesmo tempo um engodo. A contingência só alcança o ponto em que a razão se solidariza com a pretensão de dominação, e não tolera nada que

---

62 IL I, p.123.

ela não capture. Na insolubilidade da contingência vem à tona o falso ponto de partida da filosofia da identidade: o fato de o mundo não poder ser pensado como produto da consciência. É só no contexto geral de ofuscamento (*Verblendungszusammenhang*) que a contingência assusta; para o pensamento que tivesse se libertado desse contexto, o contingente se tornaria aquilo no qual o pensamento se tranquiliza e no qual se extingue. Husserl, porém, é impelido ao trabalho de Sísifo de controlar a contingência, no momento em que se quebra a unidade da sociedade burguesa como sistema que produz e reproduz a si mesmo, // tal como tinha sido visada pelas elevações hegelianas. De acordo com Husserl, não há acaso nos "contextos científicos de fundamentação", que constituem o modelo de sua filosofia como um todo, "mas razão e ordem, e isso significa: uma lei reguladora".[63] Em nenhum outro lugar Husserl transpõe para o todo de maneira mais fatídica do que aqui o método previamente dado de uma ciência particular. Ele acredita que é possível dissolver o ceticismo, porque o ceticismo nega as leis "que constituem essencialmente o conceito da intelecção (*Einsicht*) teórica",[64] o "sentido consistente"[65] de termos como teoria, verdade, objeto, constituição. Assim, o ceticismo suspenderia logicamente a si mesmo (*hebe sich selbst auf*), na medida em que seu conteúdo contesta as leis "sem as quais a teoria em geral não teria nenhum sentido 'racional' (consistente)".[66] Mas permanece a questão de saber se aquilo que certamente não se encontra definido de antemão como multiplicidade matemática é consistente em si,

---

63 Ibid., p.18.
64 Ibid., p.111.
65 Ibid., p.112.
66 Ibid.

se satisfaz a forma da pura ausência de contradições. A exclusão da contingência só se impõe para a filosofia a partir do ideal matemático das relações de fundamentação (*Begründungszusammenhang*), ideal que acaba orientando a filosofia. Na verdade, a filosofia precisaria antes se questionar se não estaria regredindo a um racionalismo pré-crítico ao se deixar orientar por esse ideal. Essa reflexão não é consumada por Husserl. Para ele, as ideias, diluídas em formas puras, não podem mais se apoderar do efetivamente real. Nunca mais elas se imiscuem à realidade, nunca mais a refletem em si. Por conseguinte, os homens mesmos se mostram, como parte da realidade, contingentes em relação à ideia e são expulsos do paraíso da *prima philosophia*, do reino de sua própria razão. Se, na história da filosofia recente, a contingência, como ceticismo, arrastou as ideias para seu redemoinho, Husserl procede agora literalmente segundo aquele ditame de que, se os fatos não correspondem à ideia, tanto pior para os fatos. Eles são declarados como não filosóficos e ignorados. Sobre o conceito de concreção das modernas filosofias antropológicas paira um lusco-fusco irônico de que a teoria que inaugurou a virada "material" excedeu e muito, com o formalismo de sua ideia de verdade, o próprio formalismo kantiano contra o qual esbravejou Scheler. As essencialidades materiais, // para as quais se dirigiu a descrição mais tarde (mas que já se achava tendencialmente presente no próprio Husserl), são justamente inacessíveis pelo ente ao qual elas pretendiam retornar. Por isso, toda concreção fenomenológica é vaga. A precariedade da contingência do fático no idealismo é reinterpretada por Husserl como a virtude da pureza da ideia. As ideias permanecem, como *caput mortuum*, aquém da vida abandonada pelo espírito.

Para a metacrítica da teoria do conhecimento

Abandono da empiria

As ciências materiais particulares são concebidas sem reservas de maneira empirista: "A região do psíquico é com efeito uma região parcial da biologia". Quanto mais elevadas as exigências de vinculação a um caráter *a priori*, mais perfeito é o desencantamento da empiria, tal como, por exemplo, o burguês organiza o amor segundo o esquema da santa ou da meretriz. Em uma variação da fórmula kantiana, a doutrina dos *Prolegômenos* poderia se chamar "absolutismo lógico e relativismo empírico". Trata-se do mundo intersubjetivo no estilo da sociologia do conhecimento:

> Segundo leis psicológicas e com base nas colocações psíquicas primeiras, que concordam no que há de rudimentar, emerge a representação de um mundo conjunto para todos nós e a crença empiricamente cega em sua existência. Mas se atenta certamente para o fato de que esse mundo não é exatamente o mesmo para qualquer um, ele só o é em seu todo, ele só o é na medida em que a possibilidade de representações e de ações conjuntas é garantida de maneira praticamente suficiente. Ela não é a mesma para o homem comum e para o pesquisador científico; para o homem comum, ela é um contexto de regularidade meramente aproximada, atravessada por mil acasos, enquanto para o pesquisador científico ela é a natureza dominada inteiramente pela legalidade absolutamente rigorosa.[67]

Tal relativismo é tudo menos esclarecimento. Na ideia da "legalidade absolutamente rigorosa", Husserl lida de maneira por demais leviana com os "mil acasos", que não são acaso algum. Para o pesquisador, o acaso é um resíduo penoso que se

---

[67] Ibid., p.205.

deposita no solo dos seus conceitos; para o "homem comum", cujo nome Husserl enuncia sem a menor hesitação, o acaso é aquilo que se abate sobre ele e diante do qual ele é impotente. O pesquisador se imagina prescrevendo a lei ao mundo; o "homem comum" precisa obedecer àquela lei na prática. Ele não pode fazer nada quanto a isso, e com razão pode muito bem parecer a ele que a lei seja arbitrária. No entanto, o fato de o mundo // se constituir de indivíduos, que se encontram expostos a tais acasos, e de outros, que, não produzindo a lei, podem se consolar com sua existência, não é acaso algum. É a própria lei da sociedade. Nenhuma filosofia que cogite a "representação do mundo" teria o direito de passar ao largo disso. Em Husserl, o abandono da empiria não permite, contudo, a intelecção de tais relações. Em vez disso, ele repete, dando de ombros, o preconceito descabido de que se trata apenas de uma questão de ponto de vista. No que se refere ao conhecimento do fático, não se detém com tanta precisão, já que a marca do acaso sempre permaneceria atrelada a tal conhecimento. A realidade efetiva torna-se objeto de um mero visar. Nenhum critério concludente chegaria a alcançá-la. Essa modéstia é tão falsa quanto o seu complemento, a *hybris* do absoluto. Husserl superestima a casualidade da vida consciente não menos do que, inversamente, o ser-em-si das leis do pensamento. A reflexão abstrata de que tudo o que é fático "também poderia ser diferente" engana-se sobre as determinações universais, sujeitas à constatação de que as coisas não são diferentes.

Motivos fenomenológicos e eidéticos

O abandono do mundo como a quintessência de tal faticidade contingente já implica a contradição entre os dois motivos normativos da filosofia de Husserl: o motivo fenomenológico e o eidético. Segundo o velho esquema habitual cartesiano, a exclusão do mundano conduz para o eu, cujos conteúdos de consciência, como imediatamente certos, devem ser pura e simplesmente aceitos. Mas o eu, que constitui a unidade do pensamento, pertence precisamente ao mundo que deve ser excluído em virtude da pureza das formas lógicas de pensamento. Husserl reflete sobre isso:

> Portanto, não haveria nenhum mundo em si, mas apenas um mundo para nós ou para uma outra espécie qualquer casual de seres. Isso pode parecer pertinente a muitos; mas pode muito bem se mostrar duvidoso, caso chamemos a atenção para o fato de que ao mundo também pertencem o eu e seus conteúdos de consciência. Também o "eu penso" e o "eu vivencio isso e aquilo" poderiam ser eventualmente falsos, supondo, justamente, que o eu seria constituído de tal modo que precisaria negar essas sentenças com base em minha constituição específica. E não seria meramente para este ou para aquele que não haveria um mundo. Ao contrário, não haveria pura e simplesmente mundo algum, // se nenhuma espécie fática de seres judicativos no mundo fosse constituída de maneira tão feliz que esses seres precisassem reconhecer um mundo (e aí a si mesmos).[68]

O absurdo, contudo, só ocorre porque um elo da série de argumentação é isolado e avaliado a partir de um absolutismo lógico já previamente dado. Com certeza, os princípios lógicos não seriam "falsos" se o gênero humano se extinguisse. Porém,

---
68 Ibid., p.121.

sem o conceito de um pensamento, para o qual são válidos, os princípios não seriam nem verdadeiros, nem falsos; não se poderia nem mesmo falar deles. Ocorre que o pensar requer um sujeito, e não é possível expelir o substrato fático, qualquer substrato que seja, do conceito de sujeito. A possibilidade escarnecida por Husserl como uma "brincadeira cortês" – "a partir do mundo desenvolve-se o homem; a partir do homem, o mundo; Deus cria o homem e o homem cria Deus"[69] – só pode se mostrar como terrível para um pensamento rigidamente polarizado, abstrato no sentido hegeliano. Essa possibilidade oferece uma entrada, bem verdade que tosca e naturalista, mas de maneira alguma absurda, ao pensamento dialético, que não apresenta homem e mundo como irmãos inimigos, que precisam afirmar um contra o outro o direito de primogenitura a qualquer preço, mas que os desenvolve como momentos do todo, que se produzem reciprocamente em sua divergência. O ódio de Husserl ao ceticismo, assim como à dialética, com a qual ele o confunde, expressa uma situação de consciência na qual o desespero em relação à perda da concepção estática de verdade estigmatiza todas as teorias que testemunham essa perda, em vez de refletir sobre se, na própria perda, não se manifestaria um defeito do conceito tradicional de verdade. Pois todo relativismo vive das consequências do absolutismo. Quando se impõe ao conhecimento particular e restrito que ele deve valer absolutamente e de maneira independente a toda determinação ulterior, então todo e qualquer conhecimento se entregará sem esforço à sua própria relatividade. Uma pura subjetividade e uma pura objetividade são as determinações mais

---

69 Ibid.

supremas de tais determinações isoladas e, por isso, as mais inconsistentes. Ao se reduzir o conhecimento exclusivamente ao sujeito ou ao objeto, eleva-se o caráter de isolamento, de decomposição, ao nível da lei da verdade. O totalmente isolado é a mera identidade, que não aponta para nada além de si, // e a redução integral ao sujeito ou ao objeto encarna o ideal de tal identidade. A inverdade do relativismo não é outra coisa senão sua insistência na determinação negativa (que em si é correta) de todo particular, em vez de prosseguir além dela. Em tal permanência na aparência, o relativismo é tão absolutista quanto o absolutismo: se o conhecimento não é incondicionado, então ele provavelmente é decrépito. Com um gesto que não à toa lembra o pensamento bifásico de alguns psicóticos, o juízo se submete a uma feição de bivalência, de acordo com o esquema do tudo ou nada. Husserl realmente se dá bem demais com os adversários que escolhe. Ambos estão completamente certos um em relação ao outro ao considerá-los "filósofos de ponto de vista" (*Standpunktphilosophen*), termo que Husserl,[70] do mesmo modo que Hegel, utiliza para recusar seus oponentes. Husserl está correto ao demonstrar aos adversários que seus critérios de verdade dissolvem a própria verdade; já seus adversários estão corretos, na medida em que o advertem que uma verdade subtraída àqueles critérios seria uma quimera. No entanto, falta contundência à sua crítica, porque o "poder-ser-diferente" (*Anderssein-Können*) da facticidade representa uma mera possibilidade, ao passo que no modo de proceder do pensamento, que é constituído assim e não de outro modo, se sedimentou a necessidade de fazer justiça a um objeto e, com isso, a um

---

70 *Logik*, p.105.

momento da própria objetividade. O conceito de objetividade, de acordo com o qual o absolutismo lógico sacrifica o mundo, não pode abdicar do conceito junto ao qual a objetividade em geral tem seu modelo: o conceito de um objeto, do mundo.

// II
Espécie e intenção

> O que quero dizer (meine) é meu (mein), pertence a mim como esse indivíduo particular; mas se a linguagem só expressa o universal, então não posso dizer aquilo que apenas quero dizer.
>
> Hegel, *Enciclopédia*

Princípio em si e essência

A renegação da existência (*Dasein*) confere à doutrina husserliana do absolutismo lógico uma amplitude muito maior do que a de uma mera variedade da interpretação da lógica formal. Os axiomas lógicos, elevados ao nível de princípios em si, oferecem o modelo de essencialidades isentas de fatos, puras, cuja fundamentação e descrição a fenomenologia, em sua totalidade, escolheu para si como tarefa, equiparando-a ao conceito de filosofia. A concepção husserliana do *a priori* formal marcou sua concepção de toda a verdade, assim como a de seus alunos, e mesmo a dos apóstatas entre eles; essa concepção chega à tese de que o ser se acha preordenado em relação a todos os entes. O movimento do conceito continuou além dos *Prolegômenos à lógica pura*, porque as formas vazias do pensamento não podem ser isoladas daquilo que se chamou, na teoria do conhecimento tradicional, de questões de constituição (*Konstitutionsfragen*). Antes de Husserl, quase não existiu controvérsia a respeito da validade dos princípios lógicos fundamentais, à exceção da dialética. O efeito extraordinário de seu teorema, bastante especial no início, só se explica pelo fato de ele expressar enfaticamente a consciência de um estado de coisas (*Sachverhalt*) muito mais inquietante, consciência esta que vinha sendo amadurecida há muito tempo. Pela primeira vez, desde a decadência dos grandes sistemas, a luta filosófica contra a psicologia atesta a insuficiência do indivíduo como fundamento de direito da verdade, indo muito além dos matizes neokantianos atribuídos ao transcendental. Agora o anti-individualismo não reclama o primado do todo diante do particular, mas antes confessa a ruína do próprio indivíduo. Na medida em que se afasta desse indivíduo e de sua estrutura toda participação na legitimação da verdade, // a lógica, desprovida de toda realidade, contrapõe o indivíduo à sua nulidade real. Longe do raciocínio crítico--cultural, Husserl concebe pensamentos nos quais o fatalismo da impotência do particular se mistura ao sofrimento pela situação monadológica. Assim, os *Prolegômenos* atuaram como um sismógrafo histórico. Eles unificaram o pressentimento há muito tempo encoberto de que a própria individuação seria uma aparência, gerada pela lei que nela se encontra escondida, com a aversão diante justamente da realidade efetiva negativa, cuja lei degrada o indivíduo ao nível da aparência. Do conceito husserliano de essência (*Wesen*), reluz tal ambiguidade. Nada é mais temporal do que sua atemporalidade. A pureza fenomenológica, idiossincrática contra todo contato com o fático, permanece de qualquer modo perecível, como um ornamento floral. "Essência" era a palavra predileta do *Jugendstil* para a alma tísica, cujo brilho metafísico emerge unicamente do nada, da recusa à existência. As irmãs dessa alma são as essencialidades husserlianas, imagens especulares fantasmagóricas de uma subjetividade que espera se dissolver nessas imagens como se fossem o seu "sentido". Quanto mais subjetivo seu fundamento, tanto mais exaltado é o *pathos* de sua objetividade; quanto mais avidamente essas objetividades se colocam como estados de coisa, mais desesperadamente o pensamento conjura um não existente. O empenho da filosofia de Husserl é um empenho de resistência; é a negação abstrata de um subjetivismo vislumbrado que, todavia, ainda permanece preso ao domínio do subjetivismo e participa da fraqueza contra a qual protesta. A fenomenologia paira em uma região a respeito da qual se adorava, naqueles anos, citar alegoricamente as "filhas das nuvens"; uma terra de ninguém entre o sujeito e o objeto, a enganosa *fata morgana* de sua reconciliação. Em termos filosóficos, essa esfera, na qual as pálidas imagens femininas, floridamente incorpóreas, se chamavam "essências", é refletida a partir do visar (*Meinen*) como um gesto subjetivo contra algo cujo teor, no entanto, se esgota no ato subjetivo. Por isso, a doutrina da essência e a ontologia de Husserl, a extensão do motivo absolutista para a teoria do conhecimento e para a metafísica, se articula com a sua doutrina das intenções. Ele transfere para as intenções o procedimento que, por um passe de mágica, trouxe à tona o absolutismo lógico. O que é pensado transforma-se em essência por meio do isolamento dos "atos", das "vivências" (*Erlebnisse*) particulares, // ante uma experiência (*Erfahrung*) que, como um todo, quase não está mais no campo de visão de sua filosofia. O indivíduo em ruínas continua apenas como a quintessência de uma experiência concreta convertida em fachada (*Surrogat*), experiência de vivências pontuais, e não possui mais poder sobre essa experiência. A vivência peculiar, expulsa pela monotonia da vida reificada, o instante disperso de um preenchimento decrépito e condenado à morte, como salvação de um sentido metafísico ausente – tal como Christian Morgenstern o descreveu com escárnio, "mais uma vivência cheia de mel" –, é o modelo histórico para a ideia de Husserl do universal, que se presta à intenção singular.

Vivência e "sentido"

Nos *Prolegômenos à lógica pura*, não há espaço algum para um conceito de essência, deduzido de um elemento individual: ele ainda permanece no âmbito da teoria tradicional da abstração.

> As verdades decompõem-se em verdades individuais e gerais. As primeiras contêm afirmações (explícitas ou implícitas) sobre uma existência real e efetiva de particularidades individuais, enquanto as outras são completamente livres de tais particularidades e só admitem deduzir a existência possível (puramente a partir de conceitos) de algo individual. Verdades individuais são enquanto tais contingentes.[1]

O individual e o fático são simplesmente equiparados: não se supõe que um individual possa ter uma essência independen-

---

[1] IL I, p.231.

temente de sua existência (*Existenz*). Só se chega aí por meio da doutrina dos atos intencionais, doutrina dedicada, desde o começo, à preparação de "vivências" isoladas, às quais, então, devem corresponder respectivamente as implicações de sentido "irreais" igualmente isoladas, que são visadas pelo "ato".

Nós visamos aqui e agora, no instante em que enunciamos de maneira plenamente dotada de sentido o nome universal, algo universal, e esse visar é diverso no caso em que temos em vista algo individual. Essa diferença precisa ser comprovada no conteúdo descritivo da vivência particularizada, na consumação (*Vollzug*) particular atual do enunciado geral.[2]

A afirmação de que o próprio visar, ou seja, a qualidade do ato, sempre varia de acordo com o caso do visado, um universal ou um particular, não passa de uma afirmação oca, se é que se ambiciona dizer mais do que a simples tautologia, segundo a qual, nos dois casos, objetos intencionais pertencem a classes lógicas diversas, // e atos também podem ser subdivididos de acordo com a classe de seus objetos. Seria difícil ir mais longe, e atribuir características diversas aos atos particulares que devem formar aquelas classes. Embora Husserl não tente de maneira alguma fazer isso, de todo modo conclui tacitamente, a partir da diferença lógica dos objetos, que a diferença prescrita pelos tipos do visado "precisa... ser comprovada... no conteúdo descritivo da vivência particularizada", e que, portanto, as constituições dos atos enquanto tais deveriam ser distintas. Esse postulado aparentemente menor, um erro sutil de inferir

---

2 IL II, 1, p.144.

dogmaticamente, a partir de diferenças lógicas dos objetos de pensamento, diferenças absolutas no modo de seu ser visado (*Gemeintwerden*), tem consequências enormes. Na medida em que Husserl busca a diferença no conteúdo descritivo das "vivências isoladas" e estabelece uma separação originária entre o visar de algo particular e o visar de algo universal, ele acaba transpondo essa separação do caráter do visar, arbitrariamente consumada, para o visado. Desse modo, universal e particular seriam radicalmente cindidos, porque se constatariam atos de visar de modos distintos em cada caso. Essa divisibilidade apenas reflete a divisibilidade das classes do que é visado, em vez de fundamentá-las, e, por isso, a divisibilidade de classes do visado ainda precisa ser deduzida. O "teor descritivo" das vivências particulares adapta-se, em todo caso, ao caráter dos "produtos prontos", ao resultado da cisão já consumada. Mas não institui "unidade ideal" primária alguma, que seja independente da pluralidade e da abstração.

Crítica dos "sentidos" singulares

Além disso, o procedimento efetivo na dedução husserliana contradiz o programa fenomenológico. Uma análise que se mantivesse seriamente junto aos assim chamados "dados previamente encontráveis" (*Vorfindlichkeiten*) da vida da consciência não se depararia com esse tipo de singularidades vivenciais, e, por isso, também não com "sentidos" absolutamente singulares. Os sentidos são aquilo que o Husserl fenomenológico costumava censurar como construções teóricas, rudimentos da atomística psicologia associativa. Como nenhuma vivência é "singular", mas aponta necessariamente para além de si mesma, por ser entrelaçada à totalidade da consciência individual, então também não existem sentidos ou significados absolutos. Todo sentido, cujo pensar se interioriza, // contém, por força do pensamento, um elemento de universalidade, sendo mais do que meramente ele mesmo. Mesmo no caso mais simples da lembrança do nome de uma pessoa, participam dessa lembrança momentos tais como a relação do nome com seu objeto, sua função identificadora, a qualidade do nome (na medida em que é visado precisamente esse individual e não outro), e muitos outros fatores, vagos ou articulados que sejam. Descrever a relação entre lembrança e lembrado como absolutamente individual e unívoca (*einsinnig*) seria uma arbitrariedade logicista. Caso se suponha, porém, que a construção de cada ato e cada significado particulares, independentemente de ela ocorrer ou não, seja necessária para elaborar o modo pelo qual a consciência é capaz de um conhecimento articulado, então o modo de procedimento idealista tradicional seria mais uma vez reinstalado. Nesse caso, não se teria mais como compreender por que se precisaria aderir à construção de "significados" supostamente "puros", por que não se deveria antes proceder a análise ao modo da teoria do conhecimento mais antiga, alcançando necessariamente a sensação, aquela *hylé*,[3] contra a qual a pura teoria do significado gostaria de se proteger. Husserl censura Hume com razão[4] pelo fato de um "conglomerado" de imagens concretas não conduzir o conhecimento mais adiante do que a representação particular. Nas *Investigações lógicas*, porém, ele mesmo adere à noção humeana de "conglomerado",

---

3 Em grego, no original: "matéria". (N. T.)
4 Cf. ibid., p.186.

na medida em que transfere a unidade para uma função significativa apenas, para o pensar, sem levar em conta que os dados supostamente últimos já não são mais um conglomerado, mas, estruturados, são mais do que a soma de suas partes – a teoria da *Gestalt*[5] expôs isso de maneira até excessiva. Também não leva em conta as relações categoriais, a "síntese". O realismo conceitual fenomenológico não se encontra de maneira alguma em simples oposição à tradição nominalista, que acrescenta a consciência a partir de vivências atomistas. // Ele é antes, desde Brentano, o seu complemento. Os dois momentos polarizados, o particular e a unidade, coagulam-se e transformam-se em determinações absolutas, logo que deixam de ser compreendidos como mutuamente produzindo um ao outro, e, desse modo, também como produzidos. O pensamento, cujo resultado se transforma, como que por encanto, em Ser, coloca a singularidade cindida e a universalidade autonomizada como elementos que possuem o mesmo direito, independentes um do outro e de validade incontestável. Os dois devem a aparência de sua absolutidade à ruptura, e o vigor de sua positividade a um negativo. E é justamente essa aparência, juntamente com a abstração com a qual a separação condena os dois, que permite que o conceito de um Ser ideal possa ser destilado a partir deles, preparado por meio da seleção de suas qualidades. Ambos podem eventualmente ser declarados inclusive como sendo o

---

5 Quando a obra *Investigações lógicas* foi lançada, ainda não se achava completamente desenvolvida. Já havia, com certeza, o ensaio de Christian von Ehrenfels, *Sobre as qualidades da figura* (*Vierteljahreszeitschrift für wissenschaftliche Philosophie*, 14º ano, 1890), que contém os elementos da crítica a uma concepção atomística de algo imediatamente dado. É improvável que Husserl, aluno de Brentano, não o tenha lido.

mesmo. Já que, para Husserl, os materiais do conhecimento, de acordo com o dogma idealista, são caóticos, ele absolutiza o objeto intencional como algo dado, ou seja, indubitável, e, ao mesmo tempo, como algo determinado e, por extensão, como um ente objetivo. Ele não concorda com a distinção epistemológica usual entre o ato como imediatamente dado e o visado como dado mediado. Husserl satisfaz-se em demarcar rigidamente pelos dois lados o objeto intencional: pelo lado da sensação, pois, como ele corretamente observa, não percebemos o objeto como um "complexo de cores", e sim como um "pinheiro";[6] e pelo lado da coisa, pois não importa se o objeto intencional "existe" ou não no *continuum* espaço-tempo. Assim, a construção da percepção, o visar de algo presentificado (*Gegewärtigen*) aos sentidos, adquire um caráter híbrido: a imediatidade do ato é colocada na conta do sentido do ato; o conteúdo simbólico é dotado de corporeidade. O "puro" objeto intencional, isento de fatos, vira um expediente. Ele está em poucas condições de realizar aquilo que deve, a objetivação dos fenômenos; do mesmo modo, esse objeto não corresponde àquela imediatidade, em virtude da qual Husserl o prescreve como cânone de todo conhecimento. Os desideratos pela certeza do dado e pela necessidade do espiritualmente transparente – dois desideratos que desde Platão e Aristóteles nunca puderam ser equiparados e em cuja mediação trabalhou toda a história do idealismo – são desesperadamente igualados por Husserl, que se equivocou em relação a essa mediação. // Ele quis forçar um acordo na divergência entre sensibilidade e entendimento, entre sujeito e objeto, uma interrupção momentânea, deixando de lado a

---

6 Cf. ibid., p.197 e ss.

duração e a constituição. Enquanto indiferença entre idealidade e objetividade, o objeto hipostasiado é o arquétipo (*Urbild*) de todas as essencialidades fenomenológicas posteriores.

Origem da "visão das essências"

O próprio conceito de "visão das essências" (*Wesensschau*) foi empregado por Husserl muito antes da teoria da intuição categorial (*kategoriale Anschauung*). A "Segunda investigação lógica", presente no segundo livro das *Investigações*, procura, de acordo com o prefácio aos *Prolegômenos*, fazer com "que se vejam ideias junto a um tipo, por exemplo, junto ao tipo representado pela ideia de 'vermelho', e que se aprenda a deixar claro para si a essência de tal 'ver'".[7] Husserl contrapõe a "consciência de significação" (*Bedeutungsbewußtsein*) à abstração "naquele sentido impróprio (*uneigentlich*)", que impera "sobre a psicologia e sobre a teoria do conhecimento empiristas", "e que não consegue de maneira alguma apreender o específico, ao qual até se atribui como mérito o fato de não fazer isso".[8] Husserl constatou que o essencial para um estado de coisas, o que pertence à espécie, sua "especificidade", não é alcançado por seu conceito de espécie, pela unidade característica de vários estados de coisas. Nesse ponto, ele se identifica com os impulsos de outros filósofos acadêmicos de sua geração, de resto muito divergentes em relação a ele, como Dilthey, Simmel e Rickert. Cada um deles refletiu sobre o que já tinha inspirado a *Crítica da faculdade de julgar* kantiana e que, entrementes, se tornou uma

---

[7] IL I, p.XV.
[8] IL II, I, p.107.

banalidade: a constatação de que a explicação causal-mecânica e classificatória não atinge o centro do objeto; ela omite o que há de melhor nele. No final do século XIX, nem mesmo o erudito mais avesso à especulação metafísica podia ignorar isso, quando se empenhava em estudar um "individual". Também para Husserl, um único elemento concreto, quando observado e explicado de maneira insistente, possibilita uma intelecção muito mais profunda e mais consistente de contextos mais amplos do que um procedimento que só tolera do individual o que pode ser subsumido a conceitos universais. Não é desprovido de ironia, nem é irrelevante em termos de uma filosofia da história, que, ao mesmo tempo que Husserl se propunha a arrancar a essência do campo da universalidade comparativa, seu compatriota e antípoda, Sigmund Freud // – cuja psicologia, inclinada para uma exigência total, poderia ter servido de base para a polêmica de Husserl contra o psicologismo –, a despeito da posição fortemente ligada às ciências naturais, tenha aplicado, com efeitos duradouros, justamente aquele procedimento de determinação das essências no "caso" individual, procedimento esse cuja fórmula epistemológica Husserl procurava. Tal como Freud, porém, Husserl também era filho de sua época e não podia pensar as próprias essencialidades que emergem no individual senão como conceitos universais do tipo da lógica das ciências exatas. É justamente aqui que se localiza o núcleo da energia de seu projeto: Husserl recusou a cisão, tão difundida na época em que se iniciou seu projeto, entre ciências da natureza e ciências humanas (*Kulturwissenschaften*), entre, por um lado, modos divergentes de conhecimento do individual e do histórico, e, por outro, modos de conhecimento do matematicamente universal. Ao mesmo tempo, insistiu na ideia de uma verdade única, empenhando-se em integrar a concreção não enfraquecida da experiência individual à coerência (*Verbindlichkeit*) do conceito, em vez de se contentar com o pluralismo das verdades segundo as áreas de conhecimento. Isso constitui com certeza a força magnética de sua abordagem inicial, mas também o conduz a dificuldades, que foram confortavelmente evitadas pelos filósofos escolásticos do Sudoeste alemão. Uma vez que ele, influenciado pela matemática, não teve coragem de apreender o específico, "essencial", do qual se mostra dependente, a não ser como classe de formação conceitual científica, ele precisou se envolver com a dedução do conceito classificatório a partir da singularidade e, consequentemente, precisou distinguir aqueles dois modos de abstração.

"Abstração ideadora"

Husserl designa como "impróprio" (*uneigentlich*) aquilo que geralmente se denomina "abstração", a formação de conceitos por meio do isolamento e da estruturação de um traço característico particular a partir de uma pluralidade de objetos. Contra isso, insiste que a essência, ao constituir um modo (*Art*), emerge de um único ato do significar.

> Na medida em que visamos (*meinen*) o vermelho *in specie*, aparece para nós um objeto vermelho, e, nesse sentido, olhamos para ele, ao qual, no entanto, não estamos visando. Ao mesmo tempo, o aspecto vermelho (*Rotmoment*) é enfatizado nele, e, nessa medida, também podemos dizer aqui mais uma vez que olhamos para o aspecto vermelho. Esse aspecto (*Moment*), contudo, esse

traço individualmente determinado no objeto, não é visado por nós, tal como o fazemos, por exemplo, // quando exprimimos a observação fenomenológica de que os aspectos do vermelho das partes disjuntas da superfície do objeto aparente seriam eles mesmos disjuntos. Enquanto o objeto vermelho e, nele, o aspecto vermelho enfatizado aparecem, visamos muito mais o vermelho uno e idêntico, e o visamos em um modo de consciência novo, por meio do qual se torna objetiva para nós a espécie e não o elemento objetivamente individual.[9]

Quando "visamos" um particular, nesse caso, um "objeto vermelho da intuição", ao mesmo tempo o seu "aspecto vermelho" é enfatizado, ou seja, o traço característico que constitui a espécie, e é esse traço característico "que visamos". Portanto, asseguramo-nos da unidade ideal da espécie, sem que tenhamos necessidade de outros exemplares, de outros "objetos vermelhos". A fraqueza da argumentação reside no uso do termo "idêntico". Pois, naquele ato, supostamente deveríamos estar conscientes do "vermelho uno e idêntico" e, portanto, deveríamos encontrar justamente a própria espécie, em vez de algo simplesmente individual. Todavia, só em relação a uma multiplicidade se pode falar sensatamente (*sinnvoll*) de um idêntico. O "vermelho idêntico" só existe efetivamente em alguns objetos que têm em comum entre si o fato de serem vermelhos – a não ser que a expressão se refira à continuidade da cor percebida em uma coisa, ou seja, a algo meramente fenomenal. Os dois aspectos se conjugam em Husserl. O fato de que aquilo que é percebido nesse ato seja e permaneça, durante toda a percepção,

---

9 Ibid., p.106-7.

uma e a mesma coisa é substituído pela identidade do conceito enquanto unidade característica de diversos exemplares. O vermelho percebido como idêntico consigo mesmo ainda não é, em virtude de tal identidade, a "espécie vermelho", a menos que Husserl pressuponha operações comparativas, mesmo sem assumi-lo. Nessa passagem decisiva, o termo "idêntico" pode, em sentido estrito, designar nada além do que é visado em um ato determinado. Essa identidade, a ligação de uma intenção a um fixado "este aqui" (*Dies da*), é, contudo, interpretada como se ela já fosse a identidade do conceito universal. Caso esse conceito se torne um objeto intencional, então precisaria ser previamente dado, ou seja, já constituído. O ato enquanto tal é indiferente ao fato de ser um individual ou ser um conceitual aquilo que é "visado". O puro visar (*das pure Meinen*) desconsidera a constituição e a justificação do visado; do contrário, já seria um juízo.

105 // O "vermelho", ideado a partir da percepção singular da cor, seria simplesmente um "este aqui", "reduzido" e decorado com os obrigatórios parênteses fenomenológicos. Só a linguagem, que denomina o singular aspecto vermelho do mesmo modo que a espécie vermelho, seduz para uma hipostasia da espécie. A abstração "ideadora" (*ideierende*) de Husserl – o conceito por ele inventado contra a abstração comparativa da lógica extensiva – postula que já as formas elementares da consciência objetivam sua matéria, sem considerar algo a ser comparado. Elas fixam sua matéria, como que sob uma lente ótica, de tal modo que a singularidade absoluta redunda no "idêntico" – e um idêntico, independentemente daquilo a que seria idêntico. Sob a sugestão do suposto sistema das ciências, Husserl encontra, de um lado, as verdades racionais puras, as *vérités de raison*, diluídas e

transformadas em unidades ideais de validade, e, de outro, a imanência da consciência igualmente "pura", a saber, purificada de todos os preconceitos naturais. Entre as duas, não há ligação alguma, a não ser o fato de a pura imanência da consciência estar aberta como um postigo para aquelas unidades ideais. Essa é a construção do "visar". Como a proveniência dos objetos ideais, enquanto meramente visados, não entra no campo de visão epistemológico, eles se tornam independentes dos atos de consciência que os compõem. O puro objeto da intuição deve ser a unidade ideal, que o "em-si" deve aparecer no ato. Husserl quer fazer justiça ao desiderato "aprender a ver ideias", introduzindo uma modalidade de atos,

> nos quais os objetos concebidos nessas formas múltiplas de pensamento nos são "dados" de maneira evidente; em outras palavras (...) atos, nos quais as intenções conceituais são preenchidas, nos quais essas intenções conquistam sua evidência e clareza. É assim que apreendemos a unidade específica "vermelho" diretamente, "ela mesma", com base em uma intuição singular de algo vermelho. Nós olhamos para o aspecto vermelho, mas consumamos um ato particular, cuja intenção está voltada para a "ideia", para o "universal". A abstração no sentido desse ato é inteiramente diversa da mera consideração ou destaque do aspecto vermelho; para insinuarmos a diferença, falamos reiteradamente de uma "abstração ideadora" ou de uma "abstração generalizante".[10]

Assim, // Husserl sucumbe justamente à contaminação, pela qual ele censura Locke e as doutrinas ligadas a este.[11] Husserl

---

10 Ibid., p.223.
11 Cf. ibid., p.217.

interpreta imediatamente o ato dirigido para o "aspecto parcial abstrato" (*abstraktes Teilmoment*) de um conteúdo como intuição da espécie, já que esse aspecto parcial abstrato tem por base um elemento hilético. Em certa medida, ele tira proveito de duas determinações mutuamente excludentes: a imediatidade, com a qual se percebe algo vermelho, deveria garantir o caráter intuitivo do ato; porém, uma vez que o sensível não se apresenta isoladamente, mas sim entrelaçado com o pensamento, o imediatamente intuído deveria se converter ao mesmo tempo em algo espiritual (*Geistiges*) – ou seja, deveria se converter em um conceito, que reluziu imediatamente junto à singularidade, sem levar em conta o caráter do conceito enquanto unidade abstrata de aspectos iguais. A doutrina sugere que, quando consideramos um objeto vermelho e quando esse objeto se torna consciente para nós como algo vermelho (a relação entre esses dois momentos não é levada em conta), teríamos então não apenas a sensação específica do vermelho, mas, ao mesmo tempo, na própria sensação, um conceito geral de vermelho. Ora, não há como contestar que, graças aos seus momentos (*Momente*) categoriais, o ato vai além da pura sensação; trata-se, afinal, de uma tautologia, na medida em que essa diferença corresponde simplesmente à diferença terminológica entre sensação e ato. Caso se rejeitasse essa diferença como mera construção auxiliar; caso se contestasse a existência de dados livres de categorias e caso a imediatidade fosse determinada (como em Hegel) como já mediada em si mesma, então o próprio conceito de conhecimento imediato seria deixado de lado – conceito este no qual se baseia a polêmica de Husserl contra a teoria da abstração. Husserl, porém, adere sem escrúpulos à diferença tradicional entre o hilético e o categorial. Não obstante, só podemos falar sensatamente de uma realização (*Leistung*) categorial quando o imediato passa a se relacionar com o passado e o futuro, com a lembrança e a expectativa. Assim que a consciência deixar de se fixar em um puro "este aqui" desprovido de conceitos e passar a formar um conceito qualquer, por mais primitivo que seja, ela estará trazendo o conhecimento de momentos não presentes, que não estão "aí", que não são nem intuitivos nem absolutamente singulares, mas que são retirados de um diverso. Sempre pertence ao "sentido próprio" de um ato – cânone do método de Husserl – // mais do que seu sentido próprio. Todo ato transcende sua abrangência (*Umfang*), na medida em que o visado, para poder ser visado, sempre exige o concomitante visar de algo diverso. Portanto, nenhuma análise do ato consegue se limitar à abrangência da singularidade do objeto visado. O recurso ao sentido do ato como algo constante que repousa sobre si mesmo – tal como Husserl o exige segundo o esquema de um realismo ingênuo que ele, no entanto, elimina da teoria do conhecimento – transforma-se de princípio derradeiro em uma insuficiência, ou, pelo menos, em um recurso provisório. Porém, a suposição de um tal sentido do ato, firme em si, invariante, desobrigado de toda dinâmica, é o modelo para sua construção da essência. Suas essencialidades são singularidades, para as quais não falta nada senão o seu ser-fático, pois são determinadas como algo puramente mental, "visado". Se, mediante o pensamento, omitirmos o fato de uma sensação de cor ocorrer efetivamente no espaço e no tempo, então essa sensação se transformaria no conceito da cor percebida. Nesse caso, contudo, estaríamos enganados em relação ao que há de mais simples:

sempre restaria ainda a ideia desse *tóde ti*[12] único, e sua espécie não seria de maneira alguma alcançada. As essencialidades não têm como ser diferenciadas do sentido do ato, concebido de modo rígido e coisal, sentido esse que, ao mesmo tempo, se mostra como irreal na medida em que é puramente intencional. Elas não são "unidades ideais". Essas unidades são atribuídas a elas de fora. A emancipação da unidade ideal da espécie em relação à consumação da abstração é ilusória, analogamente ao que acontece com a emancipação do princípio em si em relação ao pensamento: o que só pode ser determinado como resultado – nesse caso, o conceito – é hipostasiado em virtude de uma garantia (*Verbürgheit*) que lhe caberia não como algo destacado, mas precisamente apenas em sua ligação com a totalidade da experiência. Sem dúvida, a espécie não se esgota no processo de abstração, pois ela precisa dispor de momentos idênticos. Mas, para que um conceito possa ser formado por meio da abstração de diversos momentos, esses momentos idênticos não podem ser dissociados da operação de abstração nem do pensamento discursivo. E, tal como no caso do absolutismo lógico, Husserl escamoteia a subjetividade – aqui o pensamento como síntese – ao separar um particular e ao transformar aqueles momentos, que são funções de sua estrutura, em suas características singulares. O mecanismo da ontologia husserliana // é inteiramente o mecanismo do isolamento – como em todas as doutrinas estáticas da Ideia, desde Platão; ou seja, precisamente a técnica científico-classificatória, que se contrapõe à tentativa de restaurar a imediatidade pura. Meta e método são incompatíveis.

---

12 Em grego, no original: "este aqui". (N. T.)

Para a metacrítica da teoria do conhecimento

Abstração e "tóde ti"

Aquilo que, no exemplo de Husserl, se chama "abstração ideadora" não é de maneira alguma, tal como ele ensina, radicalmente diverso da diferenciação e do acento (*Pointieren*) em um conteúdo dependente de uma percepção complexa, mas uma interpretação daquela realização espiritual, criada em virtude do *thema probandum*[13] epistemológico. No acento (*Pointierung*), o conteúdo parcial é visado como literalmente um abstrato, deduzido do fenômeno complexo; ao mesmo tempo, porém, esse conteúdo parcial deve, justamente como parte de algo concretamente claro (*konkret Anschaulichen*), ser ele mesmo claro. Assim, torna-se plausível de maneira sub-reptícia o paradoxo de uma abstração intuitiva. Omite-se apenas que o acento do aspecto vermelho (*Rotmoment*) — dito em termos psicológicos, o direcionamento da atenção — não é mais idêntico ao dado puro. Logo que vislumbramos, na percepção, "o" vermelho, já categorizamos e destruímos a unidade do ato perceptivo. O ato que se dirige para essa cor também envolve, no aqui e agora, muitos outros aspectos. O "momento vermelho" resulta do isolamento do momento "cor" na percepção presente. Ao ser isolada como unidade autônoma, essa "cor" entra em relação com outras cores. Do contrário, o momento "cor" nunca poderia ser isolado como autônomo, uma vez que ele está mesclado a outros momentos na percepção presente. Ele só conquista autonomia ao ser integrado a

---

13 Em latim, no original: "tema a ser demonstrado". (N. T.)

uma dimensão completamente diferente da experiência, a saber, um conhecimento passado das cores como tais. Ou seja, só conquista essa autonomia como um representante da "cor", tal como esta já é familiar à consciência e que está além da mera experiência presente. O conceito de cor, por mais primitivo que seja e por menos que venha a ser atualizado, é pressuposto. Ele não provém do *hic et nunc*. Acreditar que o sujeito pode vislumbrar o "vermelho" puramente a partir do "aqui e agora" seria pura autoilusão, ainda que hipoteticamente se supusesse a existência de tais singularidades vivenciais: // vermelho – a "vermelhidão" (*Rotheit*) – é cor, não dado sensorial, e a consciência da cor exige reflexão, não se realiza apenas com a impressão. Husserl confunde o visar do vermelho, aqui e agora, com o saber do vermelho, que carece necessariamente daquele visar. De maneira sub-reptícia, ele substitui o visar singular de objetos universais pela constituição de universalidades, pelo conhecimento fundamentado sobre elas. O visar de um abstrato é equiparado a juízos compreensivos (*einsichtigen Urteilen*) sobre o abstrato, enquanto o teor "ideal", que aparentemente seria próprio apenas ao ato particular, na realidade remonta a multiplicidades, à experiência. Isso por si só enseja a estática concepção husserliana de essência. Embora mais tarde, na análise incansável das relações de fundação, sobretudo do juízo, Husserl tenha concedido validade à experiência e tenha retificado implicitamente a hipostasia do universal, ele omitiu de qualquer modo sua mais grave consequência, a revisão da doutrina das essências que estava presa a essa hipostasia. Até o fim, apesar de sua inconsistência retumbante, essa doutrina se manteve como um dos pontos centrais de sua filosofia.[14] Essa doutrina, porém, // se alimenta do fato de que os atos singulares, nos quais ela se baseia, não são, na verdade, nenhum ato como tal, mas sempre arrastam consigo justamente a multiplicidade que o realismo platônico de Husserl renega. Somente assim é possível se apoderar do

---

14 Em *Ideias*, onde a análise do ato está ligada à continuidade do fluxo de consciência, Husserl já tinha abandonado evidentemente a teoria da essência da espécie, essência essa que é estabelecida no ato particular e que precisa ser preparada e trazida à tona imediatamente. Ele descobriu, por si mesmo, que não existe aquele tipo de ato absoluto singular, sobretudo o de ato da percepção, que todo ato é mais do que meramente ele mesmo e que, por isso, a espécie não pode ser fundamentada a partir do ato particular. Não obstante, tal como a "Segunda investigação lógica" do segundo volume confirma, ele insiste aqui no fato de que a fenomenologia "deixa de lado apenas a individuação, mas eleva todo o conteúdo eidético na plenitude de sua concreção ao nível da consciência eidética" (Husserl, *Ideen*, p.140; na trad. cit., p.161). Ele não desiste, portanto, do conceito paradoxal de "singularidades eidéticas" (ibid.). Além disso, também afirma que esse conteúdo "concreto" da essência, pertencente à singularidade, "poderia se isolar, como qualquer essência, não apenas *hic et nunc*, mas em incontáveis exemplares", de tal modo que de qualquer individual particular seria possível deduzir seu conceito, meramente por meio da recusa de sua posição espaço-temporal e sem levar em consideração outras individuações. Husserl manifesta reservas, porém, com certeza sob a influência de William James, em relação à possibilidade de uma singularidade absoluta desse tipo como tal. "Vê-se, sem dificuldades, que não há como pensar esse e qualquer outro *concretum* fluido semelhante a partir de uma fixação conceitual e terminológica, e o mesmo vale para cada uma de suas partes imediatas, não menos fluidas, assim como para cada um de seus momentos abstratos" (ibid.). Daí se segue que não seria mais preciso procurar, como na "Segunda investigação lógica", a essência na intenção particular. Essa dificuldade contribuiu muito para a concepção da intuição categorial como um processo cognitivo *sui generis*.

universal no particular: porque esse particular mesmo já está impregnado pelo universal, já é mediado em si. Consequentemente, dissolve-se, porém, o postulado fundamental de Husserl, segundo o qual é preciso se ater ao originariamente dado na "vivência pura":[15] a imediatidade não é mais o critério de verdade. A fenomenologia não refletiu criticamente sobre isso e se contentou com uma exigência que, para o positivismo, era cientificamente óbvia. Husserl pressupõe a possibilidade de um acolhimento puro do estado de coisas no pensamento. Todavia, o conceito de estado de coisas pertence antes àquele mesmo âmbito do fático que deveria ser "reduzido" fenomenológica e eideticamente. A transposição de uma "pesquisa desprovida de preconceitos" para a análise epistemológica forma um resíduo pré-fenomenológico. Ela só é realizável com o auxílio daquele meio, cuja justificação a fenomenologia considera, por sua vez, como a sua questão principal: o meio da intuição categorial, um *hysteron próteron*[16] do método. O pensamento teórico não pode, de maneira alguma, acolher algo dado puramente como tal, tal como Husserl gostaria, porque pensá-lo significa determiná-lo e fazer dele mais do que mera doação. O modelo originário da reificação não se encontra em Husserl apenas na extensão do conceito de objetividade para o fenomênico, mas já na posição dogmática em relação ao que precede aparentemente toda reificação, o *datum* imediato. Na medida em que ele não vislumbra o *datum* imediato como em si mediado, considera o *tóde ti* (na verdade, extremamente abstrato) como uma espécie de "coisa em si", último substrato

---

15 Cf. *Ideen*, p.187 (na trad. cit., p.209).
16 Em grego no original: "um posterior anterior". (N. T.)

firme. O *tóde ti* "posto na ideia" por Husserl, contudo, não é nem a espécie, nem o individuado, mas algo subjacente, por assim dizer pré-lógico, é propriamente a construção de um dado originário, // livre de tudo o que é categorial. Ele simplesmente despoja o dado da tese "naturalista" de sua facticidade. Por isso, a singularidade eidética, tal como é representada pelo "momento vermelho" no exemplo de Husserl, não é mais abrangente do que o *tóde ti*, como os conceitos; é apenas a sombra destes. A crença, porém, de que a essência de um elemento ideal seria o *quid (das Was)* da individuação, ilude. Pois esse *quid*, em sua rigorosa ipseidade, não teria mais absolutamente como ser distinto de um individual em geral. O puro *tóde ti* e a essência, o individual e seu conceito, coincidiriam. Nenhuma determinação da diferença poderia ser indicada, à exceção de que o elemento individual seria fático e seu conceito, não. Evidentemente, essa mera duplicação do individual por meio de sua redução eidética não teria nada em comum com aquilo que se chama "conceito". O puro *tóde ti* e, com ele, o conceito permaneceriam vazios e indeterminados, caso não se fosse adiante, colocando (*setzten*) o *tóde ti* em relação com algo que ele mesmo não é. A singularidade escapa a um pensamento que não conhece a multiplicidade: a posição (*Setzung*) de um "uno" como determinado por sua unicidade já implica a existência de um "mais" (*Mehr*). Esse "mais", contudo, é reconduzido por Husserl para o interior do *tóde ti* em si, como algo que simplesmente precederia o conhecimento determinado do individual. Precisamente o "muito pouco" (*Zuwenig*) no puro *tóde ti*, essa indeterminação que Hegel costumava denominar "abstrata", no sentido específico do termo, é transformado nesse tal "mais", substituindo o abstrato (no sentido tradicional), o conceito do universal. Para se resgatar o momento de verdade disso – ou seja, do fato de que a pura imediatidade como abstração é mediada em si, de que o absolutamente particular é universal – é necessário que o processo do conhecimento revele o caráter de mediação do imediato. Mas é justamente disso que a teoria da essência individual de Husserl quer se livrar. Como o *tóde ti* é tudo e nada, pode-se afirmar que ele conteria em si, de maneira exemplar, o conceito universal, sem que esse enunciado, tão abstratamente proferido quanto o próprio *tóde ti*, se exponha a refutações. O extremo da faticidade torna-se o veículo que renega a própria faticidade: o *factum* hipostasiado e a essência hipostasiada confusamente se interpenetram. A equivocidade do *tóde ti* abstrato, sua falta daquela determinação que o torna realmente individual, // institui a exigência do supraindividual, universal, essencial, a fachada daquela concreção do conceito, que mesmo em Husserl atravessa as malhas da rede classificatória. À caça dessa concreção, sua filosofia vagueia desesperançosamente entre os seus dois polos abstratos, o polo do simples "aí" e o polo do simples "em geral" (*Überhaupt*). Ela abre uma fenda entre o positivismo e a lógica e se despedaça na tentativa violenta de reunir esses momentos irreconciliáveis. Husserl transpõe sua representação do simples "aí", do *datum*, para o conteúdo das funções categoriais mais elevadas, de tal modo que atribui os predicados de um ser-em-si rígido, intocado pela dialética do sujeito e do objeto, a todos os níveis dessas funções. Ora, mas se o sujeito efetivamente pudesse perceber um objeto vermelho como singularidade absoluta, como uma ilha no fluxo da consciência – o que, de resto, muito dificilmente seria um "dado previamente encontrável" (*Vorfindlichkeit*) na consciência –, sem que esse destaque (*Heraushebung*) do "momento vermelho" como "vermelho" inclua de alguma maneira uma abstração e um saber passado; e se ele pudesse, por conseguinte, "pôr em ideia" (*in Idee setzen*) o "momento cor" isolado, então o assim apreendido nunca seria a espécie, mas antes aquele elemento subjacente (*Darunter*), o puro "este aqui" (*Dies da*), a *proté ousía*[17] aristotélica, que se distingue dos outros momentos meramente sensíveis apenas porque foi colocado entre os parênteses por Husserl, ou seja, apenas porque a tese de sua realidade efetiva corpórea não se consumou. Mesmo entre parênteses, o puro "este aqui" não esfacelaria sua *haecceitas*[18] e não se elevaria ao plano da "essência". O "momento vermelho" concreto, isolado e não posto como realidade, nunca teria, portanto, abrangência conceitual. Quando Husserl designa a construção ideal de um momento hilético isolado como "vermelho", confunde o conceito, a cujo sentido pertence a comparação e o destaque do idêntico, com a mera modificação da neutralidade em algo que ocorre apenas uma única vez (*Einmalige*). Na verdade, a modificação elimina, em certo sentido, a existência (*Existenz*), sem que isso, no entanto, o conduza à condição de universal de um "vermelho em geral". Na estrita unicidade (*Einmaligkeit*) da percepção, não existiria o vermelho, apenas a reflexão sobre uma sensação sob a abstração de sua ocorrência efetiva.

A primazia da "análise da significação"

Prudentemente, porém, a análise de Husserl não desce ao nível da sensação. // Mantendo a noção de percepção como

---

17 Em grego, no original: "a entidade primeira". (N. T.)
18 Qualidade de ser "isso", ecceidade. (N. T.)

consciência de "algo", de algo objetivo, a análise introduz a sensação apenas em referência à percepção como seu núcleo hilético. De substrato sustentador que era na epistemologia tradicional, a sensação torna-se, em Husserl, elemento secundário, simplesmente extraído da percepção como *telos* desta. De matéria-prima do conhecimento torna-se também, por assim dizer, a confirmação do conhecimento na margem mais extrema do aparato intencional. Certamente, ele leva em conta o fato de que o conceito da própria sensação – assim como, de resto, também o conceito da percepção no plano imediatamente superior – representa uma abstração e que sensações particulares dificilmente podem ser isoladas. Essa restrição geral, que deveria fazer Husserl perder totalmente o fio da meada (*aus dem Konzept bringen*), não deve, porém, nos iludir em relação ao fato de que ele atribui uma posição epistemológica central à "consciência de algo", à intencionalidade; e isso, precisamente porque a interrupção da análise no ato intencional permite apresentar a construção de um espiritual existente em si como descritivamente óbvia. O acoplamento da doutrina da significação com a doutrina da essência é o álibi mais convincente da reificação na filosofia de Husserl. A "abstração ideadora", ou seja, os conhecimentos originários, nos quais se poderia apreender sua essência em uma pura singularidade, se sustentam e caem porque esses conhecimentos, realizações supostamente elementares da consciência, atingiriam imediatamente algo objetivo, como "raios do olhar" (*Blickstrahlen*), sem levar em conta sua relação com a totalidade da experiência. Assim, mesmo a unicidade absoluta, que não se mediria por multiplicidade alguma, possuiria identidade: a identidade de seu *"noema"*. Nesse sentido, os atos transformam-se em *organon* do conhecimento. Husserl consegue atribuir ao absolutamente isolado a dignidade do abrangente (*Übergreifenden*), apenas porque o coloca em uma correlação originária com um elemento já objetivado, no qual os momentos de síntese são invisíveis. Unicamente por meio da hipostasia de uma situação na qual determinadas classes de significados não se remetem "direta e individualmente" para um individual, mas para um universal, é que Husserl pode reclamar a universalidade ideal para um realismo conceitual, de cujos excessos ele mesmo às vezes se queixa.[19] // Na verdade, ele contesta a realidade (*Realität*) da espécie, mas lhe atribui "objetividade" (*Gegenständlichkeit*),[20] com uma inconsistência que remonta ao sentido duplo da *ousía* em Aristóteles, sem que a diferença entre os dois enunciados seja minimamente desdobrada. Não obstante, o termo "objetividade" lembra, de maneira clara o suficiente, a reificação. Uma vez que a fenomenologia se concentra na "intenção direta e propriamente dita" dos "nomes [...], que denominam espécies",[21] ela fixa a doutrina da unidade ideal da espécie na análise da significação:

> A questão de saber se seria possível e necessário apreender as espécies como objetos pode ser evidentemente respondida por meio da remissão ao significado (o sentido, a opinião) dos nomes que denominam as espécies e ao significado dos enunciados que requisitam a validade de espécies. Se esses nomes e enunciados puderem ser interpretados desse modo, ou se a intenção dos pen-

---

19 Cf. IL II, I, p.110.
20 Ibid.
21 Ibid.

samentos proposicionais e nominais, que dão a eles significação, puderem ser compreendidas de tal forma que os objetos propriamente ditos da intenção se mostrem como individuais, então precisaremos admitir a doutrina oposta. Se esse, contudo, não for o caso, então se mostra junto à análise da significação de tais expressões que sua intenção direta e propriamente dita não está direcionada de maneira evidente para nenhum objeto individual, e se mostra ao mesmo tempo que a relação universal que lhe é pertinente só se liga indiretamente com uma abrangência de objetos individuais, apontando para contextos lógicos, cujo conteúdo (sentido) só se desdobra em novos pensamentos e exige novas expressões – então, a doutrina oposta é evidentemente falsa.[22]

Em contrapartida, teria razão aqui a censura de uma recaída na escolástica, censura bastante difundida nos primórdios da fenomenologia e só elegantemente esquecida sob o predomínio da ontologia existencial. Em vez de crítica do conhecimento, as expressões que funcionam simbolicamente devem ser estudadas simplesmente em sua relação com o simbolizado. A questão de saber "se seria possível ou necessário" apreender as espécies como objetos, ou seja, a questão acerca da verdade ou inverdade do realismo platônico, "somente" poderia ser respondida por meio da remissão ao sentido dos nomes das espécies: a análise semântica transforma-se imediatamente em juízo sobre a coisa. O que é visado decide sobre a contenda do realismo; // literalmente, é assim que ele usurpa a "coisa em si". O mundo já filtrado conceitualmente – que, em Husserl, é o mundo da ciência, assim como um dia foi o mundo da

---

22 Ibid.

teologia – expõe o teor de verdade dos conceitos. Nesse sentido, Husserl é "pré-crítico". A primazia da lógica sobre a teoria do conhecimento, que, também nele, continua dominando a estrutura do pensamento, ainda que ele a revogue em termos de conteúdo, expressa a substituição da dialética entre conceito e coisa pela rede de conceitos. Lógica formal significa operar regularmente apenas com conceitos, desconsiderando sua legitimidade material. Este é, porém, o próprio procedimento de Husserl, lá onde se propõe a discutir a possibilidade da faticidade lógica. Na medida em que eleva o significado dos conceitos ao estatuto de cânone de sua verdade, ele permanece preso na imanência de seu âmbito de validade, embora pareça o contrário, que ele estaria fundamentando essa mesma validade. Isso fornece à fenomenologia husserliana seu peculiar caráter hermético, o de um jogo consigo mesmo, o de estar fazendo um esforço enorme para levantar pesos de borracha. Algo dessa incoerência (*Unverbindlichkeit*) permanece presente em tudo aquilo que ele produz e ajuda a explicar a atração que ele exerce sobre aqueles que querem fazer perguntas radicais sem correr o risco de encontrar respostas perigosas. Aquele conceito com o qual Husserl fez história, o conceito de "visão das essências", equipara a modelagem do mundo, codificado pela ciência ou, então, pela linguagem, ao sistema dos conceitos, ao "em si". O que transcorre em termos de conhecimento naquela segunda natureza conquista a aparência do imediato, do intuitivo. Nessa autarquia dos conceitos, nada realmente se alterou; para descortinar uma pretensa originariedade, o método fenomenológico apenas foi utilizado com outros nomes. Quanto mais seus sucessores se afastam do pensamento discursivo, tanto mais plenamente eles pressupõem um mecanismo preparado por tal pensamento; nas especulações ressurgidas, só a reificação se fortaleceu por toda parte, a reificação que elas queriam eliminar. Pode até ser impossível romper a rede dos conceitos. Não obstante, faz toda a diferença se percebemos essa rede enquanto tal e refletimos sobre ela de maneira crítica, ou se, em virtude dos densos fios de sua trama, consideramos essa rede como sendo o próprio "fenômeno". Evidentemente, essa aparência mesma é uma função da realidade, da tendência histórica. // Quanto mais a forma da socialização se aproxima da totalidade, configurando previamente tudo aquilo que é humano, começando pela linguagem, e quanto menos uma consciência individual consegue resistir a isso, tanto mais as formas previamente dadas assumem, com o caráter da fatalidade, o caráter do que é em si (*an sich Seienden*). O pensamento reificado é a cópia do mundo reificado. Ao confiar em suas experiências originárias, o pensamento entrega-se à cegueira. As experiências originárias não existem.

A função do noema

Na transição do absolutismo lógico para a teoria do conhecimento – da tese do ser em si dos princípios formais supremos para a tese do ser-em-si dos conceitos universais, das unidades ideais do elemento objetivo –, Husserl prestou contas sobre como o pensamento se torna em geral consciente do elemento objetivo e sobre como, em tal consciência, os momentos reais e ideais se relacionam uns aos outros. Essa não é a menor das intenções da doutrina da intencionalidade. Já nos *Prolegômenos*, a polêmica contra o psicologismo tinha se estabelecido sob a perspectiva da análise da significação: Husserl sempre argumenta com a interrogação sobre o "sentido" das proposições lógicas. Tal sentido transforma-se, então, no cânone da teoria da consciência propriamente dita (*eigentlich*). O conhecimento segue a estrutura da *noese* e do *noema*, dos atos que visam e o que é neles visado. O idealista Husserl confere primazia a um dos momentos que compõem, para o kantismo, a unidade da autoconsciência, ao momento da função simbólica – ou, na linguagem da crítica da razão, a reprodução na imaginação. O *parti-pris* positivista pelos "estados de coisas" (*Sachverhalte*) impede Husserl, até a sua fase mais tardia, de construir um conceito de sujeito e até mesmo de unidade da autoconsciência, que, como espontaneidade, estaria fora de toda descrição dos estados de fato (*Tatbestände*).[23] A estrutura coisal da teoria do conhecimento husserliana, o esquecimento de si mesmo do pensar, // corresponde a tal ausência de sujeito. A função simbólica – de que justamente certos estados de fato da consciência podem "visar" algo diferente – é conveniente para Husserl, porque nessa função, por estar isolada, não aparece nenhum sujeito ativo algum. Assim, o visar pode ser transformado em um estático, na expressão, enquanto qualidade específica e até mesmo objetiva (*sachliche*), disponível de uma vez por todas. Para a fundamentação da doutrina das essências, porém, a

---

23 Idealistas pré-husserlianos não tinham como escapar precisamente dessa fraqueza. Ela é observada em particular no volume publicado a partir dos arquivos póstumos de Heinrich Rickert (Tübingen, 1939) *Unmittelbarkeit und Sinndeutung* [Imediatidade e interpretação do sentido], que realiza uma crítica bastante aguda até mesmo à certeza, supostamente absoluta, do ponto de partida do imediatamente dado, como o conteúdo de consciência de um sujeito contingente particular e assentado sobre um solo idealista.

intencionalidade serve muito bem, porque o simbolizado é arrancado da mera existência (*Dasein*) nos atos que, em geral, são incisivamente considerados como "consciência", a saber, consciência de algo.

Noema e "eidos"

Embora estrita e previamente encontrado no interior da mera análise da consciência, o simbolizado deve, de qualquer modo, se distinguir da faticidade da sensação. Já deve possuir aquela idealidade, cuja justificação a filosofia de Husserl tem por meta. Ao contrário do *constitutum* kantiano, não pode ser predicada realidade empírica alguma a partir do que é visado. Husserl, porém, precisava lidar com a mediação do conceito de intencionalidade, porque a posição dos *Prolegômenos*, o "realismo ingênuo da lógica", não apenas se mantinha aquém da reflexão epistemológica, como também eliminava propriamente essa reflexão por meio da afirmação de uma oposição incondicionada entre as leis da lógica e as leis do pensamento. Em termos epistemológicos, o programa dos *Prolegômenos* de realizar a demonstração do ser ideal impõe a revisão dessa demonstração. A análise da consciência deveria seguir o rastro de um em-si espiritual. É desse modo que a filosofia de Husserl se revela dialética já desde cedo, mesmo contra sua vontade: na medida em que busca fundamentar epistemologicamente o absolutismo lógico e mesmo ampliá-lo, sua filosofia dissolve os elementos daquela doutrina. Os estados de coisa ideais são investigados no próprio pensamento como momentos imutáveis de sua estrutura. Em *Ideias para uma fenomenologia pura*, esses estados são os "*noemata*", aspectos não reais da intencionalidade. Supostamente devem ser ao mesmo tempo objetivos e ideais e, além disso, próprios à consciência, acessíveis à análise descritiva quando limitada à pura imanência. Ou seja, devem permitir aquilo que a sistemática sempre desejou. As noeses, como atos factuais de pensamento, faticidades psicológicas, seriam inapropriadas para tanto; as meras "proposições em si", porém, permaneceriam sem ligação com a consciência.

// O conhecimento da duplicidade eidética da intencionalidade de acordo com a noese e o noema tem por consequência que uma fenomenologia sistemática não pode dirigir unilateralmente a sua visão para uma análise real das vivências e, especialmente, das vivências intencionais. No início, porém, a tentação para tanto é bem grande, porque o curso histórico e natural da psicologia para a fenomenologia implica que o estudo imanente das vivências puras, o estudo de sua essência própria, é quase que obviamente entendido como um estudo de seus componentes reais. Na verdade, abrem-se de ambos os lados grandes domínios para a pesquisa eidética, os quais, embora constantemente referidos um ao outro, se encontram, como se pode constatar, separados em vastos trechos. Em grande medida, aquilo que se considerou como análise de atos, como análise noética, foi inteiramente obtido no direcionamento do olhar para o "visado enquanto tal", e, assim, ali se descreveram estruturas noemáticas.[24]

No entanto, a vingança de tais conceitos-ponte é que entram em conflito com aquilo que intencionam, reproduzindo, em uma escala mais elevada, as dificuldades felizmente afastadas.

---

24 *Ideen*, p.265-6 (na trad. cit., p.286).

Aí está uma parte da miséria da filosofia, o aspecto fatal de toda dialética não transparente a si mesma, o qual o método dialético procura enfrentar, ao se conformar a esse aspecto e anunciá-lo, por assim dizer, como a sua própria questão.

Relação entre as duas reduções

Os *noemata* devem ser "os componentes não reais (*reellen*) das vivências".[25] Pergunta-se "o que seria possível enunciar essencialmente sobre esse 'de algo'" – a saber, do noema.[26] "Toda vivência intencional é, graças aos seus momentos noéticos, igualmente noética; é da essência dela abrigar em si algo como um 'sentido' e, eventualmente, um sentido múltiplo."[27] O conceito de essência – que se apresenta para a caracterização universal das noeses, as quais devem "ter um sentido", o de um "estado de coisas ideal" – é um conceito sobrecarregado. Com o seu auxílio, a relação noese-noema é afirmada como algo derradeiro, não derivável, como "lei essencial" sem levar em conta a estrutura funcional na qual a teoria do conhecimento idealista tradicional interpretou o objeto e o pensamento. Em *Ideias*, o conceito de essência é sistematicamente preordenado à teoria do conhecimento: todos os enunciados fenomenológicos posteriores querem ser eidéticos. // Mas é difícil separar as duas reduções. Assim como os enunciados sobre o noema anunciam uma pretensão eidética, as *eide*, por sua vez, também são uma classe dos noemata, espécies visadas em atos inten-

---

25 Cf. ibid., p.181 (na trad. cit., p.203).
26 Ibid.
27 Ibid.

cionais. Silencia-se sobre o que acontece na articulação das noeses com os noemata, do pensamento com o pensado. Sob o olhar descritivo, a espontaneidade transforma-se em uma mera correlação. O método "contemplativo" (*schauende*) afeta o contemplado. Embora Husserl continue falando sempre de atos, não resta nada da *actio* a não ser uma estrutura de momentos mutuamente coordenados. O devir polariza-se no ente. Uma vez que se supõe que a essência das noeses é ter um "sentido", é negligenciado como esse sentido se constituiria através da realização do pensamento. A simples definição fenomenológica do conceito de ato fornece "substancialidade" a algo ideal, ao noema. O que é visado imanentemente no ato transforma-se em "percebido", "lembrado", "julgado", "em algo que agrada" enquanto tal.[28] Exatamente como a essência, esse "enquanto tal" também é independente do modo de sua produção. Sem dúvida, distingue-se da essência, de acordo com a terminologia tradicional, por uma maior amplitude conceitual: o noema (na terminologia aristotélica, simplesmente o conceito) pode, por exemplo, na linguagem de Husserl, ser uma "árvore percebida enquanto tal", uma singularidade, enquanto as *eide* são sempre conceitos universais. No entanto, de acordo com as *Investigações lógicas*, já bastaria à consciência da essência uma singularidade, como aquele "momento vermelho" vislumbrado pela percepção, enquanto sua faticidade permanecer suspensa. Os conceitos, assentados em planos diversos, no plano lógico e no plano epistemológico, convergem; a essência individual pura – o *tóde ti*, cuja faticidade é proscrita (*durchstrichen*) – converge com o noema, como o estado de coisas "pleno", mas apenas puramen-

---

28 Cf. ibid., p.182.

te visado, extraído da "atitude natural"; ou seja, converge com a coisa descontada de sua existência (*Existenz*). Só que Husserl não exige de todos os noemata um elemento exemplar, aquilo que iria além da singularidade, um elemento capaz de designar a unidade ideal que emerge, de todo modo, na singularidade.

O caráter híbrido do noema

O noema é um híbrido que resulta do "ser ideal" – do ser de toda a filosofia husserliana – e do mediatamente dado da mais antiga teoria do conhecimento positivista. // Esse caráter híbrido, condicionado pela necessidade sistemática, leva a contradições. Elas podem ser demonstradas junto à análise do noema da percepção realizada por Husserl. Em uma tal percepção – o exemplo de Husserl é aquela "macieira em flor", que ele considera ao "perambular"[29] –, o objeto "não perdeu a mais tênue nuança de todos os momentos, as qualidades, os traços característicos com os quais aparecia nessa percepção e graças aos quais era 'mais belo', 'mais encantador' e coisas do gênero, 'nesse' sentimento de prazer" – só a "realidade efetiva tética não está aí mais presente [...] para nós segundo o juízo".[30] "E, contudo, tudo permanece por assim dizer como antes."[31] O noema equivale inteiramente, portanto, à coisa percebida, apenas com a reserva mental de que nada seria afirmado sobre a sua realidade efetiva. Ou seja, só se fala dele quando é visado no ato particular isolado, sem a possibilidade de verificação ou falsificação do

---

29 Cf. ibid., p.182-3.
30 Ibid., p.183.
31 Ibid.

juízo existencial na experiência viva. Embora o noema não deva simplesmente acolher as determinações conjuntas da coisa não reduzida, ele é, como algo firme, fixado, ao mesmo tempo mais coisal do que a coisa, pois esta sempre muda. Husserl, no entanto, haure sua falta, sua restrição a um visar pontual, alheio à experiência, o *positivum* de sua idealidade invulnerável. O noema, conteúdo da mera visada (*Meinung*), é irrefutável: assim, em uma inversão do platonismo, a *dóxa* se transforma em essência. Apesar dos protestos solenes de totalidade dos antinominalistas, que remontam à época de Husserl, a nova ontologia arrasta consigo origens mecânico-atomistas. O caráter questionável da construção de Husserl torna-se flagrante em formulações como: "De maneira semelhante à percepção, toda vivência intencional – e justamente isso constitui a parte fundamental da intencionalidade – tem o seu 'objeto intencional' (*intentionales Objekt*), isto é, o seu sentido objetivado (*gegenständlichen Sinn*)".[32] O uso dos termos é equívoco.[33] O fato de uma vivência intencional possuir seu objeto intencional é mera tautologia. Diz somente que os atos, em oposição a meros dados, significam algo. Seu "objeto" (*Objekt*), porém, o que é simbolizado pelo ato "significador", é identificado por Husserl tacitamente com um objetivado (*Gegenständlichen*), // possivelmente com um ente em si, cuja consistência, de fato, não se esgota de maneira alguma no ato particular. "Objetividade" (*Objektivität*) como "algo

---

32 Ibid., p.185.
33 Adorno ressalta aqui as especificidades semânticas de *Objekt* e *Gegenstand*, termos que são traduzidos, de maneira geral, por "objeto" em português. Dada a relevância da distinção no presente contexto argumentativo, será indicada a expressão original em cada ocorrência. (N. do R.)

significado" (*Bedeutetes*) e "objetividade" como "estar diante do objeto" (*Gegenständlichkeit*), distinção que Husserl contamina ao usar a expressão "isto é", não são de maneira alguma o mesmo. O significado formal da expressão "objeto" (*Gegenstand*), como predicado possível do sujeito, é misturado com o significado material de um núcleo idêntico da experiência da estrutura do ato. Graças a esse equívoco, Husserl é bem-sucedido em inserir sub-repticiamente, em cada ato individual, uma realização (*Leistung*) que não é realizada pelo ato, mas sim, dito em termos idealistas, pela unidade sintética da apercepção. Porém, em razão desse "objeto contraposto" (*Gegenstand*), assim "constituído", a ausência de espacialidade e de temporalidade que caracterizaria a essência não pode mais ser exaltada.

Essência e "estados de fato da consciência"

A ancoragem da doutrina da essência em atos intencionais não estabelece simplesmente o absolutismo lógico das "proposições em si", mas contradiz ao mesmo tempo a concepção do absolutismo. Ainda na "Primeira investigação lógica" do segundo volume, os termos "abstrato-universal" e "ideia" são usados como equivalentes:

> No entanto, uma vez que o que está em questão para o lógico puro não é o concreto, mas a ideia concernente, o universal apreendido na abstração, então ele não tem, ao que parece, nenhuma razão para abandonar o solo da abstração e para fazer da vivência concreta, em vez da ideia, o alvo de seu interesse investigativo.[34]

---

34 IL II, I, p.4.

Husserl só se dirige para a "vivência concreta", ou seja, para a teoria do conhecimento, por meio de sua oposição à doutrina tradicional da abstração. Uma vez que a unidade ideal deve ser independente da pluralidade com a qual ela lida, essa unidade é procurada na consciência cognoscente e, de fato, no ato singular. Husserl compartilha com Bergson e com a teoria da *Gestalt* a aspiração de restaurar a metafísica "cientificamente", ou seja, com uma armadura antimetafísica. Manifesta-se aqui a lembrança, contrária ao pensamento classificatório, de que o conceito não é extrínseco e contingente em relação à coisa, nem resulta de uma abstração arbitrária. Dito de modo hegeliano, o conceito expressa a vida da própria coisa, e é possível experimentar mais dessa vida por meio da imersão no individuado do que mediante o recurso a tudo aquilo a que, sob esse ou aquele aspecto, se assemelharia à coisa. // No entanto, Husserl saltou o momento da mediação e, no ponto arquimediano de sua filosofia, acabou, tal como Bergson, opondo dogmaticamente o procedimento cientificista da formação conceitual a um outro concebido de maneira diversa, em vez de refletir sobre aquele procedimento em si mesmo. Em função da assunção acrítica do princípio positivado, em função do culto ao dado e à imediatidade, deixou-se seduzir por essa negação abstrata do método científico – uma negação de fato levada a cabo pelos seus discípulos. Seu empenho em arrancar da abrangência (*Umfang*) a essência fracassa, porque não penetra a própria individuação, não descobre o átomo como campo de força, ou seja, não leva o fenômeno a falar permanecendo diante dele – para tanto, o sujeito cognoscente, naturalmente, sempre precisa saber mais e ter experimentado mais do que apenas o fenômeno. Porém, o sujeito capitula diante da intenção que se fechou totalmente à sua própria dinâmica. Assim, os conceitos tornam-se uma vez mais aquilo diante do qual deveriam estar protegidos: algo exterior, que, a cada caso, é visado por atos particulares de pensamento, algo que não se acha motivado objetivamente nesses atos mesmos, mas que enfrenta prontamente esses atos, por assim dizer, com a falsa pretensão de uma "doação originária" (*Urgegebenheit*). As *eide* permanecem, portanto, exatamente o mesmo que, de outro modo, se constitui por intermédio do mecanismo da abstração, ou seja, conceitos universais; nada se altera em sua estrutura científica. Sua gênese e sua pretensão são somente reinterpretadas. Trata-se de uma política de avestruz (*Vogel-Strauß-Politik*): ao ignorar a continuidade da consciência, injetando nesta, em vez disso, estados de coisas intencionais particulares, a lógica absolutista procura eliminar a relatividade inerente ao conceito universal abstrato, até o ponto de deixar ao puro arbítrio a decisão, em cada caso, sobre qual momento de uma multiplicidade deve ser destacado como idêntico e com qual abrangência lógica deve ser introduzido um individual.

Antinomia do subjetivismo e eidética

Tal estratégia, porém, não ajuda a sair da indigência. Se Husserl não consegue legitimar o ser-em-si espiritual – a "essência" – mediante o recurso a estados de fato da consciência, então é justamente esse recurso que acaba, em princípio, impedindo aquela legitimação. A teoria platônica das ideias não teria conseguido florescer no solo husserliano, // no solo do idealismo epistemológico, direcionado ao sujeito. A tese de uma transcendência ontológica das essencialidades em oposição à consumação da abstração somente seria consistente, se não fosse meramente deduzida dos fatos de consciência. Logo que o objetivamente verdadeiro é determinado como mediado pelo sujeito de um modo ou de outro, ele perde o caráter estático e a independência daqueles atos a partir dos quais está mediado. A filosofia de Husserl protege-se contra isso ao não tolerar nenhuma dúvida em relação à estaticidade do verdadeiro. O que ele deseja é um contrassenso. A partir da função subjetiva do conhecimento, Husserl quer retirar as *eide* além da função subjetiva do conhecimento. Ele controla o paradoxo, uma caricatura congelada da dialética, ao conferir à própria mediação subjetiva a aparência do imediato e ao pensamento, a aparência de uma conscientização direta de estados de coisas. Essa aparência sustenta-se facilmente junto aos atos intencionais, que, sem abstraírem a si mesmos, significam um abstrato. No paradoxo, porém, expressa-se uma antinomia filosófica. Husserl precisa reduzir o sujeito, porque, de outro modo, segundo as regras do jogo tradicionais, a objetividade dos conceitos universais permaneceria dogmática e se mostraria cientificamente insensata; ele precisa defender o eidético em si, porque, do contrário, a ideia da verdade não teria como ser salva. Por isso, precisa se empenhar em realizações imaginárias do conhecimento. O fantasma só desapareceria para um pensamento que atravessasse os próprios conceitos de sujeito e de objeto, conceitos que Husserl deixa intocados; que atravessasse a imanência constitutiva da consciência, imanência que por sua vez instaura a existência (*Dasein*); que atacasse a teoria tradicional da verdade como adequação entre o juízo e a coisa. Pois o conceito de sujeito depende da existência, do mesmo modo que o objeto depende da função subjetiva do pensamento. Colocados em simples oposição, os dois não cumprem a tarefa para a qual um dia foram concebidos.

"Variações eidéticas"

O Husserl tardio que, como filósofo transcendental, desistiu de defender a tese toscamente dualista, "descritiva", da unidade ideal da espécie que se torna consciente em ato isolado, transformou essa tese em uma teoria sutil – a da variação "eidética". De acordo com essa teoria, o individual é de antemão "exemplo" para seu *eidos*. Embora o "exemplo" ainda seja suportado pelo individual, // aqui não se atribui mais ao individual a mesma dignidade eidética que tinha sido atribuída nos escritos anteriores. A representação da essência individual é revisada, o momento da universalidade na essência é confirmado. Esse momento seria mais do que a simples duplicação espaço-temporal de um individual. Para a sua constituição, porém, ele não precisa de nenhuma pluralidade de individuais. Em vez disso, torna-se consciência, em um individual particular, da essência mais abrangente, por meio da livre atividade da fantasia, por meio de uma ficção. Para as multiplicidades matemáticas, pode ser válido o fato de que um "algo" responda pela infinitude de suas possibilidades, mas isso é muito difícil para as materialidades, cuja participação em um *totum* e cuja permutabilidade não têm como ser definidas de antemão. O exagero da pretensão do *a priori*, indo muito além daquela do idealismo tradicional e, por assim dizer, a intensificação do órgão crítico em relação a qualquer contingência, provocam um retrocesso ao racionalismo pré-crítico. Isso não difere tendencialmente da dinâmica da sociedade burguesa tardia, que suprime a "experiência" de si mesma e planeja um sistema composto, por assim dizer, de conceitos puros, o sistema da administração. No lugar da abstração, enquanto um coligir inconcluso, entra em cena um cálculo que se entrega ao elemento particular, como se o todo já fosse previamente dado. Isso fica insinuado na *Lógica formal e lógica transcendental* como um método de pesquisa das essências:

> Tudo aquilo que expusemos em nossas considerações sobre a constituição precisa se tornar compreensível, de início, a partir de exemplos quaisquer de tipos quaisquer de objetos previamente dados, ou seja, em uma interpretação reflexiva da intencionalidade, na qual "temos" de maneira simplesmente direta uma objetividade real ou ideal. É um passo plenamente significativo continuar reconhecendo o fato de que aquilo que evidentemente é válido para particularidades fáticas da realidade efetiva (*Wirklichkeit*) ou da possibilidade também se mantém válido necessariamente, quando variamos arbitrariamente o nosso exemplo e, então, quando devolvemos a questão sobre as "representações" correlativamente covariantes, isto é, sobre as vivências constituidoras, sobre os modos de doação (*Gegebenheitsweisen*) "subjetivos" que se alteram ora de maneira contínua, ora de maneira discreta. Sobretudo, é preciso perguntar aí enfaticamente sobre os modos "fenomenais" constituintes, sobre os modos de experimentar respectivamente objetos exemplares e suas variantes, // assim como sobre os modos como aí os objetos configuram a si mesmos como unidades

sintéticas sob a forma "eles mesmos" [...] É na variação a ser realizada aí do exemplo (necessário como ponto de partida) que deve ser obtido o *"eidos"* e, por intermédio dele, também a evidência da correspondência eidética inquebrantável entre constituição e constituído. Caso ela deve realizar algo desse gênero, então ela não pode ser compreendida como uma variação empírica, mas antes como uma variação que é consumada na liberdade da fantasia e na pura consciência da arbitrariedade – do "puro" em geral –, algo com o que ela se estende ao mesmo tempo para um horizonte infinitamente aberto de múltiplas possibilidades livres de variações sempre novas.[35]

A "essência universal" (*allgemeine Wesen*) deve ser o "invariante" diante dessas variações, "a forma ôntica da essência (forma *a priori*), o *eidos*, que corresponde ao exemplo, para o qual toda e qualquer variante do mesmo poderia ter servido da mesma forma".[36] Husserl espera cristalizar, por meio da "análise exemplar" dos dados fáticos, resultados livres de faticidade.[37] De início, porém, o "passo plenamente significativo" é afirmado dogmaticamente. Afirma-se que aquilo que "é válido para particularidades fáticas da realidade efetiva" também seria válido em uma variação "arbitrária" do exemplo. Na medida em que apenas esse exemplo é rigorosamente conhecido pela consciência, tal extrapolação seria inadmissível. De antemão, não há como vislumbrar o que seria alterado nas supostas propriedades da essência com a variação, sobretudo com uma

---

35 *Logik*, p.218-9.
36 Ibid., p.219.
37 Cf. ibid.

variação "arbitrária". A aparência de uma indiferença da essência em relação à variação só pode ser conservada, porque, sob a proteção do campo da fantasia, a prova da invariância da essência é eximida. Somente a experiência conseguiria nos mostrar se tais alterações afetam ou não a essência; a mera "modificação da fantasia", que nunca cumpre, como um vivente, tudo aquilo que posiciona, não fornece critério algum. No entanto, caso a consciência esteja mais presente do que a mera representação isolada do ponto de partida do "exemplo", por que, então, ficar obstinada a essa representação? Se, por outro lado, para a pesquisa das essências ensinada por Husserl, é necessário um "exemplo" em geral como ponto de partida, então a pura separação entre *factum* e idealidade já é revogada, // pois o ideal carece de algo fático para ser representado. Se a essência não pode ser obtida sem o *factum*, ainda que seja apenas um fato particular, então implicitamente se reproduz com isso aquela relação entre conceito e experiência que Husserl havia descartado. Uma forma essencial que, para conquistar a sua invariância, precisa comparar ficções entre si, repete em um plano supostamente mais elevado a teoria da abstração combatida por Husserl. Além disso, as variações arbitrárias da fantasia — que Husserl não gostaria de ver confundidas com variações empíricas, embora não pronuncie nada sobre o conteúdo da diferença — estão inevitavelmente entremeadas com elementos da experiência. Mesmo seus desvios em relação à experiência estão ligados a elementos da experiência: seu próprio caráter ficcional é fingido. O conceito do exemplo por si só deveria deixar Husserl perplexo. Pois vem justamente daquela teoria trivial da abstração, que escolhe um exemplo, em seguida outro, e, a partir da pluralidade, produz uma essencialidade; em contrapartida, a doutrina fenomenológica das essências tenta precisamente, em sua configuração radical, emancipar a essência dos "exemplos". Husserl rebelou-se contra a limitação do conceito universal, operada pela lógica classificatória, a uma mera forma dos fatos subsumidos a ele, arrancando-o do autêntico e próprio (*Eigentliche*), do "essencial". Esse procedimento é justamente a esfera dos "exemplos". Já que os exemplos podem ser substituídos arbitrariamente, estão privados daquilo com que Husserl se preocupa. Logo que o *concretum* é rebaixado à condição de mero exemplar de seu conceito, o universal é reduzido inversamente à dedução de meras particularidades, sem pretensão a uma substancialidade em relação à particularidade. Husserl capitula, no ponto decisivo, diante da teoria tradicional da abstração, porque seu próprio ponto de partida nunca esteve livre dela. Enquanto buscava rebeldemente a essência no particular, a essência continuava sendo para ele o mesmo conceito antigo de universal na lógica extensiva (*Umfangslogik*).

Essência como ficção

A teoria do *eidos* como uma invariante e da faticidade como a variação é mais detidamente desenvolvida nas *Meditações cartesianas*:

> Cada um de nós, na medida em que meditamos cartesianamente, foi remetido por meio do método da redução fenomenológica ao seu ego transcendental e, // naturalmente, juntamente com o seu respectivo conteúdo monádico-concreto enquanto ego fático, enquanto ego uno e unicamente absoluto.[38]

---

38 CM, p.103.

Contudo, as descrições empíricas, inicialmente "fáticas", do puro eu devem assumir por si mesmas, em certa medida, o caráter de necessidades essenciais.

> Arbitrariamente, porém, nossa descrição se manteve em uma universalidade tal, que os resultados em relação a isso não foram afetados, como quer que as coisas se encontrem dispostas em relação ao ego transcendental.[39]

Se os "paralelismos", professados por Husserl, entre regiões puras e regiões ônticas nos fazem duvidar de seu estrito dualismo, então apenas a passagem "involuntária" de uma para a outra apaga toda a dificuldade. A plenitude das determinações concretas, que tanto agradam a Husserl e que por si só viabilizam algo como a fenomenologia transcendental, são hauridas do conteúdo da experiência e, por mais que sejam variadas, sempre se encontram referidas a um empírico. Ele não gostaria de abdicar da drasticidade e da densidade da experiência, mas gostaria de não precisar pagar o tributo de ter seus enunciados atrelados à experiência e à sua condicionalidade. Na verdade, trata-se da experiência filtrada, em cujo conceito se baseia o método de Husserl como um todo – a experiência filosófico-imanente da consciência pessoal daquele que medita. No momento em que o ponto de partida solipsista é afirmado, ou seja, no momento em que a certeza indubitável é encadeada à imediatidade do que é "para mim", nenhuma variação tem mais o direito de ultrapassar a esfera desse "para mim", pois a variação não deve perder justamente aquele tipo de certeza, em favor

---

[39] Ibid., p.104.

da qual todo o *sum cogitans* foi inventado; o marco da experiência imediata daquele que medita estaria prescrito a toda modificação das "factualidades empíricas do ego transcendental". Do contrário, tal modificação recairia, de acordo com seu próprio ponto de partida, na problemática da dedução analógica, da relatividade. Não se pode ao mesmo tempo tirar proveito desse ponto de partida solipsista e saltar sobre seus limites: a própria coerência do pensamento precisaria rejeitar isso. A fim de evitar tal incoerência, Husserl estabelece uma ponte sobre o *chorismós* – que de resto nunca pode ser suficientemente profundo para a sua filosofia – como se fosse um riacho a ser atravessado. A técnica da variação da fantasia não pretende outra coisa senão alcançar conscientemente aquele elemento eidético, // que deveria ter sido alcançado inconscientemente pela análise do eu.

Partindo do exemplo dessa percepção da mesa, variamos o objeto perceptivo mesa em um arbítrio completamente livre; não obstante, o fazemos de tal modo que retemos a percepção como percepção de algo – de um algo qualquer, independentemente do quê; por exemplo, começamos alterando (*umfingieren*) de maneira totalmente arbitrária a sua figura, a cor etc., retendo de modo idêntico apenas a aparição conforme a percepção. Em outras palavras, transformamos o *factum* dessa percepção, abstendo-nos de sua validade ontológica, em uma possibilidade pura e em meio a tantas outras possibilidades puras totalmente arbitrárias – possibilidades puras, todavia, de percepções. Transpomos, por assim dizer, a percepção real e efetiva para o reino das irrealidades, para o reino do "como-se", que nos fornece as puras possibilidades, puras de tudo aquilo que liga ao *factum* e a todo *factum* em geral. Em relação a esse último aspecto, não mantemos também essas possibilidades em ligação com o ego fático coposicionado (*mitgesetzte*), mas justamente como invenção completamente livre da fantasia – de tal modo que também poderíamos ter tomado, desde o princípio, como exemplo de partida, uma inserção fantasiosa em uma percepção, fora de toda relação com a nossa vida fática restante. O tipo universal de percepção assim conquistado paira, por assim, dizer no ar – no ar das fantasias absolutamente puras.[40]

Entre aquela proposição, que Husserl introduz com a expressão "em outras palavras", apresentada como se fosse mera reelaboração do que havia sido indicado antes, e a proposição precedente abre-se, para utilizar na sua linguagem, um "abismo de sentido" (*Abgrund des Sinnes*). Pois o que resultaria da variação inicialmente sugerida não é nenhuma "pura possibilidade". Ao contrário, todo e qualquer novo *factum* a ser introduzido por meio de uma variação e subsumível ao conceito universal "objeto da percepção" (*Gegenstand*) precisa ser de qualquer modo potencialmente acessível a uma percepção fática, a fim de permanecer subsumível como tal. Não é possível implantar, "variando" (*variierend*), a categoria da percepção ou a categoria do algo em geral em qualquer conteúdo material imaginável. Vamos supor que realizemos variações dentro do conceito "animal", e, então, em lugar de homens, cavalos, dinossauros, por fim alcancemos o exemplo tão preferido de Husserl, o exemplo do centauro. Nesse caso, enquanto o conceito idêntico "objeto da percepção" for retido, // sua definição só seria preenchida quando o variado puder ser reconduzido, por sua vez, a uma percepção qualquer. Se, porém, isso não é possível,

---

40 Ibid.

como no caso do centauro, então não se cumpre a lei prescrita à variação pelo conceito "objeto da percepção". O objeto puro da fantasia não obedece a tal lei: não é um objeto da percepção. A fantasia, no sentido husserliano de "fingir" (*Fingieren*), com certeza bastante alheio ao sentido verdadeiro do verbo, não é, como ele professa equivocadamente, uma "possibilidade livre": esse "reter o conceito" prescreve uma regra que, embora não nos deixe esperar por nenhuma faticidade determinada, contém em si necessariamente, todavia, a relação a um fático e não a um meramente ideado. A concordância formal entre um ser vivo fictício, como o centauro, e um ser real não nos leva além da constatação de que o centauro não pode ser percebido, por mais que sua representação fosse dotada de inúmeros traços característicos da sensibilidade; isso porque ele não existe, e, portanto, a determinação "objeto da percepção" não lhe é indiferente. Ainda que, para a variação de Husserl, o caminho de volta para a faticidade esteja bloqueado, mesmo quando a variação, que se ocupa de tais criaturas fantasiosas, não tenha nada em comum com a faticidade, Husserl acaba extraindo, de qualquer forma, sua substancialidade da faticidade, de modo que resulta falsamente mediado o que a lógica husserliana não pode mediar. A abrangência de um conceito exige a questão acerca da existência daquilo que está contido nele, e não apenas de seu mero visar. No entanto, a doutrina das essências do último Husserl ainda continua presa na estufa da intencionalidade. A isso corresponde o ponto de vista coisificado e rígido da fantasia, como mera invenção de objetos (*Objekten*), que, subtraídos do fático, não deveriam ter vantagem alguma sobre este, exceto a de não serem fáticos. A determinação husserliana da essência condena a essência mesma: ela é fictícia. O que ele denominava nas *Meditações cartesianas* como "ar de fantasias absolutamente puras", no qual "paira" o *eidos*, constituía a atmosfera de toda a sua filosofia, o reino de vidro de um conhecimento que confunde a evasão da existência perecível, a negação da vida, com o penhor da eternidade dessa existência. As essências – em relação às quais o pensamento arbitrário do sujeito se atreve a imaginar uma ontologia para o ente desertificado – permanecem desprovidas de essência.

// III
Para a dialética dos conceitos epistemológicos

> Por isso o caminho [...] pode ser considerado o caminho da dúvida, ou, mais propriamente, caminho do desespero; pois nele não ocorre o que se costuma compreender por dúvida: um vacilar nessa ou naquela pretensa verdade, seguido de um conveniente desvanecer-de-novo da dúvida e um regresso àquela verdade, de forma que, no fim, a Coisa seja tomada como era antes. Ao contrário, a dúvida é a penetração (Einsicht) consciente da inverdade do saber fenomenal.
>
> Hegel, Fenomenologia do espírito[1]

Fenomenologia como epistemologia

A autocrítica de Husserl, com a qual precisamos conceber em ampla medida a "Tentativa de uma crítica da razão lógica"[2] em seu período tardio, assegurou-se da impossibilidade de apreender essencialidades por meio da separação da intenção

---

[1] Trad. de Paulo Menezes. *Fenomenologia do espírito*, Petrópolis: Ed. Vozes, 2002, p.74-5.
[2] Subtítulo do livro *Lógica formal e transcendental* (1929), de Husserl.

particular sem abstração. A contenda dos universais não pode ser aplacada por meio de um apaziguamento, de acordo com o qual o universal, como simples, como "ele mesmo" visado, coincidiria com o dado, com a existência, com a *res*:

> Intencionalidade não é nada isolado, ela só pode ser considerada na unidade sintética, que articula todos os pulsos particulares da vida psíquica teleologicamente na relação de unidade com objetividades, ou, ao contrário, na polarização dupla do polo do eu e do polo do objeto.[3]

Essa revisão (que, aliás, não é exposta enquanto tal nas *Investigações lógicas*), essa admissão de uma espécie de divergência entre o "polo do eu e o polo do objeto (*Gegenstand*)", entre o sujeito e o objeto (*Objekt*), revela *a posteriori* que a fenomenologia seria exatamente aquilo que, em nome da "pesquisa", em nome da descrição dos estados de coisas, ela fervorosamente nega ser até o fim:[4] teoria do conhecimento. A fenomenologia empenha-se em trazer os elementos heterônomos a um denominador comum – no caso, ao conceito superior e estático de "polo". Seus pensamentos mais vigorosos são expedientes criados justamente para esse propósito, // são construções teóricas. Somente quando nos libertamos da sugestão de um ponto de partida radicalmente novo e originário – ponto de partida esse que a fenomenologia e seus sucessores aspiram construir –, e somente quando não nos fechamos para a sua tendência epistemológica, para a tendência de sondar como

---

3 *Logik*, p.232.
4 Cf., por exemplo, ibid., p.105.

um saber sobre algo objetivo seria possível em geral e como ele se identificaria na estrutura da consciência, é somente assim que se tornariam transparentes essas categorias que a fenomenologia afirma ter pura e simplesmente descoberto. Elas são reveladas menos a partir das realizações (*Leistungen*) e dos estados de coisas da consumação (*Vollzug*) do conhecimento que a teoria supõe neles – e que são questionáveis em todas as teorias do conhecimento – e mais como oriundas da função que aqueles conceitos desempenham, em favor da coerência e da consistência da própria teoria, sobretudo no domínio de suas contradições. Precisamente a pretensão de novidade e de imparcialidade teórica, o grito de guerra "em direção às coisas mesmas", provém de uma norma epistemológica: de uma norma positivista, que restringe o pensamento a um procedimento por assim dizer "técnico" de abreviação, e atribui a substância do conhecimento àquilo que deve estar presente sem a intervenção do pensamento e que, por conseguinte, conduz aos resultados mais fracos e abstratos possíveis. Esse *kriterion* positivista, graças a uma exigência de início igualmente positivista de uma pura imanência da consciência, vinculou Husserl ao critério subjetivo-idealista, e, desse modo, cristalizou a tese do ser-em-si espiritual, das essencialidades, como uma doação *sui generis*: a fenomenologia poderia ser definida como a tentativa paradoxal de uma teoria isenta de teoria. Mas a vingança aparece logo: o que deve ser em si, é somente para a fenomenologia; ela produz o que ela tem em vista (*erschauen*), para fundamentar o fato de que ela vê (*schauen*). Na diferença entre a função sistemática e o supostamente encontrado, ela se torna suscetível, no entanto, à crítica, como qualquer outra teoria. A fenomenologia incorre em erro por toda parte, porque justamente os conceitos introduzidos para a descrição dos assim chamados "estados de coisas" (*Sachverhalte*) ou dos "dados previamente encontráveis" (*Vorfindlichkeiten*) da pura consciência não descrevem de maneira alguma processos cognitivos ou tipos de tais processos. Em vez disso, apresentam esses processos apenas para possibilitar, no interior da "redução", algo como uma unidade estrutural. // De maneira semelhante aos filósofos da vida e aos teóricos da *Gestalt*, Husserl tem um pressentimento dessa fraqueza dos conceitos, por mais que, em favor de uma recusa cientificista ao irracionalismo, ele não esteja disposto a abdicar da classificação de "conteúdos de consciência". Por isso, ele precisa dotar as classes de conhecimento com qualidades que não correspondem às realizações do conhecimento, e, inversamente, violar as definições dessas classes de conhecimento, sem as quais sua introdução teria sido desnecessária.

Positivismo e platonismo

A tensão latente em todo e qualquer positivismo, mesmo em suas variantes mais recentes, entre o elemento lógico e o elemento empírico – elementos esses dos quais carece o ideal de conhecimento formado na ciência, que não consegue unificá-los –, é resolvida por Husserl em favor do elemento lógico. Novamente ocorre uma espécie de dialética, contra a sua vontade: a máxima de se orientar pelos fatos implode o próprio conceito de factual, a primazia nominalista do *datum* em relação ao conceito. Esse conceito reclama a solidez positivista do estado de coisa. Husserl, contudo, não reflete sobre essa reversão; ele gostaria de conduzir seus resultados a uma concordância imediata com a lógica tradicional da ausência de contradições, cuja justificação provocou todo aquele processo. Nos sistemas não dialéticos, a dialética transforma-se, contra sua vontade, na fonte de erros e, apesar disso, em *medium* da verdade, pois impele todas as categorias epistemológicas que apreende para além de si mesmas, até a liquidação do próprio ponto de partida, ou seja, a análise da forma do conhecimento que não leva em consideração seu conteúdo concreto, determinado. A transposição do positivismo para o realismo platônico não é bem-sucedida: nem a exigência positivista da pura doação pode ser convertida na exigência do mero acolhimento de estados de coisas ideais, nem a idealidade, o conceito, o *logos*, podem ser interpretados como doação. As categorias que caracterizam a filosofia de Husserl – as mesmas que entraram no instrumentário da ideologia irracionalista na era da racionalização total – foram inteiramente imaginadas para eliminar os dejetos (*Erdenreste*) na *prima philosophia*, os rastros do incompatível. Para a filosofia da reflexão husserliana, a identidade dos extremos, do dado previamente encontrável e da pura validade, // só é tolerável como sendo ela mesma imediata e não como sendo mais uma vez conceitualmente mediada. Precisamente porque o conceito da imediatidade não pode ser emancipado da faticidade, porque não tem como ser salvo para a idealidade, seu uso dogmático precisa abater a consciência crítica. Por isso, os elementos da filosofia de Husserl entram em uma relação de atrito uns com os outros, e tal relação não permanece extrínseca a visões de mundo incompatíveis, que ele procuraria pôr de acordo. Ao contrário, os conflitos obedecem a uma compulsão objetiva. Como cientista e matemático, Husserl não se vê diante apenas de uma diversidade amorfa, mas também diante das unidades dos entes nos conceitos. No entanto, uma vez que não pode produzir essas unidades a partir do sujeito enquanto "espírito" – pois isso seria suspeito tanto para o positivista quanto para uma metafísica idealista –, nem pode derivar as unidades da diversidade amorfa do próprio fático, ele precisa reivindicar as estruturas unificadas conceituais como sendo em-si, estruturas que, diante dos olhos dele, se encontram nas ciências desenvolvidas. As essencialidades são enraizadas para além do espírito subjetivo tanto quanto para além da faticidade meramente existente, dispersa. A virada platonizante é involuntária. Ele precisa apresentar as essencialidades como um absoluto e como um dado último, porque a norma científica positivista proíbe que se toque no próprio conceito de dado. O Husserl das *Investigações lógicas* já criticava o positivismo mais antigo por não ter permanecido fiel o suficiente àquela norma e, portanto, por ter falhado em reconhecer as doações ideais:

> Não se pode resolver tomar os atos de pensamento como aquilo que eles representam de maneira puramente fenomenológica, deixando-os valer, assim, como caracteres de atos de um tipo completamente novo, como novos "modos de consciência" em oposição à intuição direta. Não se vê o que é o mais manifesto para aquele que considera a situação sem se deixar errar por preconceitos tradicionais, ou seja, não se vê o fato de que esses caracteres dos atos são modos do visar (*Meinen*), do significar desse e daquele conteúdo significativo, por detrás dos quais não se pode buscar simplesmente nada que seja outra coisa e que pudesse ser algo diverso precisamente de um visar, de um significar.[5]

---

5 IL II, 1, p.182.

E:

O que uma "significação" é pode nos ser dado imediatamente, tal como nos é dado o que é uma cor e um som. // Não se pode seguir definindo-o, é algo descritivamente último.[6]

Porém, tudo o que é visado é mediado pelo visar. O fato de uma teoria do conhecimento não poder se lançar para trás das estruturas de consciência como a "função simbólica"[7] não fundamenta o referente dessa função como fenômeno originário. Além disso, o conceito da doação modifica-se qualitativamente ao ser ampliado. Ele perde a razão pela qual tinha sido concebido, e pela qual também tinha sido mantido por Husserl: o momento aludido pela expressão inglesa *"stubborn facts"*,[8] o opaco, o que não pode ser removido, o que precisa ser pura e simplesmente reconhecido e que prescreve os limites irrevogáveis do pensamento. A concepção husserliana da doação mediada padece diante da falha de que aquilo que se desfez por meio daquelas modificações, ou seja, a imediatidade do visado, ainda continua sendo creditado. A fenomenologia deve muitas de suas promessas a esse defeito.

O conceito husserliano de doação

O conceito de *datum* é para Husserl e para a teoria do conhecimento positivista e empirista, assim como em Kant, de

---

6 Ibid., p.183.
7 Cf. Hans Cornelius, *Transzendentale Systematik*, p.90.
8 Em inglês, no original: "fatos contumazes". (N. T.)

início o conceito da matéria sensível, do "material", da *hylé*: na "Terceira investigação lógica" do segundo volume, o "real" é diretamente definido como "perceptível em uma sensibilidade possível".[9] Quase não haveria como obter um conceito de realidade com os meios da teoria do conhecimento tradicional, subjetivamente orientada, sem recurso a um imediato, materialmente pré-categorial. Ao mesmo tempo, contudo, a análise epistemológica do imediato não consegue esclarecer que o imediato é o próprio ser mediado do imediato. Isso é o que motiva a lógica dialética, que eleva tal contradição à determinação da coisa mesma, ou seja, retém o conceito do imediato tanto quanto o nega. Essa consequência, porém, permanece inacessível para Husserl por causa do absolutismo da lógica formal, por ele mesmo enfaticamente defendido, a pura ausência de contradições. Em compensação, sua teoria imita todo o saber mediado de acordo com o modelo da imediatidade. Em vez do desdobramento dinâmico da contradição, entra em cena a construção auxiliar estática de uma realização (*Leistung*) do conhecimento autossuficiente que supostamente fornece de maneira primária o mediado. O paradoxo do começo, porém, é incompatível com o próprio critério husserliano da ausência de contradições. Desde as *Investigações lógicas,* a doação é instituída como modelo característico para todo conhecimento. // A terminologia oscila entre a intuição sensível e a quintessência de todas as vivências como fatos imediatos da consciência. Subjaz aí a verdade, que se tornou notória desde os primeiros escritos de Bergson, de que tanto a decomposição da consciência em "fatos" quanto sua classificação padecem de arbitrariedade,

---

9 Cf. IL II, 1, p.280.

que se explicaria a partir da necessidade de reconstrução do mundo das coisas (*Dingwelt*),[10] ao passo que, na vida atual da consciência, não apenas os atos isolados, mas também as suas características, fundem-se uns aos outros. Todavia, Husserl nunca criticou as classes epistemológicas. Em vez disso, ele as retém, para confundi-las e para deixar que a imprecisão de sua distinção seja favorável à validação do conceito de doação junto ao mediado: Bergson conseguiu justamente separar de maneira muito mais incisiva percepção e lembrança. Uma vez que, dito de maneira crua segundo os conceitos tradicionais, os atos de pensamento enquanto tais seriam tanto fatos imediatos da consciência quanto impressões sensíveis, em Husserl, aquilo que em cada caso é pensado nos atos de pensamento e por eles mediado torna-se, por sua vez, imediatidade. Na "Sexta investigação lógica", o ser dado atual é equiparado à consciência.[11] Assim, a intencionalidade, no sentido conciso que Husserl deu ao termo, seria finalmente idêntica à doação. Na medida em que o mediado, o que já se acha pensado pela intenção, deve ser meramente acolhido, o conceito da doação imediata se torna total: percepção torna-se saber de algo, esse saber se torna o estado factual primário, irredutível, da consciência, e o mundo das coisas percebido se torna por assim dizer o radicalmente primeiro. Essa ambiguidade comparece nas determinações fundamentais de *Ideias para uma fenomenologia pura*, onde o conceito da doação original e originária está diretamente subordinada a um elemento objetivo e, com isso, o pomo da discórdia fica escamoteado por meio de um decreto terminológico.

---

10 Cf., por exemplo, Henri Bergson, *Les donnés immédiates de la conscience*, Paris, 1948, p.92 e ss.
11 Cf. IL II, 2, p.162.

A toda ciência corresponde um domínio de objetos como domínio de suas investigações, e a todos os seus conhecimentos, isto é, aqui a todos os seus enunciados corretos correspondem, como fontes originárias da fundação que atesta a legitimidade deles, certas intuições nas quais há doação (*Selbstgegebenheit*) dos próprios objetos desse domínio ou, ao menos parcialmente, doação originária deles. // A intuição doadora na primeira esfera "natural" de conhecimento e de todas as suas ciências é a experiência natural, e a experiência originariamente doadora é a percepção, a palavra entendida em seu sentido habitual. Ter um real (*Reales*) originariamente dado, "adverti-lo" e "percebê-lo" em intuição pura e simples é a mesma coisa.[12]

Essa relação pré-crítica das ciências com os objetos por elas mesmas elaborados é suposta de maneira totalmente ingênua no decurso do *Ideias*, tal como já tinha acontecido anteriormente na *Lógica*, também no que se refere às questões epistemológicas da constituição. Também na "atitude fenomenológica" (*Einstellung*), os "objetos" (*Gegenstände*) devem "chegar a uma autodoação", sem que a frequentemente evocada "redução" faça qualquer mudança aí. A crítica da razão vê-se reduzida à mera abstenção do juízo; a superioridade em relação à faticidade crua não impede que se aceite o mundo das coisas "tal como ele se oferece". Para tanto, auxilia o fato de a análise deter-se à percepção como seu último elemento. Pois percepção (*Wahrnehmung*), no sentido alemão do termo, e certamente em

---

12 *Ideen*, p.7-8 (na trad. cit., p.33).

Husserl, já é sempre percepção de algo.[13] Para ele, a coisa pronta, de cuja constituição a teoria do conhecimento, por sua vez, se ocupa, desde o início se dá previamente, e sua análise termina em um estar consciente (*Bewußthaben*) de algo objetivo, como se este fosse um dado previamente encontrável, como se estivesse simplesmente aí. Assim, o *Ideias* utiliza explicitamente, como oposto à reflexão, os termos "vivência previamente dada" (*vorgegebenes Erlebnis*) e "*datum* da vivência" (*Erlebnisdatum*),[14] termos que fixam o *datum* como um ente em si.

"Fundação"

O discurso acerca da reflexão sobre as vivências, discurso este que designa pensamentos que se dirigem para coisas inequivocamente delineadas, pressupõe nada menos do que a objetificação do próprio conceito de doação. Pressupõe que o sujeito referencial "tem" uma vivência em si, sobre a qual ele pode refletir. Evita-se a simples, porém rigorosa, consequência do método da análise de consciência: de que todo discurso sobre o dado requer uma tal reflexão e de que, portanto, o próprio conceito de dado é mediado pelo conceito de reflexão. Nessa caracterização originária do dado como já determinado, caracterização na qual se baseia toda a fenomenologia, está presente a reificação. Está presente nessa crença de que se pode obter estados de coisas espirituais sem a participação do pensamento.

---

13 O termo alemão *wahrnehmen* tem em sua composição o verbo *nehmen*, que significa tomar, pegar. Perceber é literalmente tomar verdadeiramente algo. Como há a presença do tomar, porém, o momento do acolhimento de algo é inequívoco. (N. T.)

14 *Ideen*, p.148 (na trad. cit., p.171).

Husserl agarra-se, contudo, de maneira tão tenaz ao conceito de doação, // que prefere sacrificar a consequência epistemológica do que sacrificar esse conceito. E ainda continua falando, na *Lógica formal e lógica transcendental,* de percepção como um "*modus* originário de autodoação"[15] e coisas semelhantes. Ele não se deixa abalar pela doutrina do "estar fundado" (*Fundiertsein*) de todo conhecimento. Uma intenção deve repousar na outra. Logo, o único fundamento seguro seria um absolutamente primário. Essa doutrina, contudo, é incompatível com o processo de conhecimento como uma estrutura funcional (*funktionalen Zusammenhang*), doutrina essa para a qual o lógico transcendental Husserl ainda tendia. Estrutura funcional do conhecimento quer dizer não apenas que o formado no plano categorial mais elevado pode depender do formado no mais baixo, mas quer dizer também que esse mais baixo, do mesmo modo, pode depender do mais elevado. Husserl não viu ou não admitiu isso. De maneira bastante paradoxal, a concepção de atos e significações asseadamente separadas, como pedras estratificadas umas sobre as outras – uma herança da inesgotável exigência positivista pela evidência de todo e qualquer enunciado –, inaugurou todas as doutrinas estático-ontológicas que se vincularam a Husserl, toda a ordem ontológica restaurativa que se deduziu da leitura de sua obra. Paralelamente, desenvolveu-se uma teoria do conhecimento funcional. O fato de ele não ter resolvido o conflito despertou a aparência de que a fenomenologia poderia reproduzir novamente, em certa medida, a metafísica aristotélica no solo da cientificidade e do criticismo. No fim, ele efetivamente precisou reunir ambos.

---

15 *Logik*, p.141 e *passim*.

Seu expediente foi o de reinterpretar o elemento fundante originário, a própria doação, o refúgio dos entes no puro ser, na sua própria possibilidade, como a possibilidade de algo que não deve ser ele mesmo já pressuposto.

Ontologização do fático

Essa construção engenhosa, que gostaria de redimir o dado da maldição de ser dado, mantém coeso o sistema, mas não lhe é tão proveitosa. Em Husserl, a própria doação é superada (*aufgehoben*) na possibilidade do ser dado – de maneira não muito diferente do que acontece com o teorema kantiano da intuição pura. Ou seja, o fático é superado na determinação essencial ontologicamente pura de ser-fático. Só que a existência (*Existenz*) fática não se segue, de maneira alguma, da pura possibilidade do fático, tampouco a existência daqueles "fatos da consciência", nos quais essa existência mesma foi conquistada. Cai por terra a doutrina antiga de Husserl, segundo a qual "verdades essenciais puras não contêm a menor afirmação acerca dos fatos", // de que, com isso, "delas tampouco se pode inferir a mais ínfima verdade factual".[16] Ela é pervertida na tese da legitimidade essencial da existência (*Dasein*) e do existente (*Daseinde*). Nessa tese, desaparece a distinção entre a incondicionalidade do factual como uma determinação universal – caso se queira, como uma "lei das essências" – e a afirmação de que a própria existência seria essencial, afirmação esta que renega a diferença ontológica. Assim, o método rompe a última relação com a experiência, que sustenta sua pretensão específi-

---

16 *Ideen*, p.13 (na trad. cit., p.39).

ca. Assim, a queda no racionalismo pré-crítico é inevitável. O próprio conceito de uma existência, prescrito segundo a lei da essência, implica aquela diferença ontológica, que supostamente deve ser afastada em nome da honra de uma maior pureza da fenomenologia. Husserl ousa realizar uma construção errada, a fim de enfraquecer e, ao mesmo tempo, salvar a doação a qualquer preço. O dado é o palco mais íntimo da reificação na doutrina do conhecimento: em sua rigidez imutável, em sua mera existência imóvel, ele se deixa apreender como imanente, como próprio ao sujeito. Não obstante, isso que é próprio ao sujeito permanece ao mesmo tempo completamente alienado dele. O eu cognoscente, que coloca o dado entre parênteses como seu "fato de consciência", deve aceitá-lo cegamente e reconhecê-lo como independente de seu próprio trabalho, como um simples outro. Sem dúvida, o eu cognoscente, em sua espontaneidade, deve orientar-se pelo dado, de maneira não tão diversa quanto a do sujeito econômico que age racionalmente como um mero portador funcional (*Funktionsträger*) de sua propriedade. Esse antagonismo torna-se manifesto na identificação husserliana entre as "coisas mesmas" e o subjetivamente dado. Sob a forma da doação, a promessa de segurança, oferecida pelo realismo ingênuo, é transposta para a esfera do eu. Aqui, ele acredita possuir em si mesmo aquele absolutamente firme e imutável, que de resto se tornou problemático ao se recolocar a questão sobre o sujeito; assim, o próprio eu, em certa medida, transforma-se em coisa. O Husserl tardio apresentou, com certeza sob a influência de Bergson, ponderações críticas desse gênero.

O sensualismo dos dados que hoje prevalece na psicologia tanto quanto na teoria do conhecimento, sensualismo este no qual também estão presos na maioria das vezes aqueles que polemizam contra ele ou contra aquilo que imaginam por essa expressão, // consiste no fato de que ele constrói por assim dizer a vida da consciência a partir de dados enquanto objetos mais ou menos prontos. Nesse caso, é completamente indiferente saber se pensamos esses dados como "átomos psíquicos" separados, segundo leis factuais incompreensíveis e reunidos ao modo de leis mecânicas mais ou menos coesas, ou se falamos de totalidades e de qualidades da forma (*Gestalt*), se consideramos anteriormente as totalidades como precedentes aos elementos nelas discerníveis, e se, no interior dessa esfera de objetos já existentes de antemão, distinguimos entre dados sensíveis e vivências intencionais, como dados de um outro tipo.[17]

Isso é quase o mesmo que a revogação da pretensão fundamental da fenomenologia de descrever o que seria dado no "fluxo da consciência", ou seja, os fenômenos. De maneira análoga, contesta-se, nas *Meditações cartesianas*, a concepção dos fatos de consciência como relações entre elementos últimos: *a priori*, eles não seriam constituídos enquanto tais.[18] Husserl chega mesmo à intelecção (*Einsicht*) de que as ciências "objetivamente dirigidas", que sempre se dirigem a coisas já constituídas, oferecem o modelo da análise epistemológica dos elementos; de que o próprio conceito de *datum* está bastante relacionado ao conceito dogmático de coisa-em-si, que justamente se opõe a todo recurso ao *datum*. Junto com o aspecto ontológico da fenomenologia, essa intelecção iria ao encontro da metafísica

---

17 *Logik*, p.252.
18 Cf. CM, p.86.

do ser, à qual a fenomenologia foi alçada e que tocaria seus extremos, com a pretensão de um saber imediato. A aparência de "estar concluído", de "ser definitivo" passou da coisa em si "remanescente" (*bleibenden*) para a doação enquanto substrato filosófico-imanente do conhecimento. Ela atualizaria o *páthos* ontológico de um céu de ideias, alijado do pensamento discursivo, cedendo a uma determinação dinâmica do conhecimento:

> Já tocamos anteriormente no fato de que a autodoação (*Selbstgebung*), tal como toda e qualquer vivência intencional particular, é uma função na estrutura (*Zusammenhang*) universal da consciência. Sua realização, portanto, não está concluída na particularidade, assim como também não é aquela realização como autodoação, como evidência, uma vez que pode "exigir" em sua própria intencionalidade outras autodoações implícitas, às quais ela pode se "referir" (*verweisen*), para aperfeiçoar sua realização objetivante.[19]

Assim, na revisão transcendental husserliana, // a doutrina da intuição originariamente doadora é de fato substituída por um conceito de função à maneira da Escola de Marburgo. Mas a reflexão de Husserl não levou a cabo a resolução do conflito entre tal crítica e o dogma da "doação originária" (*Urgegebenheit*). Mesmo o último Husserl aferra-se a esse dogma, pois, do contrário, imploditia o procedimento fenomenológico. O dado (*Gegebene*), como posse absoluta do sujeito, permanece fetiche também do sujeito transcendental. Só aquilo que "pertence" ao sujeito, como momento parcial da "vida"

---

19 *Logik*, p.142-3.

de sua consciência, e, com efeito, como momento fundador (*fundierende*), não precisa mais ser pensado pelo pensamento — pelo menos assim parece a Husserl, em sua parcialidade –, mas apenas acolhido sem problemas e sem o perigo do erro. A teoria aparece como risco. Daí, aquela nostalgia por uma teoria isenta de teoria. A fenomenologia continua sendo uma teoria, porque ela reflete necessariamente sobre o conhecimento, não julga "de maneira direta", por assim dizer, empiricamente; ela gostaria de ser isenta de teoria, pois gostaria de transformar todo enunciado em doação e, assim, se desviar tanto da possibilidade de falsas conclusões quanto da crítica. As duas coisas são incompatíveis. Se a filosofia se entregasse sem reservas àquela dialética que surge na reflexão do dado, então sua fundamentação epistemológica se tornaria vacilante, assim como o método das "reduções", que Husserl defendeu até o final da vida. Caso seja constitutiva da essência da "autodoação" (*Selbstgebung*) a possibilidade de requisitar outras autodoações, então seu caráter fundamental se rompe. O conhecimento é lançado em um processo, no qual, como Hegel bem o sabia, o conceito de algo absolutamente primeiro perde seu sentido.[20] Assim que o dado, como "requisitador" (*forderndes*), aponta para além de si, ele não apenas se rebaixa à condição de momento parcial do processo do conhecimento, mas se revela também processual em si mesmo. O estado de coisas descritivo, segundo as palavras do Husserl tardio, tem as suas "implicações genéticas de sentido".[21] Mas isso toca a dicotomia entre gênese e validade,

---

20 Cf., por exemplo, Hegel, WW VIII, Glockner (ed.), Stuttgart, 1929, *System der Philosophie*, Introdução, p.63.
21 Cf. *Logik*, p.183-4.

dicotomia assumida desde os *Prolegômenos à lógica pura*: para a validade, seu surgimento não é mais extrínseco, não sendo mais independente de seu próprio teor de verdade. A gênese da validade, portanto, incide em seu teor de verdade; este "requisita" (*fordert*) a gênese. // Não se trata, como quer o relativismo, da verdade na história, mas sim da história na verdade.

O abandono decisivo do conceito da "verdade atemporal" está em jogo. Todavia, a verdade não é – como o marxismo o afirma – uma função temporal do conhecer, mas está ligada a um cerne temporal, que se encontra ao mesmo tempo no conhecido e naquele que conhece.[22]

No limiar de tais intelecções, a filosofia da reflexão de Husserl se aproximou bastante daquele automovimento da coisa, do conceito, que ele censurou na filosofia especulativa como uma extravagância irrealizável. Hegel também não tinha exigido mais do que isso: o estado de coisas deveria "requisitar" um movimento da consciência. Caso se atenda a essa requisição, então a ideia cartesiana de verdade como adequação do conceito à coisa é abalada. No momento em que a coisa é pensada, ela deixa de ser uma coisa com a qual poderia ser adequada. O lugar da verdade torna-se a dependência mútua, o produzir-se do sujeito e do objeto, um através do outro. A verdade então não pode mais ser pensada como concordância estática, nem como "intenção". Se o Husserl inicial, propriamente fenomenológico, polemizou de modo pertinente contra a teoria das imagens e dos sinais

---

22 Walter Benjamin, *Paris, die Hauptstadt des XIX. Jahrhunderts (Passagenarbeit)*, manuscrito inédito, convoluto N, folha 3.

do conhecimento,[23] então também essa polêmica poderia ser voltada contra a ideia sublimada de que o conhecimento seria imagem de seu objeto por força da semelhança, da *adaequatio*. Somente com a ideia da verdade sem imagens (*bilderlose Wahrheit*) é que a filosofia atingiria a proibição às imagens.

Coisa como modelo do dado

A requisição do "acolhimento" (*Hinnehmen*) no âmbito da intenção leva à imediata identificação do mediado (e, com ele, aquilo que se acha contraposto ao sujeito que realiza atos), com o próprio sujeito. De acordo com o *Ideias*, o noema deve ser, tal como o visado pelo próprio sujeito, um "dado evidente".[24] O espanto quanto ao "maravilhoso estar consciente" de um evidentemente dado, que, no entanto, "está para a consciência mesma como algo contraposto a ela, como algo outro, irreal, transcendente por princípio"[25] — tal como Husserl declara imediatamente depois da tese da autoevidência do intencionalmente visado —, revela a divergência entre o que pertence ao sujeito e o que, ao mesmo tempo, lhe é estranho. De tal divergência padece não apenas a doutrina de Husserl sobre o noema, mas qualquer doutrina sobre o absolutamente dado. O mero acolher é ambivalente: // é tanto a lembrança da muralha, contra a qual o espírito colide, sempre que encontra algo que não é seu semelhante, quanto uma parcela de submissão e de ideologia. A questão acerca da origem absoluta

---

23 Cf. IL II, I, em particular p.421 e ss., e *Ideen*, *passim*, em particular p.79 e p.99.
24 Cf. *Ideen*, p.204 (na trad. cit., p.225).
25 Ibid. (na trad. cit., p.226).

deixa de lado a questão acerca do "trabalho", da produção social enquanto condição do conhecimento. Dessa questão se esquecem sobretudo as análises fenomenológicas do particular: no método, no "princípio de todos os princípios":

> toda intuição doadora originária é uma fonte de legitimação do conhecimento, tudo que nos é oferecido originariamente na "intuição" (por assim dizer, em sua efetividade corpórea), deve simplesmente ser tomado tal como ele se dá, mas também apenas nos limites dentro dos quais ele se dá.[26]

Essa norma, obrigatória e vinculante (*verbindlich*) de toda a filosofia de Husserl, baseia-se na hipótese de que o que se oferece a uma intuição, seja uma mera sensação, seja uma aparição estruturada ou categorialmente formada, pode ser passivamente observado pela consciência, sem que o observado se modifique por meio do ato da observação, e sem levar em conta a composição interna daquilo que "aparece". A experiência ingenuamente realista de que a coisa permanece idêntica, mesmo que o sujeito desvie o olhar dela, é transposta para o conceito de doação, conceito que só advém graças à reflexão crítica. Essa doação assume a herança do substrato pré-crítico, sem que se esclareça o que se modificou com a virada para a imanência da consciência. A modificação consiste no fato de que, na virada para a imanência da consciência, aquela "objetividade" (*Objektivität*), com a qual a experiência irrefletida contava, não pode

---

[26] Husserl, *Ideen*, p.43-4 (na trad. cit., p.69); cf. ibid., p.187, na qual é atribuído, doação ao dado a ser acolhido, um "como" de sua doação, junto ao qual o fenomenólogo tem de se manter.

mais ser atribuída àquela doação. Esse é o preço que o sujeito deve pagar pela cartesiana ausência de dúvida quanto aos fatos de consciência. Não obstante, a consciência se vê obrigada a atribuir o caráter de uma objetividade inquestionável às suas próprias doações, a fim de poder fixar as determinações filosófico-imanentes a um ente qualquer. A reificação da doação é tão necessária quanto insustentável. Somente ao reduzir erroneamente a consciência a um de seus momentos e ao reter esse momento como ao mesmo tempo próprio à consciência e contraposto a ela enquanto um simples existente (*Daseiendes*), // somente assim é que é possível desenredar da mera consciência em geral algo como uma "objetividade" (*Gegenständlichkeit*). A tentativa idealista de agregar novamente a coisa, uma vez criticamente desintegrada, por meio da conjunção do material sensível à forma categorial, incorre em *petitio principii*. O que deve ser construído como coisa já se encontra inserido, sem que se note, na concepção do que, de acordo com o ponto de partida, os mecanismos de constituição categorial do objeto (*Gegenstand*) deveriam primeiramente acionar. Aquilo que ainda se chama "diversidade caótica" na crítica da razão kantiana é completamente interpretado por Husserl segundo o modelo do já constituído, a fim de poder demonstrar a objetividade (*Objektivität*) da constituição subjetiva de modo mais plausível. Em sua suposição daquele "como o quê" ("*als was*"), um objeto (*Gegenstand*) se dá ao sujeito, e o sujeito se reflete a si mesmo de volta, pois justamente essa *quidditas* seria aquilo através do qual, segundo as regras de jogo da análise da consciência, o pensamento determina o não qualificado em geral. Diante de tal contradição, admite-se que o pensamento nunca conseguiria consumar a determinação do "quid" ("*Was*"), como juízo verdadeiro, se não correspondesse algo a essa determinação no último substrato. Portanto, há uma verdade inerente ao dogmatismo, pois este não reduz o dado de modo tão radical quanto o programa gostaria, mas acaba deixando o "como o quê" do dado como o seu "em si" (*An sich*). Isso é uma expressão da irrealizabilidade da construção idealista, logo que ela atingiu a consistência plena. O que não é próprio ao sujeito (*Subjekteigene*) aparece na fenomenologia transcendental, fantasmagoricamente, como reflexo, por mais que ela acredite se evadir da fantasmagoria, precisamente no reflexo do "dado enquanto tal", fiel àquela definição de Benjamin do *Jugendstil* como o sonho no qual o sonhador sonha que desperta.[27] Por isso, a doutrina husserliana das essências e a palavra de ordem epistemológica "às coisas mesmas" possuem o mesmo sentido. O que não se esgota na análise da consciência é sugado por ela e, então, apresentado em seu próprio campo de dominação, como se fosse simplesmente o ser. O sujeito eleva-se a si mesmo, ao atribuir uma autoridade absoluta ao seu produto. Aquilo que assume ares de superação do idealismo impulsiona a força de ordem do pensamento dominador até a irracionalidade, // como se a reconciliação entre sujeito e objeto fosse um escárnio. O pensamento perde seu direito crítico sobre o que é pensado.

Doação mediada em si

A própria demonstração imanente do caráter mediado do imediatamente dado leva o seu conceito a uma contradição.

---

27 Cf. Walter Benjamin, *Paris Hauptstadt des XIX. Jahrhunderts*, op.cit., convoluto K, folha 2.

A contradição, porém, esclarece-se com o fato de que esse conceito, que deve fundar a existência coisal como estrutura (*Zusammenhang*) do dado, é ele mesmo produto da reificação. A composição do objeto a partir de "elementos" do conhecimento e de sua unidade supõe aquilo que precisa ser deduzido. Termos como "matéria-prima" (*Stoff*), "matéria", ou a *hylé* do conhecimento em Husserl, com os quais se denomina o dado nas filosofias da imanência, não por acaso nos lembram daquele caráter do fixo, do que é em si, deduzido da coisa transcendente. O dado, enquanto independente da espontaneidade da consciência, só pode ser caracterizado com modalidades de discurso provenientes do mundo da coisa. A coerção para tanto é mais do que meramente verbal. Precisamente aquilo que o eu deve ter como o mais seguro e, não obstante, separado dele, é o que mais se aproxima do que pode ser possuído, rígido e ao mesmo tempo disponível; os limites que circunscrevem o dado, presumidos pela análise elementar, são os limites que circunscrevem as coisas como propriedade, certamente demarcados, em última instância, segundo títulos de posse. A isso corresponde o fato de que a filosofia da imanência não se dispôs desde o princípio, por exemplo, à tarefa de dissolver seriamente o mundo da coisa, contestando a sua existência. Em vez disso, buscou reconstruí-lo "criticamente", ou seja, por meio da evidência da certeza de si. Com isso, ela juramentou antecipadamente a coisa como seu *terminus ad quem*. Mediante a reflexão, ela precisa justificar o mundo pré-crítico da experiência como um mundo de coisas. Os constituintes formais, porém, os princípios da razão pura, não são suficientes para tanto. Eles permanecem impróprios; mesmo em Kant, eles não são mais do que uma rede conceitual lançada sobre o ente, que carece, em cada caso, de um material da experiência. Não forneceriam aquela segurança [*Sekurität*] inquestionável, com a qual precisamente a justificação científica do mundo da coisa se confirmaria. Por isso, a segurança, junto com um segundo dogmatismo, fetichizado, é transferida para aquele material, transformado em um abstrato totalmente indeterminado, por meio da dissociação da forma categorial. Sua abstração é o refúgio // no qual aquilo que não pode ser gerado a partir da pura subjetividade se entrincheira na coisa. O que há de mais subjetivo, o que aparece imediatamente dado para o sujeito, sem qualquer instância intermediária, é ao mesmo tempo o resíduo da coisa como o que há de mais alheio ao sujeito e sobre o qual ele não tem poder algum. Sem o modelo da coisa, que deve ser independente do arbítrio subjetivo, o ser-em-si do dado em geral, livre de categorias, não seria plausível. Tal como foi uma vez a coisa, o dado é aquilo "com o que o pensamento se relaciona". Ele deve, em termos de conteúdo, estar "aí" e, ao mesmo tempo, ser imanente; seu caráter conteudístico (*Inhaltlichkeit*), contingente diante da consciência, é, porém, incompatível com sua imanência, com sua essência própria à consciência, ainda que uma teoria do conhecimento precise insistir na imanência do dado, a fim de não violar seu princípio. A construção da própria imanência da consciência não tem como prescindir de um conceito de dado, para que seja capaz de um enunciado qualquer, dotado de conteúdo, ou seja, de "juízos sintéticos". Todo o esquema de forma e conteúdo, desde Kant, só se sustenta na medida em que se possa fazer uma predicação de conteúdo daquele ser-em-si, que, por sua vez, foi atacado pela crítica da razão. Mas é justamente esse ser-em-si que não condiz com o dado. A consciência, que afirma tê-lo, só sabe dele o que é mediado pela consciência – foi isso que os idealistas neokantianos mostraram. Mesmo a substituição do dado pelo ser-em-si da coisa não ajuda a teoria do conhecimento a sair da penúria. Aquela abstração do dado como um resto reduzido da experiência plena, que se assemelha ao substrato impenetrável, acaba usurpando dele o que ao mesmo tempo deve garantir, depois que ele se perdeu na divisão do conhecimento em forma e conteúdo: a dignidade daquilo que é absolutamente. Em seu caráter abstrato, o dado se torna conhecido como resultado da abstração, como sendo ele mesmo primeiramente produzido. A caça ao dado como um estado de fato fenomenológico é em vão. Mesmo sob a pressuposição de um mero dado previamente encontrável (*Vorfindlichkeit*), a análise sempre se vê diante de estruturas que transcendem uma tal doação. Daí a tendência de Husserl de provocar uma reviravolta na hierarquia usual da filosofia da imanência, e de construir a partir da intencionalidade em vez da mera sensação. Desde os *Prolegômenos*, Husserl equivocava-se // quanto à obviedade do ininteligível, ou seja, dos fatos, e, desse modo, equivocava-se quanto ao mais elementar da consciência de objetos, com o imediatamente dado. Por isso, tentou acanhadamente, mais tarde, pensar o "fluxo de consciência" como um "*continuum*" infinito,[28] que, de qualquer modo, certamente não poderia ser composto a partir de classes elementares de "representações". Mesmo nesse fluxo, porém, "toda vivência individual [...] pode tanto ter um começo como um fim, e, por isso, pode encerrar sua duração".[29] A teoria do conhecimento tradicional das "vi-

---

28 Cf. *Ideen*, p.163 (na trad. cit., p.185).
29 Ibid.

vências" não é liquidada; sua ordem é simplesmente virada de cabeça para baixo. Em vez de sacrificar a doação e a ilusão do coisalmente firme, ilusão essa que prepara a doação, ele associa os atributos de "suporte", de "primeiro", àquilo que, segundo a linguagem da teoria do conhecimento, seria o produzido, o mais elevado. Com certeza, a fenomenologia hegeliana também conhece uma imediatidade em planos cada vez mais elevados da consciência, da mediação. Husserl, no entanto, não reflete sobre o processo que produz a imediatidade. A cegueira em relação à produção o seduz a considerar o produto como se fosse dado. Mesmo a esfera da mais extrema abstração é inconscientemente dominada pela tendência conjunta de uma sociedade que, uma vez que não espera mais nada de bom de sua própria dinâmica, precisa hipostasiar suas formas reificadas existentes como se fossem definitivas, ou seja, como categorias. Em Husserl já se manifesta, nas mais íntimas células da teoria do conhecimento, aquela fetichização do ente atual que, na era da superprodução, se propaga sobre a consciência social total em um encadeamento coetâneo das forças produtivas. Nesse sentido, as essencialidades husserlianas também são uma "segunda natureza".

O sujeito da doação

O conceito da doação, contudo, como resíduo ôntico em meio ao idealismo, não tem meramente o mundo das coisas como modelo de sua estrutura, mas o pressupõe já como aquele que ele pretende fundamentar, no sentido mais estrito possível. A doação exige, segundo o seu próprio conceito, um sujeito ao qual ela possa referir. Não se pode falar pura e simplesmente de um dado, mas apenas do que é dado "para alguém" ou, como agrada à linguagem da teoria do conhecimento, daquilo que é "para mim". Os filósofos idealistas e positivistas da imanência divergiam, antes de tudo, pelo fato de os primeiros acentuarem a necessidade de determinar o sujeito // para o qual algo precisa ser dado; de outro modo, a expressão doação superaria, em termos de arbítrio, a própria metafísica, embora tenha sido imaginada como antimetafísica. Mesmo a busca pelo sujeito da doação, contudo, conduz a uma antinomia. Obviamente não pode se tratar aqui do sujeito espaço-temporal, empírico, o sujeito já constituído; senão, a condição necessária, sob a qual se encontra o conceito da doação, seria justamente aquilo que se revelou, em consequência de toda a tradição desde Hume e Kant, em primeiro lugar como estrutura do dado. Para um sujeito "puro", transcendental, em contrapartida, certamente nada pode ser dado. Pois trata-se de uma determinação de pensamento, um produto da abstração, que não tem como ser simplesmente reduzido a um denominador comum com o imediato. Não se trata de maneira alguma de um eu concreto, que teria um conteúdo concreto de consciência. O próprio sujeito transcendental estaria separado do dado por meio da diferença ontológica, diferença essa que deve desaparecer em sua construção. O sensível não existe imediatamente para o não sensível, mas apenas por meio do conceito, que não "é" a sensibilidade, mas que visa (*meint*) à sensibilidade e, com isso, a supera (*aufhebt*). Certamente por isso Kant afirmou, na *Estética transcendental*, a existência de uma camada da subjetividade constitutiva, forma pura da sensibilidade, livre de toda imiscuição empírica, mas também de todo e qualquer suplemento pensante do sujeito. A dicotomia entre forma e matéria prepara dificuldades insuperáveis para a concepção da "intuição pura", que resulta convertida em forma, sem que se possa isolar dela um conteúdo qualquer independente. O sujeito totalmente formal, transcendental, a mera quintessência (*Inbegriff*) das condições de uma experiência possível, também não seria capaz de nenhuma intuição "pura". Nenhum sujeito emancipado de tudo o que é empírico pode, em geral, ser uma forma para algo dado; para nenhum sujeito como tal algo pode ser dado — já esse "para ele" é problemático —, nada pode receber tal conteúdo, qualquer que seja ele. A observação profunda de Kant sobre a heterogeneidade dos conceitos puros do entendimento e das intuições sensíveis[30] mostra a consciência

---

30 Cf. Kant, *Kritik der reinen Vernunft*, Valentiner (ed.), Leipzig, 1913, p.182 (*Crítica da razão pura*, A 143/B 182). A observação kantiana tem sua longa pré-história na filosofia antiga. De acordo com uma indicação de Teofrasto em "De Sensu", já Parmênides tinha ensinado a semelhança entre o percipiente e o percebido, enquanto Heráclito tinha defendido que só o dessemelhante, o contraposto, poderia reconhecer o semelhante. Platão seguiu a tradição eleata. Aristóteles reconduziu ele mesmo a *metéxis* (participação) platônica a uma doutrina da semelhança: a doutrina pitagórica de que as coisas existem por meio de imitação dos números (*Metafísica* A, 987b). Sob as demonstrações da imortalidade da alma no *Fédon*, não falta o argumento de que corresponderia à semelhança do corpo com o mundo das aparências uma semelhança da alma com o mundo das ideias (p.79). Não se está nesse ponto muito distante da conclusão da semelhança entre sujeito e objeto como condição do conhecimento. Se a racionalidade é, como um todo, a desmitologização de modos de comportamento miméticos (cf. Max Horkheimer e Theodor W. Adorno, *Dialektik der Aufklärung*, Amsterdã, 1947, p.38 e ss.), então não pode espantar o fato de que o tema mimético se mantém vivo na reflexão sobre o conhecimento; talvez não meramente como rudimento arcaico, mas porque o próprio conhecimento não pode ser concebido

disso, não corrompida pela atração da consistência do próprio sistema. // O conhecimento nunca consegue expulsar o seu momento mimético sem um resto, a assimilação do sujeito à natureza que ele procura dominar e que emergiu do próprio conhecimento. A semelhança, a "igualdade" entre sujeito e objeto, com a qual Kant se deparou, é o momento de verdade daquilo que a teoria das imagens (*Bilder*) e dos signos exprime de uma forma invertida, a forma da duplicação. O fato de o conhecimento ou de a verdade ser uma imagem de seu objeto é o substitutivo e o consolo para o fato de o semelhante ter sido arrancado irrevogavelmente do semelhante. Como falsa aparência, o caráter de imagem do conhecimento encobre o fato de o sujeito e o objeto não se assemelharem mais – isso não significa outra coisa senão que estão alienados um do outro. Somente sob a recusa a toda e qualquer aparência como tal, na ideia de uma verdade desprovida de imagens, é que a *mímesis* perdida é superada (*aufgehoben*), não na conservação de seus rudimentos. Esse ideia vive na nostalgia husserliana das "coisas mesmas". Ela seria a ideia "da força do nome [...], desprovido de imagens, fuga de todas as imagens".[31] Mas uma teoria do conhecimento que queira instituir a unificação do dividido a partir do sujeito acaba dependendo de conceitos fixos tais como forma e conteúdo enquanto seus elementos. Por isso, deve buscar um *tertium comparationis*,[32] que viabilize essa reunião.

---

sem um acréscimo sublimado da *mímesis*, como quer que esse venha a se dar: sem a *mímesis*, a ruptura entre sujeito e objeto seria absoluta, e o conhecimento seria impossível.

31 Walter Benjamin, *Schriften II*, Frankfurt, 1955, p.15 (Sombras breves).

32 Em latim, no original: "um terceiro termo de comparação". (N. T.)

149 // O sensivelmente dado, a *hylé*, que empresta seu conteúdo, mesmo de acordo com Husserl, a todo conhecimento, ainda que seja apenas por meio de "preenchimento", exige o seu igual para poder existir em geral. Àquilo que fosse puro, desprovido de toda sensibilidade, não caberia algo sensível. Um sujeito privado do *continuum* espaço-temporal, ainda que abstratamente, não teria intuições. O anátema lançado contra o "naturalismo" não impede a teoria do conhecimento, em sua análise do dado, de recorrer ao aparato sensível, aos órgãos dos sentidos. Esses órgãos, porém, segundo as regras de jogo da teoria do conhecimento, pertencem ao mundo das coisas, e, por isso, a teoria do conhecimento se enreda no *hysteron próteron* (no posterior anterior). O persistente mandamento, segundo o qual os órgãos dos sentidos, tanto quanto as pessoas individuais que os portam, deveriam ser excluídos da análise constitucional, é parte de uma estratégia apologética. Dito fenomenologicamente, a expressão "com os olhos" pertenceria ao sentido da visão e não seria primeiramente uma reflexão causal e uma explicação teórica.[33] Seria totalmente inconcebível ver sem os olhos,

---

33 Husserl chegou a um ponto espantosamente próximo disso na "redução da experiência transcendental à esfera da propriedade" (*Cartesianische Meditationen und Pariser Vorträge*, Haag 1950, p.44). "Entre os corpos propriamente apreendidos dessa natureza, encontro, então, em uma única distinção, o meu corpo vivo, o único objeto no interior de minha história abstrativa do mundo, ao qual, de acordo com a experiência, atribuo (*zurechne*) campos de sensações, apesar de o fazer segundo modos de pertencimento diversos (campo de sensações táteis, campo de calor e frio etc.), o único, o qual eu reino e governo imediatamente e o qual controlo separadamente em cada um de seus órgãos. Tateando cinestesicamente, percebo com as mãos; vendo cinestesicamente, percebo também com os olhos etc.; e posso perceber

150 ouvir sem os ouvidos. A *metábasis eis allo genos*,³⁴ // de deduzir retrospectivamente (*nachträglich*) o dado – a matéria primária do conhecimento – a partir dos órgãos dos sentidos, ou seja, como o que é constituído por eles, não é apenas um erro corrigível de pensamento: o caráter inevitável dessa *metábasis* denuncia a própria falsidade do ponto de partida da filosofia da imanência. Fenômenos sensíveis são comensuráveis apenas com os "sentidos" e, independentemente deles, não são apresentáveis, não estão "aí". O método dêitico, que, em oposição ao método definitório, procura captar o sensivelmente dado, precisa apelar explícita ou implicitamente aos órgãos dos sentidos, a fim de "mostrar", de algum modo, o que é o sensível e o que é a sensibilidade. O "para mim", exigido necessariamente pela

---

assim em qualquer momento. Ao mesmo tempo, essas cinestesias dos órgãos se transcorram no 'eu faço' e se encontrem submetidas a um 'eu posso'; além disso, colocando em jogo essas cinestesias, posso impelir, empurrar etc. e, portanto, agir corporalmente de maneira imediata e logo mediada" (ibid., p.128). O fato de serem atribuídos campos de sensações ao corpo deveria ter uma importância enorme para o ponto de partida da fenomenologia, se fossem deduzidas as consequências da descrição; "atribuição" (*zurechnung*), nesse caso, é uma expressão vaga para designar a unidade indissolúvel dos órgãos e da *hylé* sensível. Mas a admissão de tal unidade levaria nada menos à constatação de que a sensação, que é, segundo a doutrina husserliana, um estado de fato imediatamente irredutível do ego transcendental, não pode ser de maneira alguma isolada dos órgãos dos sentidos. Ela estaria fenomenalmente mesclada a algo que não se exprime como fato da consciência: o constituinte seria tão dependente do constituído quanto esse daquele. Nesse ponto, a análise de Husserl precisa emudecer, se não implodiria toda a *epoché* por meio de uma descoberta derivada dela.

34 Em grego, no original: "A transposição para um outro gênero"; "erro categorial". (N. T.)

doação, é o sujeito sensivelmente determinado, alguém que pode ver e ouvir, e justamente isso é recusado a um sujeito transcendental e puro. A contraposição estática entre *constituens* e *constitutum* não basta. Caso a teoria do conhecimento verifique que o *constitutum* necessita do *constituens*, então a análise precisa, inversamente, referir os fatos da consciência (que devem valer como constitutivos segundo o próprio teor e segundo a própria possibilidade da teoria do conhecimento) àquilo que está constituído apenas de acordo com a teoria do conhecimento tradicional. Do contrário, a análise apresentaria a própria idealidade de maneira tão ingênua quanto o realismo ingênuo apresenta a realidade. A suspeita disso sobrevive na insistência husserliana em *noesis* e *noema*; tal suspeita permanece impotente, porque Husserl acaba cedendo ao tabu da teoria do conhecimento, que seus impulsos mais profundos gostariam, todavia, de quebrar.

Paradoxos da intuição pura

A *Estética transcendental* kantiana procura se haver com o *quid pro quo* entre *constituens* e *constitutum*, dessensibilizando a sensibilidade. Sua intuição pura não é mais intuitiva (*anschaulich*). O referir do dado a algo já constituído em cada caso assenta-se em afirmações, na terminologia kantiana, tais como aquela recorrente de que os objetos seriam dados a "nós".[35] Desde Maimon, tornou-se um obstáculo a contradição disso com sua teoria do objeto enquanto mera aparição, // em vez de ter sido observada a admissão implícita do limite do caráter *a priori* desse *constitu-*

---

35 Cf., por exemplo, Kant, *Crítica da razão pura*, A 106.

tum, cuja constituição deve ser realizada pelo caráter *a priori*. No centro da tentativa kantiana de reconciliação, porém, reside um paradoxo, no qual se consolidou uma contradição indissolúvel. Essa contradição é indicada linguisticamente pela nomenclatura "intuição pura", que designa espaço e tempo. Intuição, como certeza sensível imediata, como a doação sob o aspecto do sujeito, denomina um tipo de experiência que, justamente enquanto tal, nunca pode ser "pura", não pode ser independente da experiência; uma intuição pura seria um oxímoro, um círculo quadrado (*hölzernes Eisen*), experiência sem experiência. Ajudaria pouco, se se interpretasse a intuição pura como um modo genérico de falar de formas da intuição purificadas de todo conteúdo particular. O fato de, na *Estética transcendental*, Kant oscilar entre as expressões "forma da intuição" e "intuição pura" atesta a inconsistência da coisa. Ele quer desesperadamente reduzir a um denominador comum, como que de uma vez só, a imediatidade e o caráter *a priori*. No entanto, o próprio conceito de forma, como referência a um conteúdo, já se apresenta como mediação, algo categorial, por assim dizer. A intuição pura, como imediata e não conceitual, ela mesma sensível, seria "experiência"; a sensibilidade pura, destacada da referência a qualquer conteúdo, já não seria intuição, mas unicamente "pensamento". Uma forma da sensibilidade, que recebesse o predicado da imediatidade sem ser ela mesma uma doação, seria absurda. As formas da sensibilidade só foram contrapostas de maneira tão enfática por Kant às categorias – e Kant critica Aristóteles, por ter incluído as formas indiscriminadamente entre as categorias – porque senão o dado imediato supostamente presente nessas formas correria perigo: Kant precisaria admitir que o "material", no qual o trabalho categorial deve se colocar em ação, seria ele mesmo pré-formado. Espaço e tempo, tal como a *Estética transcendental* os prepara e os apresenta, são, apesar de todos os asseguramentos contrários, conceitos, representações de uma representação, segundo a terminologia kantiana. Não são intuitivos. São as universalidades supremas, sob as quais o "dado" é compreendido. O fato, porém, de não se poder falar efetivamente de um dado independente desses conceitos // faz da própria doação uma mediação. Nisso tem razão a crítica kantiana do idealismo especulativo, que dilui a oposição entre forma e conteúdo. Nenhuma matéria (*Materie*) pode ser separada das formas. Não obstante, a forma só existe como mediação da matéria. Em tal contradição, expressa-se a intelecção da não identidade, a impossibilidade de capturar em conceitos subjetivos, sem um excedente, aquilo que não é próprio ao sujeito; em última análise, expressa-se aí o fracasso da própria teoria do conhecimento. Toda a concepção do capítulo sobre o esquematismo é motivada objetivamente pelo fato de Kant constatar, retrospectivamente (*nachträglich*), a essência categorial daquilo que ele denomina "sensibilidade". Ao deixar que seja pré-formado, por uma "arte velada nas profundezas da alma humana",[36] precisamente aquilo que no início se apresentava como matéria bruta do conhecimento, ele pode declarar a similaridade entre a forma categorial e o conteúdo sensível, sem a qual as duas "raízes" do conhecimento simplesmente não teriam como ser unidas. A doutrina do esquematismo revoga tacitamente a estética transcendental. Se a *Estética transcendental* de fato valesse do modo como a arquitetônica o prescreve, então a transição para a *Lógica transcendental* seria um milagre.

---

36 Ibid., p.185 (A 141/B 180).

No entanto, se a sensibilidade pura permanecesse coerente com o programa da *Estética transcendental* e fosse despojada de sua matéria, então ela se reduziria a algo meramente pensado, seria já uma parte da *Lógica transcendental*. Não se teria como compreender de que modo o pensamento chegaria a se articular com ela. Kant mesmo, que contesta o caráter conceitual do espaço e do tempo,[37] não consegue desviar do fato de que espaço e tempo não podem ser representados sem algo espacial e temporal. Nessa medida, eles mesmos não são intuitivos, não são "sensíveis". Essa aporia induz a enunciados contraditórios, segundo os quais o espaço e o tempo seriam, por um lado, "intuições"[38] e, por outro, formas.

Matéria como preenchimento

Em Husserl, assim como em toda linguagem filosófica artificial, o conceito de doação é equívoco. Contém tanto os momentos sensíveis da vida da consciência quanto os momentos que possuem função simbólica, os "atos", na terminologia husserliana. Essa ambiguidade emerge da necessidade de contrastar os dados tanto com os conceitos naturalistas quanto com o arbítrio especulativo. // Ao mesmo tempo, deixa-se entrever nela que o *ens concretissimum* da teoria do conhecimento, os elementos constitutivos da impressão ou as "sensações" já são abstrações: eles nunca ocorrem em lugar algum de maneira pura, independentemente dos momentos categoriais, e só podem ser arrancados violentamente do complexo da consciência,

---

37 Cf., por exemplo, ibid., p.80 (A 56/B 81) e p.87 (A 62/ B 87).
38 Cf., por exemplo, ibid., p.81 (A 56/B 81).

às custas do estado de coisas, da doação enquanto tal. A análise da consciência não consegue contornar inteiramente a dialética do conceito de doação. Essa dialética ressoa nas formulações husserlianas, como naquela segundo a qual o fluxo de consciência se constituiria na "duplicidade e na unidade da *hylé* sensual e da *morphé* intencional".[39] Confere-se a primazia, contudo, à *morphé* intencional: "intencionalidade, abstraindo-se de suas formas e níveis repletos de enigmas, também se assemelha a um *medium* universal [...] que, por fim, abriga em si todas as vivências, mesmo as não caracterizadas como intencionais".[40] A relação, portanto, é inversa a toda tradição nominalista, àquele tipo de decomposição da consciência que se deixa guiar pela concepção de que as representações seriam algo assim como pálidas cópias das sensações. Husserl adequou, desse modo, a teoria do conhecimento ao realismo platônico da lógica e à sua afirmação da independência dos conceitos universais em relação à abstração: para ele, mesmo no processo cognitivo dotado de conteúdo, o momento material não é propriamente o substrato do processo cognitivo, mas sim uma mera função do momento espiritual, um acidente. Ao mesmo tempo, contudo, a composição positivista da consciência a partir de camadas ou de classes de vivências o impede de pensar a mediação da imediatidade, implícita em sua própria tese do primado da intencionalidade. Em vez disso, ele simplesmente coloca de ponta-cabeça a hierarquia estática das classes epistemológicas tradicionais, sem questionar a própria hierarquia. O que para a tradição era o

---

39 *Ideen*, p.172 (na trad. cit., p.194).
40 Ibid., p.171 (na trad. cit., p.193).

primeiro, a sensação, o elemento "material" kantiano, torna-se, para Husserl, o último, um *télos* citado e aduzido pelo progresso do conhecimento, o "preenchimento" (*Erfüllung*) final da intenção.[41] O momento propriamente imediato, material na percepção complexa, aparece para Husserl – para quem a percepção é efetivamente um saber imediato sobre o seu objeto – como algo que se acrescenta retrospectivamente. // A exigência da "verificação" de um ato perceptivo – que enquanto tal está submetido ao erro –, por meio da confirmação das expectativas inerentes à percepção, leva à confusão da comprovação do conhecimento com a sua motivação. Após a primazia da intencionalidade ter removido tendencialmente o conceito de sensação, o preenchimento deve restituir a matéria-prima perdida à intenção. O que há de disparatado aí é que a percepção, de fato, como consciência de algo, é incluída entre os atos intencionais, mas, nesse caso, precisa de um novo momento, justamente o momento do preenchimento que, contudo, segundo a teoria de Husserl, só pode ser realizado pela própria percepção. A esse conceito paradoxal de preenchimento, Husserl atribui um papel central: ele define evidência como preenchimento, e esse preenchimento é considerado por ele como critério da verdade:

> O conceito de confirmação (*Bestätigung*) refere-se exclusivamente a atos posicionadores em relação ao seu preenchimento posicionador, e, por fim, ao seu preenchimento por meio de percepções. Dedicamos a esse caso particularmente insigne uma reflexão mais detida. É o caso no qual o ideal da adequação fornece

---

41 Cf. ibid., p.300 (na trad. cit., p.320) e *passim*, em particular no capítulo II – "Fenomenologia da razão".

a evidência. E isso no sentido mais lasso de evidência, sentido esse no qual uma intenção posicionadora (sobretudo uma afirmação) sempre alcança sua confirmação por meio de uma percepção correspondente e plenamente ajustada, ainda que isso se dê apenas como uma síntese adequada de percepções particulares conexas.[42]

A percepção, como "intenção posicionadora", deve ser, por conseguinte, literalmente preenchida; ela deve ser confirmada e se tornar evidente por meio da percepção, que ganha equivocamente seu segundo significado, seu significado hilético, na medida em que Husserl evita temerosamente o conceito de sensação. A partir da trivialização (*Bagatellisierung*) do momento hilético como mera "confirmação" da percepção, a doutrina fenomenológica obtém um ganho decisivo, tendo em vista seu empenho constante de fazer desaparecer o momento heterogêneo, no qual o apriorismo eidético teria seus limites. Como uma legalidade essencial do visar é a requisição de preenchimento, esse preenchimento mesmo é transposto para o interior do reino das essências, enquanto a faticidade – o elemento não "puro", // o que não é transparente para a razão, lá onde se produz a maior resistência possível, na fundamentação da realidade efetiva (*Wirklichkeit*) objetiva –, essa faticidade é dissipada em algo prescrito pela razão, tornando-se, por fim, mera determinação da razão. Uma vez que a *hylé* do conhecimento tornou-se o mero "preenchimento" deste, então a *hylé* se apresenta de maneira duplamente simples, como componente de um aparato categorial, como mecanismo de adaptação progressiva

---

42 IL II, parte II, p.121. A própria percepção já é expressamente definida de antemão como preenchimento (cf. ibid., p.116).

da consciência a algo, que é justamente eliminado da análise por meio desse tratamento. A teoria do preenchimento revela-se um círculo vicioso, pois o preenchimento é esperado do "objeto", que seria dado pela percepção ou que se apresentaria como algo presente.[43] Ora, mas, segundo a teoria de Husserl, aquilo que é presente à percepção não é mera *hylé*, mas algo já "categorializado", ou seja, visado apenas por meio da intenção. O preenchimento da percepção como preenchimento de uma intenção seria levado a termo pelo sentido dessa intenção e não pela sensação. A consciência fenomenológica, na busca do *quid* (*Was*) ao qual ela se refere, sempre volta a se deparar consigo mesma. Quando Husserl procura interromper a infinitude das intenções fundadas umas nas outras, ele se enreda no sistema especular das intenções, e o trabalho de Sísifo de determinar a matéria (*Stoff*) a partir da intenção converte-se ainda em outra manobra para negar a diferença ontológica. A teoria do conhecimento husserliana unifica uma análise da consciência orientada às "coisas" – nesse caso, ao progresso de um visar incerto em direção à evidência – com a absolutização do espírito. Aquele não idêntico – com cuja elaboração o conhecimento se inicia de acordo com o idealismo e o positivismo mais antigos – é expulso para os confins do conhecimento, como os selvagens na arrogante civilização do imperialismo; desse modo, contudo, afugenta-se da teoria do conhecimento também a inspiração crítica, a decisão sobre a existência (*Dasein*). A teoria do conhecimento tranquiliza-se com o fato de o próprio conceito de preenchimento ser requisitado pela estrutura essencial da

---

43 Cf. IL II, 2, p.116.

consciência, ou seja, de maneira espiritual. A teoria subtrai-se ao que ela carrega de fático, de não espiritual, ao que ela carrega consigo para além dessa estrutura; ou seja, àquilo que ela, dito em termos kantianos, acrescenta (*hinzufügen*) ao mero conceito. Desse modo, contudo, a teoria também escapa da questão da legitimidade propriamente dita do conhecimento. // A filosofia substitui a sua pretensão de determinar a correção e a falsidade de juízos dotados de conteúdo, através de um esgarçamento das formas apofânticas, no qual mesmo o "preenchimento" encontra seu lugarzinho modesto. O primado da intencionalidade destrói, com reiteradas afirmações solenes de plenitude concreta, a relação da filosofia com a efetividade, permitindo uma fenomenologia de qualquer coisa, uma fenomenologia desprovida de risco, mas não comprometida com nada (*unverbindliche*). Não é muito diferente do relativismo, que os *Prolegômenos à lógica pura* tinham o intuito de aniquilar.

Sensação e percepção

Sob o primado da intencionalidade desvanece sua diferença com o não intencional. Ambos os momentos, contudo, se interpenetram. Husserl quis fazer jus a isso, no segundo volume das *Investigações lógicas*, através do conceito da animação do complexo de sensações:

> As sensações só se tornam manifestamente objetos da representação na reflexão psicológica, enquanto elas são, no representar intuitivo ingênuo, de fato componentes da vivência da representação (partes de seu conteúdo descritivo), mas de maneira alguma seus objetos. A representação da percepção realiza-se quando o

complexo vivenciado de sensações é animado por um certo caráter do ato, por uma certa apreensão, por um certo visar; e na medida em que o complexo é animado, o objeto percebido aparece, enquanto o próprio complexo não aparece, assim como o ato no qual se constrói o objeto percebido enquanto tal.[44]

Se, por outro lado, ainda se fala do "conteúdo da sensação", então a flexibilidade fenomenológica, ao conservar simultaneamente os conceitos tradicionais, instaura uma confusão cheia de consequências. O conceito de sensação torna-se nulo, logo que a sensação deve ter um conteúdo, ou seja, logo que deve "visar" algo em um sentido qualquer; todavia, ela é definida justamente como *hylé*, como conteúdo absoluto. O conceito husserliano de intencionalidade é total, mas a diferença entre sensação e intencionalidade não é criticada enquanto tal, e isso sobrecarrega gravemente a sua concepção do momento material (*Stoffmoments*). Resulta daí um *quid pro quod* entre sensação e percepção, graças ao qual a certeza imediata, tomada de empréstimo da impressão sensível, é ligada à objetividade (*Gegeständlichkeit*), prevista na concepção husserliana da intencionalidade. // Na medida em que, para Husserl, a sensação é classificada entre os "problemas funcionais" e se torna dependente da intenção como "preenchimento" (ou seja, é transposta para a percepção, para o "dado" de algo objetivo), a percepção, por sua vez, é transposta inversamente para a sensação, em nome do puro presente sensível. Apenas para não cair na psicologia das faculdades típica do século XVIII, em uma "mitologia das atividades", ele obedece ao mandamento igual-

---

44 IL II, I, p.75.

mente mítico de olhar rigidamente para os "estados de fato", sempre que seu conceito se mostrar inadequado. Um tal olhar enfeitiça todo devir, transformando-o em ser: a percepção, considerada por ele mesmo como ato, é transformada na posse passiva, por assim dizer, do objeto, como um objeto pronto *vis à vis* à consciência. "O pensamento da ativação (*Betätigung*) precisa permanecer pura e simplesmente alijado"[45] – mesmo quando, como em todo pensamento, a espontaneidade, um agir do próprio sujeito, pertencer ao "estado de coisas" fenomenológico. Para purificar o que é fenomenologicamente "observado" de toda atividade, a percepção é transladada para a passividade de uma imediatidade absoluta, retraduzida por assim dizer em sensação, ao passo que se atribui a ela muito mais em termos de realização do conhecimento (*Erkenntnisleistung*) do que à sensação. Não obstante, se a intenção – tal como Husserl o quer – visa a um "si mesmo" (*Selbst*),[46] então esse "si mesmo"não se torna um imediato como a sensação: pois seria confundir o simbolizado com o símbolo. A teoria husserliana da percepção, contudo, é tributária dessa confusão. Husserl afirma aquele "si mesmo", visado na percepção, simplesmente como um último e imediato, ao passo que a expressão "si mesmo" indica inicialmente apenas a identidade lógica. Afirma, por exemplo, que um ato, remetendo-se a um "si mesmo", não expressa, como sua significação, as sínteses que estabelecem esse "si mesmo". Assim, nada deveria ser previamente julgado a respeito desse "si mesmo", se ele seria um fato primário da consciência ou um instituído (*Gestiftetes*). "A percepção", diz Husserl, "na medida em que pretende ofe-

---

45 Ibid., p.379.
46 Cf., por exemplo, ibid., p.20.

recer o objeto em 'si mesmo' (*Selbst*), não pretende, com isso, ser propriamente uma mera intenção, mas um ato, que pode oferecer a outros atos um preenchimento, mas que não carece ele mesmo de preenchimento algum."[47] Isso seria a negação de seu caráter de ato; seria literalmente um saber imediato. // Nesse ponto, o caso elementar da percepção das coisas poderia ensinar que essa percepção, para ser conhecimento, precisaria tanto do "preenchimento" quanto de outros atos "mais elevados" – nas cidades alemãs, depois da Segunda Guerra Mundial, ao vermos uma casa a partir de uma perspectiva frontal, frequentemente precisamos dar um passo para o lado, para saber se estamos efetivamente vendo uma casa ou apenas a fachada intacta de uma casa destruída. Tal possibilidade não é considerada por Husserl. Em *Ideias para uma fenomenologia pura*, a percepção de uma coisa, a consciência de algo mediado, permanece "originária", portanto, imediata:

> Partindo, inversamente, de cada vivência já caracterizada por tal modificação e então sempre caracterizada em si mesmo como tal, seremos reconduzidos a certas protovivências (*Urerlebnisse*), a "impressões", que representam as vivências absolutamente originárias no sentido fenomenológico. Assim, percepções de coisas são vivências originárias em relação a todas as recordações, presentificações de imaginação (*Phantasie*) etc. Elas são tão originárias quanto o possam ser vivências concretas em geral. Pois, observando bem, elas têm em sua concreção apenas uma única fase absolutamente originária, embora esta também sempre flua constantemente: o momento do "agora" vivo.[48]

---

47 IL II, 2, p.56.
48 *Ideen*, p.149-50 (na trad. cit., p.171-2).

Através da expressão "assim, as percepções das coisas são", estas percepções são enfileiradas entre as "impressões" e, assim, a distinção entre sensação e percepção é eliminada. A consequência de uma expressão aparentemente tão insignificante como essa não pode ser subestimada. Pois o fantasma do saber imediato do mediado, fantasma por ela produzido, permanece a condição de possibilidade, ainda que implícita, de toda restauração posterior de uma metafísica do ser, que se considera livre da crítica. Crítica não significa outra coisa senão a confrontação do juízo com as mediações inerentes ao juízo.

Antinomia da doutrina da percepção

Segundo a terminologia kantiana, a percepção é "a consciência empírica, ou seja, uma consciência em que há, simultaneamente, sensação".[49] A isso corresponde a definição husserliana oriunda da "Primeira investigação lógica" do segundo volume das *Investigações*, segundo a qual "o caráter essencial da percepção consistiria na suposição intuitiva de apreender uma coisa ou um processo como um presentificado em si mesmo (*selbst gegenwärtigen*)".[50] Tal como Kant, Husserl contrasta a percepção à sensação, // embora esta de certo modo deva estar "contida" na primeira. Negligencia-se, com isso, porém, a oposição entre a percepção como ato intencional – ou seja, saber imediato – e a imediatidade da sensação. De acordo com a "Sexta investigação lógica", "o ato de conhecimento está fundado na vivência do ato perceptivo";[51] e, mais tarde: "A percepção, como presen-

---
49 Kant, *Crítica da razão pura*, A 166/B 207 (Antecipações da percepção).
50 IL II, 1, p.34.
51 IL II, 2, p.25.

tação (*Präsentation*), apreende o conteúdo representativo de tal modo que, com esse conteúdo e nesse conteúdo, o objeto aparece como dado em si mesmo (*selbst gegeben*)".[52] O que deve significar, porém, a noção de "autodoação" (*Selbstgegebenheit*), se o "dado em si mesmo" (*Selbstgegebene*), ou seja, o imediato, só é dado "com e em" um outro, ou seja, mediatamente? A doutrina husserliana da percepção conduz, portanto, a uma flagrante antinomia. Apesar da pura "autoapresentação" (*Selbstdarstellung*), ou seja, apesar da doação imediata do objeto, esse objeto deve ser diverso do "ato", deve ser visado pelo ato, mediado; e isso só seria possível se o objeto fosse posicionado em si, antes de toda análise crítica. Quanto maior a "intencionalidade", ou seja, quanto mais a primazia sobre toda a matéria e sobre todo existente é conferida ao puro pensamento livre de fatos, tanto mais o objeto subjetivamente intencionado se aliena daquele que intenciona, daquele que pensa. Na "Sexta investigação lógica", a fenomenologia transforma sua própria cegueira em programa. Husserl procura "ignorar de propósito", na análise da percepção, "as formas categoriais [...]".[53] A percepção, contudo – sempre referida a objetos segundo a terminologia histórica –, só pode ser interpretada (caso se queira rejeitar o realismo ingênuo) como realização do pensamento ou, dito em termos kantianos, como "apreensão na intuição", como categorialização. Se as formas categoriais são retiradas, a única coisa que resta é a pura *hylé*. O realismo ingênuo salvaria, na percepção, o caráter da imediatidade, do pré-categorial, mas imploriria também a imanência da consciência, em cuja

---

52 Ibid., p.83.
53 Ibid., p.15, nota de pé de página.

análise a pretensão de certeza da teoria do conhecimento se fundamenta. A insistência sobre a participação categorial na percepção permaneceria, por sua vez, imanente e "crítica", no entanto, sacrificaria a imediatidade e, com isso, a pretensão da percepção de fundamentar, de maneira originária e absoluta, o ser transcendente na imanência pura. Husserl, contudo, quer ter uma coisa e não quer deixar de lado outra. Por isso, não resolve teoricamente a antinomia e se torna uma vítima ainda maior da antinomia. // Como ele está em busca do fantasma do simplesmente primeiro, sem que, porém, a análise da "consciência pura" jamais o ajude para tanto, ele precisa transformar o primeiro, de acordo com seu próprio conceito, em segundo, e, assim, o segundo, em primeiro. A construção de sua teoria do conhecimento é o esforço incessante para corrigir essas contradições mediante a inserção de conceitos auxiliares que, gerados a partir da precariedade da lógica, sempre precisam surgir como se fossem a descrição de "estados de coisas". Isso prescreve à fenomenologia sua lei fundamental, segundo a qual ela sempre deve inventar objetos, delimitações, conceitos, provavelmente de acordo com o modelo da matemática, para que possa então descrevê-los e analisá-los com o gesto do espectador isento ou do descobridor profundamente comovido.

Sensação e materialismo

Husserl recai nas dificuldades da teoria da percepção, porque gostaria de, exatamente como os sucessores de Kant, se livrar da *hylé* como um elemento heterogêneo à consciência. Por isso, entre os impulsos de sua filosofia, o impulso idealista é o que prevalece. Ao mesmo tempo, porém, na tese do entrelaçamento da percepção com a sensação anuncia-se o saber relativo de que mesmo a sensação não aduz aquele elemento absolutamente primeiro, que sua teoria do conhecimento busca. Com certeza, a sensação, o nível mais baixo da hierarquia tradicional do espírito tanto quanto da consciência fenomenologicamente pura de Husserl, marca um limiar. O elemento material não pode ser completamente eliminado dela; ela faz fronteira com a dor física e com o prazer orgânico; um pedaço da natureza, que não se deixa reduzir à subjetividade. Através do momento somático, contudo, a sensação não se transforma na pura imediatidade. A insistência na mediação de todo e qualquer imediato é simplesmente o modelo do pensamento dialético, mesmo da dialética materialista, uma vez que determina o caráter social previamente formado da experiência contingente, individual. A dialética, portanto, não possui nenhuma fundação materialista na pura sensação, pois a sensação, apesar de sua essência somática, encontra-se totalmente diluída em meio à realidade inteira através da redução à imanência subjetiva. Se fosse verdadeiro que a realidade material só adentra a assim chamada "consciência" como sensação, como "certeza sensível", então a objetividade seria transformada, // com maior razão ainda, em realização categorial do sujeito, em "suplemento" (*Zutat*), às custas do conceito de uma realidade social preordenada ao sujeito particular que o abarcaria. Em contrapartida, a intelecção daquilo que é subjetivamente mediado na sensação conduz à constatação de que o eu mediador, por sua vez, não pode ser pensado como um eu puro, somente como um eu espaço-temporal, e, portanto, novamente como um momento da objetividade. A mediação da sensação no sujeito é tudo menos puramente ontológica; o sujeito, sem o qual não se pode falar de sensação, precisa ser mundano, justamente para que possa ser capaz de sensação. Seu próprio conceito transcende a esfera da pura imanência, na qual o conceito abstrato da sensação permanece preso. Mas a dialética, por outro lado, também não pode ser dissolvida no objeto: a subjetividade está entrelaçada nesse objeto, como determinação da diferença, e a questão sobre qual seria a parcela dos dois não tem como ser resolvida de maneira geral, invariante. Somente a crítica da sensação abstrata, tanto quanto do "eu penso" abstrato e do ser em geral, cria espaço para um movimento do conceito, que não se deixa afetar nem pela tese da identidade entre sujeito e objeto, nem pela tese de seu dualismo rígido. Daí não se segue, porém, que o rompimento com o idealismo aconteça de maneira automática, em virtude de sua mera consequência. Não se pode nem isolar o momento imediato da sensação em relação à mediação, nem o inverso, como no caso dos idealistas neokantianos, isolar a mediação em relação ao momento da imediatidade. Não há como dissolver a sensação em "espírito" – isso seria espiritualismo e ideologia –, mas é preciso pôr termo à possibilidade de que a mediação e a imediatidade sejam arrancadas uma da outra, ou seja, de que uma ou outra seja absolutizada.

Teoria do conhecimento como análise dos elementos

Igualmente problemáticos, ambos os conceitos de percepção e de sensação só valem em geral no interior de uma "análise dos elementos": ou seja, só quando se decompõe a consciência em elementos e se atribui ingenuamente a essa mesma consciência analisada as camadas classificatórias que diferenciariam as "faculdades" da sensibilidade e do entendimento. Uma vez criticado esse hábito de pensamento, aquelas determinações conclusivas dos dois conceitos não têm mais como ser defendidas. Na vida real da consciência, não se encontra uma sensação pura destacada da percepção. // A sensação só pode ser separada da percepção em virtude de uma teoria que coloca a sensação como um coringa da coisa em si. Por outro lado, a percepção individual não é a fonte legítima do conhecimento. Este caráter fundamental, que a teoria do conhecimento atribui de maneira injusta à sensação, não teria como ser transposto, ao nosso bel-prazer, para o nível imediatamente superior da consciência. A percepção, como consciência daquilo que é sempre objetivo, como juízo rudimentar, está, por sua vez, exposta à desilusão. Não está aí de maneira irrefutável. Assim como a sensação não ocorre sem percepção, a percepção – caso não seja completamente nula – também não ocorre sem a sensação. Se nos orientarmos seriamente pela experiência e não por sua fachada (*Surrogat*) oriunda de uma filosofia da imanência, então não encontraremos uma "percepção enquanto tal", tampouco uma sensação enquanto tal. O fato de alguém "perceber essa casa" e nada mais acontece apenas em colegiados e encontros de epistemologia: a puerilidade de tais exemplos diz muita coisa sobre a inadequação entre a teoria do conhecimento e o conhecimento. O conceito da percepção como um todo é apenas um expediente inventado para reconciliar a exigência do originário com o fato de que a consciência não é composta a partir de momentos parciais, nos quais a teoria do conhecimento precisaria desmembrar, caso ela queira reproduzir, de maneira plausível, o mundo a partir do caráter fechado da estrutura de imanência. A teoria do conhecimento só conseguiria fazer isso se tivesse reunido na consciência, como que num cesto, tudo de que se forma o mundo. Nenhuma filosofia da imanência consegue escapar do axioma cartesiano da completude (*Vollständigkeitsaxiom*) do *Discours de la méthode*;[54] é por isso que deve cuidar previamente de tudo nas formas da consciência, até mesmo daquilo que não é em si mesmo forma. Porém, só é completo o que é mensurável, contável, a quintessência de partes singulares. Apenas um pensamento que não estabelece mais a identidade entre o conhecimento e o seu sujeito conseguiria obter algum êxito, sem a completude das formas subjetivas da consciência, enquanto cânone do conhecimento. Esse pensamento não precisaria mais reintegrar a experiência a partir de divisões do processo do conhecimento. Até lá, todo discurso acerca da totalidade não passa de retórica.

"Gestalt"

A dificuldade da fenomenologia, o fato de a classificação epistemológica dos fatos da consciência não se confirmar descritivamente na "experiência da consciência", // animou autores como Scheler a transpor a teoria da *Gestalt* da psicologia da percepção para a filosofia,[55] e os próprios teóricos da *Gestalt*, sobre-

---

54 Cf. René Descartes, *Philosophische Werke*, Meiner (ed.), Leipzig, 1922, v.I, p.15 (parágrafo 17).

55 Cf., por exemplo, Max Scheler, *Die deutsche Philosophie der Gegenwart* [A filosofia alemã do presente], em: *Deutsches Leben der Gegenwart* [Vida alemã do presente], Berlim, 1922, p.191-2 (referindo-se a Bühler, Wertheimer, Kofka, Gelb, Köhler entre outros); *Vom ewigen im Menschen*, 4.ed., Berna, 1954 (Ges. Werke, v.5), p.250; *Wesen und Formen der Sympathie*, 5.ed., Frankfurt, 1948, p.29 e p.284; *Wissensformen und die Gesellschaft* [As formas do saber e a sociedade], Leipzig, 1926, *passim*, em particular p.375 e ss.

Para a metacrítica da teoria do conhecimento

tudo Köhler, o ratificaram nesse ponto. A prioridade universal do todo sobre as suas partes deveria resolver as antinomias da análise classificatória da consciência. No entanto, quaisquer que sejam os méritos psicológicos da teoria da *Gestalt*, o conceito de *Gestalt* (figura) também é epistemologicamente aporético. A abstração, que provoca a divisão entre *sensations* e *reflections*, é ditada, juntamente com a falsa consciência falsa que traz consigo, pela redução à imanência subjetiva. Se a alienação social continuar sendo ratificada pelo espírito na separação teórica entre sujeito e objeto, e se o sujeito cognoscente ficar desesperadamente se esforçando para, nas palavras de Hamlet, "colocar em ordem" o cosmos fora dos eixos, então o "material" não será nenhum todo, mas apenas as ruínas que a separação deixou para trás. Com a *Gestalt*, reluz a suspeita de que o fenomenalismo engana – de que o mundo não foi criado pelo sujeito a partir do caótico. A tarefa, contudo, de colar novamente o mundo a partir dos "fatos da consciência", sob os quais as figuras devem então ser subsumidas, já envolve ela mesma o princípio da divisão: todo trabalho do espírito atua sobre elementos. Essa é a verdade daquele enunciado do Husserl tardio, segundo o qual, uma vez que "se constrói a vida da consciência a partir de dados, de objetos por assim dizer prontos", pouco importa se esses dados são pensados como "átomos psíquicos" ou como "atos". A filosofia não espera outra coisa do auxílio oriundo do conceito de *Gestalt* senão redimir a doação de seu isolamento, por ter sido previamente abstraída, e concretizá-la. Mas se a teoria da *Gestalt* objeta com razão, contra Hume e contra a psicologia associativa, que não "existe" de modo algum *"impressions"* isoladas umas das outras, não estruturadas, mais ou menos caóticas, nem por isso a teoria do conhecimento não deveria parar por aí. Pois os dados que a teoria do conhecimento cita como aqueles que foram adequadamente descritos pela teoria da *Gestalt* simplesmente não existem. A experiência viva não conhece a ominosa percepção do vermelho do mesmo modo que não conhece a percepção de uma "*Gestalt*" vermelha: // as duas coisas são produtos de laboratório. Com razão, criticou-se a teoria da *Gestalt* por ter buscado descobrir um sentido imediatamente metafísico no *datum* do arranjo experimental positivista. Ela se apresenta como ciência, sem pagar o preço do desencantamento. Por isso, serve à turvação ideológica da realidade fragmentada, que ela afirma conhecer como não fragmentada, como "inteira", "saudável" (*heile*), em vez de indicar as condições da fragmentação. No interior da teoria do conhecimento, porém, o conceito de *Gestalt* transforma-se em fonte de erros: faz com que a teoria do conhecimento, em nome da dominação do todo sobre a parte, perca de vista a intelecção da ação recíproca dos dois momentos, sua interdependência. Ela precisa equiparar imediatamente o dado, como algo elementar, ao todo e, assim como a fenomenologia, confere pouco espaço para a mediação. O conceito do elementar mesmo já está baseado sobre a divisão: esse é o momento da inverdade na teoria da *Gestalt*. A própria posição de Husserl em relação a ela também oscila. Representações atomistas da composição da consciência[56] correm ao lado de representações da teoria da *Gestalt*, como na doutrina das "intuições de fundo"[57] (*Hinter-*

---

56 Cf. *Ideen*, p.149-50 (na trad. cit., p.171-2) e p.245 (na trad. cit., p.171-2); cf. também Theodor W. Adorno, *Die transzendenz des Dinglichen und Noematischen in Husserls Phänomenologie*, Dissertação de Frankfurt, 1924, p.31.

57 *Ideen*, p.62 (na trad. cit., p.87).

grundsanschauungen) ou a da relativa ausência de independência de todas as vivências.⁵⁸ Como teórico da razão, Husserl protesta contra as implicações irracionalistas da teoria da *Gestalt*, que lhe parecem comprometer a recepção de sua própria doutrina, ao passo que a persistência do analista da consciência não pôde, de qualquer modo, se contentar com as classes de vivências herdadas do mosaico psicológico.

Intencionalidade e constituição

A contradição necessária entre um conceito positivista de doação e um conceito idealista, levado ao extremo, de um ser "puro", livre de toda imiscuição empírica, atinge seu ápice na doutrina da noese e do noema e em suas antinomias. Na medida em que a correlação entre ato e sentido do ato é transformada em cânone da análise da consciência, o conceito da intencionalidade, concebido em termos da lógica e da teoria da significação, encontra a sua aplicação nas questões tradicionais da constituição. A estrutura noético-noemática deve, como o *a priori* absoluto da estrutura da consciência, // explicar aquilo que anteriormente foi atribuído à síntese transcendental, à atividade originária do espírito. O modelo da doutrina precisa ser buscado no absolutismo lógico, de acordo com o qual o pensamento, enquanto apreensão de um estado de coisas existente em si, contrapõe-se aos princípios lógicos, por assim dizer, "visando" passivamente. Em todos os seus níveis, a fenomenologia, a fim de ser possível enquanto ciência, toma por fundamento a validade da ciência positiva e dos métodos

---

58 Cf. ibid., p.167 (na trad. cit., p.189).

científicos, mas procura novamente instituir, por sua vez, esse elemento fundamental (*Fundamentale*). Ela consegue escapar dos apuros em que se meteu, ao evitar qualquer decisão explícita a respeito do ponto de partida idealista ou não idealista, referindo reciprocamente as "coisas" e "os atos", como momentos igualmente justificados. Ela se detém em sua correlação, na descrição de sua coordenação estática: ela silencia quanto ao idealismo de seu procedimento. Mas, assim como a espécie diante do processo de abstração, o noema, diante da noese, é uma reificação que desconhece a si mesma como um em si. A "irradiação" (*Einstrahligkeit*), na qual, de acordo com as *Investigações lógicas*, o ato constata a espécie,[59] corresponde ao "raio de olhar" (*Blickstrahl*), com o qual, em *Ideias*, se introduz o *constitutum*, o objeto (*Gegenstand*) kantiano, como adversário da intenção. O noema é um híbrido de imanência subjetiva e objetividade (*Objektivität*) transcendente. É isso que nos indica da maneira mais crassa possível a teoria do juízo de *Ideias*, na qual a função crítica ligada a toda consciência de realidade, o juízo existencial, se torna explicitamente um "modo de doação", um correlato do ato, que precisaria ser assumido como tal.

> O todo formado a partir deles (dos objetos julgados), o conjunto do "o quê" (*Was*) julgado, tomado, além disso, exatamente assim, na caracterização, no modo de doação, em que se é "consciente" dele (*Bewußtes*) na vivência, constitui o correlato noemático pleno, o "sentido" (entendido da maneira mais ampla) da vivência de juízo. Dito de modo mais incisivo, ele é o "sentido

---

59 Cf. Capítulo II, *passim*.

encontrado no *como* de seu modo de doação", desde que este possa ser encontrado (*vorfindlich*) como um caráter nele.⁶⁰

Tal como ocorre com a abstração na doutrina da unidade ideal da espécie, aqui a consumação do juízo de existência, o processo motivador da consciência objetiva, é reduzida e paralisada a um mero resultado. // O desinteresse pela teoria do conhecimento nos *Prolegômenos à lógica pura*, obra extremamente objetivista, acaba afetando, em Husserl, a própria teoria; nela, não se discute propriamente a possibilidade do conhecimento, apenas aquilo que se oferece como característico ao conhecimento já consumado. Trata-se, aliás, de um tipo de descolamento da questão que remete a Kant, quando este procura examinar, segundo o programa da crítica da razão, o *como* da possibilidade dos juízos sintéticos *a priori*, em vez de examinar a própria possibilidade. A neutralização da pretensão da crítica da razão, convertida em um simples contemplar (*Betrachten*) do que seria preciso observar nos atos do conhecimento, contribuiu essencialmente para que a filosofia de Husserl, que se denominava transcendental, pudesse ser empregada sem muito esforço para a denúncia da razão.

O aparecimento da *noesis* e do *noema*

Sem que o termo fosse introduzido, o conceito do noema, como um "visado" objetivo anterior à questão de sua legitimação, é indiciado já no capítulo sobre a ideia da lógica pura,

---

60 *Ideen*, p.194 (na trad. cit., p.215).

dos *Prolegômenos*.⁶¹ A "Quinta investigação lógica" do segundo volume já apresenta a doutrina completa da noese e do noema:

> À guisa de exemplo, portanto, no caso da percepção exterior, o momento da sensação cor, que constitui um componente real de um ver concreto (no sentido fenomenológico da aparição visual perceptiva), é tanto um "conteúdo vivenciado" ou um "conteúdo consciente", quanto o caráter do perceber e quanto a plena aparição perceptiva do objeto colorido. Em contrapartida, esse objeto mesmo, apesar de ser percebido, não é vivenciado ou consciente e também não a coloração percebida nele. Se o objeto não existe, quer dizer, se, portanto, a percepção precisa ser avaliada criticamente como engano, como alucinação, como ilusão e coisas do gênero, então também a cor percebida, vista, desse objeto, não existe. Essas diferenças entre percepção normal e anormal, correta e ilusória, não afetam o caráter interno, puramente descritivo ou fenomenológico da percepção.⁶²

De fato, a expressão "noema", que designa essa correlação intencional não "real" enquanto tal, só é usada em *Ideias para uma fenomenologia pura*. Segundo a tese defendida nessa obra, // noese e noema certamente devem estar "reciprocamente referidos (*bezogen*) em sua essência, mas não são, em necessidade de princípio, nem uma coisa só, nem estão ligadas, realmente e por essência".⁶³ Permanece obscura de antemão a diferença entre "estar referido" (*Bezogenheit*) e "estar ligado" (*Verbundenheit*). O

---

61 Cf. IL I, p.228-9.
62 IL II, 1, p.348.
63 *Ideen*, p.73 (na trad. cit., p.97).

que está necessariamente "referido" um ao outro está justamente por isso "ligado", e seria um contrassenso afirmar ao mesmo tempo o "estar referido" como uma espécie de estrutura originária, renegando-a, porém, como dependência interna, como estrutura funcional. O caráter arbitrário da terminologia revela uma arbitrariedade substancial. O "raio de olhar do eu" (*Blickstrahl des Ich*) – algo "funcional" em sentido kantiano, a "unidade da ação"[64] – ou seja, um devir, é representado como "estado de coisa" – como ser – a fim de que possa ser descrito e apreendido como absoluta doação. Isso acontece na tese da "correspondência" (*Entsprechung*):

> Aos múltiplos dados do conteúdo real, noético corresponde uma multiplicidade de dados, mostráveis em intuição pura efetiva, num "conteúdo noemático" correlativo, ou, resumidamente, no "noema" – termos que usaremos constantemente a partir de agora.[65]

O fato de todos os "atos" serem essas vivências com as quais algo é visado (e, portanto, de serem nada mais do que a simples definição do termo "noese") induz a "criar o paralelo" entre aquele algo visado e o visar. Como a noese e o noema estariam incondicionalmente referidos um ao outro, sua relação é desconsiderada; o algo é hipostasiado e, por fim, tal como a essência, é forjado como algo irreal (*Irreales*) e, não obstante, algo objetivo (*Gegenständliches*).

---

64 Kant, *Crítica da razão pura*, B 93.
65 *Ideen*, p.181-2 (na trad. cit., p.203).

Theodor W. Adorno

A síntese esquecida

O fenomenólogo esquece obstinadamente a síntese e, com uma obsessão maníaca, fixa o olhar no mundo das coisas feitas por ele mesmo, um mundo reduzido à eternidade e, por isso, fantasmagórico. Mesmo quando encontra a si mesmo nessas coisas, ele não se reconhece. Precisamente lá onde Husserl – com uma locução que antecipa surpreendentemente a linguagem da teologia dialética – fala do "outro por princípio" (*prinzipiell Anderen*), como se tivesse fugido da estrutura da imanência, o poder dessa estrutura atinge seu máximo. O "absolutamente outro", que deve irromper com a *epoché* fenomenológica, não é outra coisa, sob o ditame dessa *epoché*, senão a realização coisificada do sujeito, radicalmente alienada de sua própria origem. O pensamento sobre o "absolutamento outro" é – em virtude de sua onipotência – // um tabu na autêntica fenomenologia. Todas as suas instituições metodológicas confluem para a conquista de uma região subjetiva supostamente "pura", mas o sujeito mesmo não é nomeado. Ao contrário, essa região aparece, tal como o nome sugere, como algo em certa medida material e objetivo (*ein Sachliches und Objektives*). Em todo caso, a redução fenomenológica à subjetividade acredita, de início, poder governar a si mesma sem um conceito de sujeito. A representação do sujeito e de sua atividade só podem ter lugar de maneira rudimentar, por exemplo, naquela locução sobre o "raio de olhar do puro eu", e, mesmo aqui, o termo "raio" traduz de antemão um "funcional", uma atividade em algo fixado, linear. Mas quando, em uma passagem posterior de *Ideias*[66] (obra cuja

---

66 Cf. ibid., p.253 e ss. (na trad. cit., p.272 e ss.).

conclusão prepara o recuo para a filosofia transcendental), Husserl trata das "sínteses", o conceito de "espontaneidade e de atividade" subjetivas[67] que ele utiliza é totalmente diverso da síntese originária. A "liberdade" é atribuída a esse conceito como uma disponibilidade arbitrária de noemata já constituídos.[68] Tal liberdade é o fantasma da realização esquecida por Husserl: o *"fiat"*, que ele alça ao nível de privilégio do pensamento, ocorre de maneira extremamente antikantiana, na antítese já constituída entre um objeto intencional previamente dado e uma mera manipulação pensante.

Crítica da teoria da correlação

O *nervus probandi* de sua teoria do estado de coisas originário da "correlação" (*Ursachverhalt der Korrelation*), supostamente irredutível, é o fato de a "estrutura fenomenológica" das noeses ser independente de se os objetos visados nelas, os noemata, existem ou não. Sob a perspectiva fenomenológica, ou seja, no que diz respeito ao visado, as alucinações e as percepções seriam, enquanto noeses, equivalentes. A realidade espaço-temporal de seus correlatos seria irrelevante para as noeses. Ainda que não faça nenhuma diferença para o caráter dos atos que visam saber se eles se referem a algo irreal ou real, os atos mesmos permanecem "fenômenos psíquicos", temporalmente determinados e, segundo a doutrina do próprio Husserl, acontecimentos reais. O modo de falar sobre "vivências", que está tão pouco harmonizado com o tom da fenomenologia eidética, não acontece, contudo, por acaso; somente quando

---

67 Ibid., p.253 (na trad. cit., p.272).
68 Ibid.

estão presentes "vivências" em geral, como componentes de uma "corrente de consciência" constituída de maneira intratemporal, // é que é possível se perguntar sobre o seu resíduo fenomenológico. Para além disso, porém, a afirmação da identidade da consistência (*Bestand*) noética na alucinação e na percepção é ela mesma questionável, caso deva significar mais do que a tautologia de que as duas seriam noeses. De acordo com Husserl, "essas diferenças [...] não dizem respeito ao caráter fenomenológico da percepção".[69] O elemento comum entre percepção e alucinação, contudo, é extremamente abstrato, isolado; somente quando se considera o ato singular sem levar em conta qualquer conexão entre juízo e experiência é que seu caráter não terá nada a ver com aquilo a que ele visa. Mas, uma vez que, mesmo de acordo com Husserl, os atos "objetivantes" estão entrelaçados uns aos outros e a seus correlatos, não é possível defender sua independência. Unicamente no caso patológico, ou seja, justamente no caso da alucinação, é que essa independência pode ser observada, e isso se desqualifica, portanto, como conhecimento. Na medida em que o ato alucinatório se fecha à sua própria constituição, esse ato assume o matiz de "estado de fato fenomenológico". Ele exige do sujeito o reconhecimento de uma absolutidade que, de outro modo, não compete aos atos cognitivos; o que o caracteriza é o momento do compulsivo, do ininterpelável (*Unansprechbar*), momento muito conhecido da psiquiatria. Ele se encontra inserido em um *continuum* ainda não totalmente psicótico, é simultaneamente alheio ao eu, inautêntico (*Uneigentliches*). A alucinação é vivida como irresistível e, contudo, como aparente; o indivíduo

---

69 IL II, I, p.348.

que luta desesperadamente por sua "restituição" busca em vão reconciliar os momentos antagônicos desse "ato"; porém, esse ato nunca é coerente e unívoco. Só mesmo uma análise indiferente às qualidades dos modos de consciência, apesar de todos os seus bons propósitos de fidelidade descritiva, pode se satisfazer com a constatação grosseira de que tanto em um caso quanto em outro, ou seja, sem levar em conta a realidade do objeto, haveria percepção subjetiva. Se, contudo, a realidade ou a irrealidade do objeto tangencia os atos, segundo a sua própria consistência fenomenológica, então a afirmação principial da independência das noeses em relação aos seus correlatos entra em colapso. Por fim, a diferença fenomenológica entre atos perceptivos e atos alucinatórios remonta à consistência ou não consistência do, // assim chamado por Husserl, "núcleo hilético" da percepção, ou seja, ao não espiritual; também esse elemento material (*Stoffliche*), enquanto modo constitutivo da consciência, não deveria ser "colocado entre parênteses" do *continuum* fenomenológico, como faz Husserl.

Pura identidade e núcleo noemático

Sob o nome "ato", as noeses são sintetizadas por assim dizer "horizontalmente", ou seja, apenas mediante o traço característico comum e extremamente abstrato da intencionalidade, e não, tal como em Kant, "verticalmente", deduzidas a partir de sua função na unidade de consciência. Assim, Husserl transfere a unidade dessas noeses para a mera forma de algo ao qual todos os atos se dirigem. A operação classificatória finalmente concede ao visado a dignidade do em-si. A peculiaridade de todas as noeses de visar algo serve para que esse algo, que seria dado de uma vez por todas nas noeses, seja indicado como algo último, como *a priori*. A objetividade absoluta, "ontológica", deveria ser justificada a partir da essência dessa subjetividade que, porém, graças a tal justificação, recoloca o objeto em identidade consigo mesmo, revogando a absolutidade do objeto. Por isso, o noema é em-si e ao mesmo tempo totalmente espiritual. O esquema de toda ontologia posterior continua sendo a afirmação de tal ser-em-si, que, contudo, não seria existência (*Dasein*), ou seja, não seria "real" (*reell*), na linguagem de Husserl. A representação do logicamente absoluto, que emerge no âmbito formal, é transferida ao âmbito do conteúdo, à lógica transcendental no sentido kantiano. Segundo o modelo das proposições em si, Husserl constrói, então, coisas em si que, no entanto, não devem ser coisa alguma, e nos dois âmbitos transcorre paralelamente a polêmica contra o psicologismo.[70] Nos dois casos, o interesse é salvar a objetividade da verdade contra o relativismo que ameaça todo o esclarecimento com o regresso ao sujeito; em ambos os casos, em consonância com a tradição desde Kant, espera-se a possibilidade de tal salvação mediante a imersão na própria subjetividade. Todavia, o desenvolvimento positivista depois de Kant avaliou justamente essa imersão como "especulativa" e impeliu a uma pesquisa quase científico-naturalista que fizesse jus aos fatos. Por isso, Husserl precisa hipostasiar, de um lado, o objeto imanente como dado previamente encontrável, que em Kant era o resultado da interação entre o aparato transcendental e o conteúdo sensível. Assim, Husserl interrompe o processo da síntese transcendental em meio a uma contemplação descritiva, processo esse sem

---

70 Cf. *Ideen*, p.265-6 (na trad. cit., p.285).

o qual o conceito de um objeto "imanente" e, em certo sentido, de um objeto "ideal" não teria como ser obtido. // Por outro lado, o progresso de uma meditação crítica radicaliza ao mesmo tempo a ideia do caráter *a priori*: essa ideia torna-se, muito mais do que em Kant, alérgica a todo e qualquer vestígio do fático. Assim, o movimento autocrítico da filosofia crítica impõe a sua própria recaída em um movimento pré-crítico: a suposição de uma transcendência dogmática tanto quanto a do pensamento em face da experiência. As duas tendências convergem no noema. Na teoria do conhecimento, tanto quanto na lógica, Husserl fetichiza o pensamento esquecido de si mesmo no entendimento mais literal possível, ou seja, no pensado. Ele o venera como um puro ser. O "núcleo" noemático, contudo, o em-si propriamente dito da teoria do conhecimento husserliana, é unicamente a identidade abstrata do algo, identidade essa que não diz mais e não tem mais conteúdo do que aquele "eu penso" kantiano, do qual o noema se arroga evadir "realisticamente", quando, na verdade, ele coincide precisamente com isso. Quaisquer que sejam as "qualidades" atribuídas ao noema, elas seriam, segundo a pressuposição idealista das reduções husserlianas, mera projeção das realizações ocultadas da síntese no "enquanto tal" (*"als Solche"*), isolado e insinuado como estático. Isso é o que deve ser concebido, por exemplo, na seção "Delimitação da essência 'sentido noemático'" das *Ideias para uma fenomenologia pura*:

> Na descrição desse objeto visado como tal devem, ao contrário, ser excluídas expressões como "para a percepção", "na recordação", "intuitivamente claro", "pelo pensar", "dado" – que pertencem a uma outra dimensão de descrições, não objeto que é

trazido à consciência, mas à maneira como ele é trazido. Na aparição de um objeto-coisa, ao contrário, seria novamente cabível dizer, no âmbito da descrição em questão: de "frente", ele tem tal e tal determinação de cor, forma etc., pelo "lado de trás", ele possui "uma" cor, porém "não determinada com mais precisão", em tais ou quais aspectos permanece em geral "indeterminado"se ele é de uma maneira ou de outra.[71]

Sob o tabu em relação a tais expressões subjetivas, as expressões objetivas são derivadas novamente de uma coisa sempre já suposta, "naturalista", tal como era excluída justamente pelas reduções. // As experiências, que em geral determinam primeiramente o noema, são trivializadas e transformadas em acidente, algo que participa do conteúdo como mera "qualidade", retornando em certa medida de maneira contingente, enquanto, por outro lado, tal como na escolástica, a "quididade" (*die Washeit*) do objeto – a mera forma da predicação – é autonomizada. Husserl concebe as qualidades como externas ao objeto e como destacáveis dele, a fim de retirá-lo do acaso da experiência; para tanto, porém, o objeto se transforma em algo totalmente vazio e indeterminado. Assim, fracassa a tentativa de se apoderar, no noema, de um ser ao mesmo tempo próprio à consciência e, contudo, transcendente. O objeto husserliano compõe-se como uma trama (*Concoct*) de qualidades, de determinações lógicas e de um substrato abstrato e nulo. Talvez a compulsão epistemológica interna para a reificação e, ao mesmo tempo, o momento da unidade entre subjetivismo e pensamento reificante tenham de ser buscados no princípio

---

[71] Ibid., p.269-70 (na trad. cit., p.289-90).

da própria identidade abstrata. No momento em que se deve predicar algo a partir de um totalmente indeterminado, no momento em que a experiência é cindida daquilo a que ela se refere (*worauf sie sich bezieht*), então um "em-si" é conferido a esse "a-que" (*Worauf*), que todavia não lhe é adequado. Purificado de toda e qualquer predicação, ele seria aquele "nada", no qual, para Hegel, o ser abstrato se converte; ao mesmo tempo, essa indeterminação completa protege de toda crítica o ser em-si do ponto de referência abstrato, o ser em-si sobre o qual – assim como no caso da coisa em si kantiana como causa dos fenômenos – não temos como afirmar nada. Na medida em que o puro momento da identidade, que Husserl apreende como o núcleo noemático, não se mostra como outra coisa senão como resultado da abstração de todos os predicados, por fim como a pura forma do pensamento, a construção do noema obedece ao mesmo mecanismo, que, em Husserl, fornece todo o ser-em-si. O resultado da abstração é arrancado dessa construção, e o pensamento não quer saber de nada sobre si mesmo. O núcleo objetivo reside exatamente nos predicados, que Husserl, apoiando-se ingenuamente na terminologia e nos preconceitos sintáticos, separa dele – e não ao lado ou sob os predicados como puro "ser". Nos teoremas formais e epistemológicos de Husserl, já se acha estabelecido o *próton pseudos* das metafísicas e das ontologias existenciais materiais // que se ligam a ele. A partir da objetividade, no sentido mais amplo, não é possível extrair e trazer à tona, como o seu elemento mais íntimo, o ser, através de uma remoção daquelas camadas que supostamente apenas se encontrariam sobrepostas a ele. O que é celebrado como origem é uma extração (*Absud*), e o primeiro não passa de um último obstinado. A objetividade só pode ser atribuída a uma experiência concreta plena, com todos os seus entrelaçamentos. A questão acerca do ser absolutamente primário, acerca do núcleo noemático e livre de predicados, não conduz a outra coisa senão à mera função de pensamento. Isso frustra a tentativa de irrupção (*Ausbruch*) husserliana, assim como as que foram empreendidas depois dele. Todas essas tentativas ou abolem terminologicamente o idealismo ou o classificam pateticamente como pecado original do espírito ocidental, porque o nome os lembra de seu próprio aprisionamento.

Primado dos atos objetivantes

A absolutização do núcleo noemático ante seus meros e supostos predicados, que contém de qualquer modo aquilo que o transforma em objeto, fundamenta em última instância a doutrina husserliana do primado da intencionalidade: a primazia do "ato objetivante". Como ele hipostasia o algo, o ato que visa a "algo" se transforma para ele em fundamento de todo conhecimento. Em um pensamento cuja estrutura se conforma fundamentalmente à primazia de uma objetividade coisal como algo previamente dado, um primado da consciência objetiva também precisa imperar de tal modo que todo e qualquer outro primado esteja fundado em algo objetivo. Daí resulta a subordinação estranha de tudo o que é humano, que não desponta no conhecimento, às intenções que devem suportá-lo de maneira fundamental. Sentimento e mesmo comportamento prático devem pressupor por princípio uma consciência objetiva, como se a consciência objetiva não tivesse sido arrancada, de maneira penosa e instável, dos tipos de reação psicológicos e da ação cega. O antipsicólogo Husserl entrega-se a uma psicologia racionalista:

Para a metacrítica da teoria do conhecimento

Todo ato ou todo correlato de ato abriga, implícita ou explicitamente, um aspecto "lógico" [...] De tudo isso resulta que todos os atos em geral – inclusive os atos da afetividade e da vontade – são objetivantes, originariamente "constituintes" de objetos, são fontes necessárias de diferentes regiões do ser e, assim, também de suas respectivas ontologias. Por exemplo: a consciência valorativa constitui, em contraposição ao mero mundo das coisas, um novo tipo de objetividade "axiológica", // um "ser" de uma nova região, desde que, justamente pela essência da consciência valorativa, são prescritas teses dóxicas atuais como possibilidades ideais, as quais dão relevo a objetividades com um novo tipo de conteúdo – valores –, como aquelas que são "visadas" na consciência valorativa. No ato da afetividade, elas são visadas em forma afetiva; pela atualização do teor dóxico desses atos, elas passam a ser visadas em termos dóxicos e, posteriormente, lógico-expressivos.[72]

Isso contém certamente tanta verdade quanto, de fato, a separação sancionada pelo sistema kantiano entre práxis, sentimento e conhecimento; a separação mesma, marcada meramente pela divisão do trabalho, produzida socialmente, aponta para uma "falsa consciência". Não é substancial nenhum sentimento para o qual não seja inerente um conhecimento, e nenhuma práxis que não se legitime junto à teoria. Se Husserl cinde, por sua vez, as esferas e declara a esfera racional como o fundamento de todas, então ele pode apontar para a situação do aqui e agora, para o completo estabelecimento da racionalidade. Seu teorema teria o direito, então, de exigir aquilo que naturalmente a fenomenologia, como *philosophia perennis*, seria a

---

[72] Ibid., p.244 (na trad. cit., p.264).

última a querer requisitar, a saber, a adequação ao instante histórico. Mas, assim, esse teorema não seria, de acordo com seu próprio sentido, de maneira alguma justificado. Aquilo que, no psíquico, não remete de antemão a algo objetivo (tal como a percepção glorificada por Husserl), também não se encontra sob o primado da coisa, primado esse que só se firmou depois de milênios de esclarecimento. Sentimentos e modos de comportamento não exigem essencialmente uma consciência de coisas e não são a sua mera variante. A teoria do conhecimento de Husserl se vê em apuros lá onde ela se ocupa com "intenções", cujo acento não recai sobre a dependência de supostos objetos. O nivelamento da práxis a um simples caso especial de intencionalidade é a consequência mais crassa de seu ponto de partida reificante. Quando, porém, a relação do conhecimento com a práxis é rompida, por meio de um postulado científico da pureza do conhecimento, então também o próprio pensamento "puro", alienado de todo fazer, acaba se transformando em algo estático, por assim dizer, em coisa.

Coisa como "fio condutor"

A prioridade e a posição particular dos atos objetivantes, afirmadas por Husserl até sua fase tardia revisionista, // permitem utilizar a coisa constituída como "fio condutor"[73] da análise constitucional, e deduzir a "estrutura transcendental" da consciência coisal. Metodologicamente, portanto, a teoria do conhecimento pressupõe aquilo cuja dedução seria sua única *raison d'être*. O noema não deve efetivamente ser nem um com-

---

73 Cf. ibid., p.313 e ss. (na citada edição brasileira, p.332).

ponente real do *continuum* da consciência, nem um objeto "não reduzido", ingenuamente realista. Na medida, porém, em que a correlação entre noese e noema, na mera asserção formal de sua redutibilidade fenomenológica, repete justamente a relação "ingênua" entre pensamento e coisa, e atribui à coisa a primazia do "momento da unidade", a teoria do conhecimento constitutiva se submete ao pensamento coisal. O noema transforma-se em imagem superficial (*Deckbild*) do lugar por onde a crítica da razão em geral começa a se movimentar. Ele é o lugar-tenente da coisa concreta na fenomenologia pura, e, na verdade, tanto da antiga coisa em si, quanto do objeto (*Gegenstand*) no sentido kantiano. A promessa de um novo começo na fenomenologia, juntamente com o seu efeito histórico, encontra-se presa à aparência de que uma análise da consciência no estilo do criticismo ofereceria aquilo que estaria simplesmente para além da consciência e que se desatrelaria da estrutura de imanência (*Immanenzzusammenhang*) da consciência. Enquanto o noema, como algo meramente visado nos atos, permanece agrilhoado na estrutura de imanência e deve aparecer na *epoché* sem o risco de um posicionamento naturalista, ele permite a interpretação do visado como ser puro e simples, deixando o visar e o visado corresponderem um ao outro de maneira estática, em uma polaridade ontológica. Logo que todas as características daquele "enquanto tal" (*Als solchen*) — as "qualidades" da pura teoria do objeto, nas quais se encontra imersa efetivamente a subjetividade — são transpostas exclusivamente para o "enquanto tal", e a consciência do objeto, como mero saber da objetividade já constituída, é contrastada com essa objetividade, sem lembrança da unidade e da mediação dos dois, o noema "pleno" transforma-se na coisa como segunda natureza. O pensamento da coisa, na qual se esqueceu um pensamento, transforma-se em sua doação. Essa doação, porém, é desmentida pela reflexão mais trivial. Todo visar (*Meinung*) é suscetível ao erro; e toda a exigência da autodoação (*Selbstgegebenheit*) é excluir esse erro. Só se poderia falar rigorosamente de autodoação lá onde o ato e seu objeto coincidissem. // Se não, o objeto dado no ato – segundo a própria terminologia husserliana, assim como segundo a hegeliana, que ele ignora – se mostra como "mediado": ele está "pensado" e porta em si mesmo, mesmo quando está pensado como algo objetivo, momentos categoriais que não podem eliminar nenhuma operação de seu "si mesmo". A expressão "autodoação" é uma *contradictio in adjecto,* e esse é o ponto da tese de Husserl.

Antinomia do noema

Embora o noema – ao menos nos escritos da fase intermediária de Husserl, que designam propriamente a fenomenologia e são ricos em consequências – não seja reconhecido como constituído, sendo simplesmente empalado na intenção isolada que ele "atinge", Husserl o distingue enfaticamente da coisa. Um estado de coisas extremamente paradoxal se produz. Precisamente a tendência reificante da fenomenologia pura, que correlaciona o sempre visado e, nessa medida, o já pronto, com o visar, provoca o surgimento da diferença em relação à coisa plena da experiência, mesmo da coisa kantiana. O visado particular, cada noema, e de maneira alguma apenas o conceito universal, a "unidade ideal da espécie", se subtrai não só à experiência confirmadora ou refutadora, mas simplesmente a toda e qualquer determinação no espaço e no tempo. O "caráter abstrato"

(*Abstraktheit*) do noema, no sentido hegeliano, sua coordenação isolante com o ato isolado, é registrado ontologicamente na conta do lado do crédito e onticamente no lado do débito. Como o visado aqui e agora, que só é visado a partir do ato atual, não se altera, o momentâneo recebe os predicados do eterno e transcende em direção à essência. Para isso, porém, se abre entre o objeto noemático e a coisa plena da experiência o abismo do mesmo *chorismós*, que a fenomenologia se empenha tanto em cobrir. Esse esquema de eternização do significado (*Bedeuteten*), sob a desconsideração da questão acerca da existência do objeto, contra a qual a esfera da *epoché* traça o limite, domina todo o desenvolvimento pós-husserliano da escola. Mesmo a ontologia existencial é um *lucus a non lucendo*:[74] na medida em que manipula cautelosamente os meros significados e a aparência de sua atemporalidade, ela elimina a questão acerca da existência do significado. De acordo com Husserl, a "coisa na natureza" – ou seja, aquilo que era o objeto imanente, constituído, // para todo o kantismo – é fundamentalmente diversa do objeto reduzido, do noema.[75]

> A árvore pura e simples, a coisa na natureza, é tudo menos esse percebido de árvore como tal (o noema) que, como sentido perceptivo, pertence inseparavelmente à percepção. A árvore pura e simples pode pegar fogo, pode ser dissolvida em seus elementos

---

74 Expressão latina que tenta dar voz a uma argumentação absurda: "É um bosque por não ter luz". (N. T.)
75 Cf. Theodor W. Adorno, *Die transzendenz des Dinglichen und Noematischen in Husserls Phänomenologie (Dissertation)*, p.43 e ss.

químicos etc. Mas o sentido – o sentido desta percepção, que é algo necessariamente inerente à essência dela – não pode pegar fogo, não possui elementos químicos, nem forças, nem qualidades reais.[76]

Tais qualidades não correspondiam à intenção particular, mas só à sua relação com a continuidade da experiência. A argumentação de Husserl é motivada pelas dificuldades de uma duplicidade da consciência da coisa. O ponto de vista idealista da coisa imanente tem de contar com duas realidades, "enquanto apenas uma estaria previamente dada e seria possível".

> Eu percebo a coisa, o objeto natural, a árvore ali no jardim; isso, e nada mais, é o objeto real e efetivo da "intenção" perceptiva. Uma segunda árvore imanente ou mesmo uma "imagem interna" da árvore efetiva, que está ali fora diante de mim, não é dada de modo algum, e supô-lo hipoteticamente só leva a contrassenso.[77]

Do fato de que a coisa do idealismo transcendental é constituída de maneira imanente não se segue, contudo, que ela mesma seria uma "imagem interna" ou, então, uma vivência, que ela seria um componente mais real da estrutura da consciência. Já em Kant, ela é concebida como lei,[78] e desde Ernst Mach ela é concebida expressamente como uma equação funcional do dado, de maneira alguma ela mesma uma parte do dado. Husserl, que propõe um mundo dos noemata

---

76 *Ideen*, p.184 (na trad. cit., p.206).
77 Ibid., p.186 (na trad. cit., p.208).
78 Cf. Kant, *Kritik der reinen Vernunft*, p.173-4 (final do parágrafo 26).

e um mundo paralelo a ele e, ao mesmo tempo, radicalmente diverso dele por meio da diferença ontológica, o mundo das "coisas naturais", não tinha de temer menos o fantasma da duplicação do que o idealismo heterodoxo, que permite visar e também "apreender" esse *constitutum*, que jamais pode ser dado adequadamente e que nunca emerge sem restos nos dados da consciência. O escândalo do idealismo – o fato de aquilo que é subjetivamente gerado permanecer ao mesmo tempo *objectum*, contraposto ao sujeito – também não é eliminado por Husserl. O próprio Kant falou de um paradoxo de sua filosofia, // paradoxo esse que ele esperava "tornar compreensível"[79] mediante a dedução transcendental dos puros conceitos do entendimento. Na *Crítica da razão pura*, o eu constitui as coisas aplicando as categorias sobre o sensível. Continua válido, porém, o conceito tradicional de verdade, o conceito da adequação do conhecimento ao seu objeto. Assim, os conhecimentos do sujeito seriam verdadeiros quando estivessem em concordância com aquilo que o próprio sujeito constituiu. O saber do sujeito em relação a algo objetivo reconduz, por sua vez, tendo em vista a indeterminação radical do "material", apenas ao sujeito e é, nessa medida, em certo sentido tautológico. O fato de o pensamento, sob a autoridade de Kant e de todos os positivistas e idealistas que lhe seguiram, ter se habituado com isso em nada altera que um conceito de verdade, como conceito da *adaequatio rei atque cogitationis*, se torna um disparate, no momento em que a esfera da *res* é absorvida na esfera das *cogitationes*. Husserl não estava disposto a se deixar aterrorizar pela tese, desgastada até o nível da má obviedade, de que o espírito prescreveria as leis

---

[79] Ibid., p.165 (parágrafo 34).

à natureza, uma tese que destrói o conceito de objetividade ao fundamentá-lo. No entanto, na resistência a isso, ele acaba caindo em contradição. Por um lado, Husserl se submete ao desiderato idealista em nome da "redução fenomenológica"; por outro lado, com o auxílio da consciência "simplesmente acolhedora" de algo objetivo e, nessa medida, de uma consciência pré-crítica, ele gostaria de implodir a filosofia da imanência. A cisão entre uma coisa não reduzida e uma reduzida, entre "uma árvore pura e simples" e o "percebido como tal" supõe uma transcendência coisal em meio à filosofia da imanência. A invenção do noema deve realizar uma mediação entre um conceito de coisa em si dogmático e os critérios de uma filosofia da consciência idealista.[80] O discurso sobre a "árvore pura e simples" é equívoco. Se ele fosse válido para a "causa desconhecida dos fenômenos" de Kant, então a sua hipótese não seria nem compatível com o postulado husserliano de uma "filosofia como ciência rigorosa", nem esse X transcendente poderia ser equiparado com aquilo que é inteiramente determinado, intencionalmente visado. Em contrapartida, se a árvore fosse o objeto da experiência, o objeto kantiano, então ela também não estaria protegida da possibilidade da aniquilação, // nem mesmo em sua apoteose como sentido do ato. Pois mesmo a "árvore percebida como tal" seria consciência de um idêntico, como "esta árvore" e nenhuma outra, e essa consciência inclui, juntamente com a espacio-temporalidade, a possibilidade de sua transformação e aniquilamento. Como todas as coisas são "coisas de pensamento" para o idealismo, sua aniquilação tam-

---

80 Cf. Theodor W. Adorno, *Die transzendenz des Dinglichen und Noematischen in Husserls Phänomenologie (Dissertation)*, p.51 e ss.

bém seria, segundo suas regras de jogo, algo tão categorial quanto a sua existência. Na argumentação central, sobre a qual se baseia o método fenomenológico, Husserl padece, no sentido de uma crítica imanente, do mesmo erro contra o qual polemiza: ele confunde o estado de fato "real" da consciência, a "vivência" intencional particular, com aquilo a que ela se refere. A partir da trivialidade de que uma vivência não poderia pegar fogo, ele conclui que o visado nela estaria assegurado diante dos casos alternantes da faticidade, como uma ideia platônica. A fenomenologia, surgida como reação à consideração psicologista da causalidade, se calcifica junto à mera negação de representações naturalistas da relação causal e perde quanto a isso todo e qualquer conceito suficiente de causalidade em geral. Essa interrupção da análise epistemológica aquém da causalidade é transvalorada em um além, em conquista de uma região absoluta, isenta de uma condicionalidade espaço-temporal. Aquela concreção e plenitude das qualidades, que deveriam assegurar à fenomenologia a sua superioridade em relação ao formalismo epistemológico, são tomadas de empréstimo da coisa plena da experiência, coisa que está submetida à causalidade. Enquanto isso, o dublê sombrio daquela coisa, o noema a-causal, a auxilia a alcançar a dignidade de um caráter *a priori*. Esse mecanismo prepara resultados da experiência como intelecções das essências, como se a experiência conferisse a essência sem mediações. A força de atração da escola, a unidade entre concreção e essencialidade, é derivada da ambiguidade da construção conceitual central que, a partir das duas significações, toma aquilo que se conforma a ela e deixa de lado aquilo que a coloca em risco.

Theodor W. Adorno

Abdicação da crítica

A duplicação husserliana do objeto como uma coisa e como um visado "como tal", porém, é exigida pelo ponto de partida da *epoché* fenomenológica, que não critica propriamente, tal como Hume e Kant, // os assim chamados conceitos naturalistas de coisa, eu e causalidade, mas simplesmente os neutraliza. A "tese da atitude natural" (*natürlichen Einstellung*) deve estar fora de ação no curso da pesquisa fenomenológica. Assim, no entanto, "nada deve se alterar": apesar da redução à consciência pura, a análise deve poder oferecer para si previamente como objeto de pesquisa tudo aquilo que é válido para a "atitude natural", com a única diferença de que ela abdica de um juízo sobre a existência espaço-temporal daquilo que "aparece"[81] para a atitude natural. Graças à concepção ambígua de *epoché*, o método pode se reservar (sempre que necessário e em função da análise do significado) ao direito de recorrer a conceitos naturalistas, sem se preocupar inicialmente, em todo caso, com a sua constituição e com a sua legitimidade. Assim, Husserl toma a liberdade de evocar aquela árvore que, em contraposição ao noema, poderia pegar fogo. A restauração de doutrinas pré-críticas pela escola fenomenológica pode ser literalmente reconduzida, no mais íntimo de seus textos epistemológicos, à falta de crítica que, de fora, o momento histórico parece infligir. Husserl já capitula diante da violência extrema daquilo que é, e a eternização do ser na essência tanto quanto no noema é ao mesmo tempo o resultado e o encobrimento dessa capitulação. Em Kant, a crítica da razão devia impedir que o dogma abalado

---

81 Cf. *Ideen*, p.53 e ss. (na trad. cit., p.73).

se entrincheirasse atrás da pretensão de ser conhecimento. Em Husserl, no mundo completamente esclarecido, juntamente com a necessidade de tal crítica, também se perdeu a força necessária para ela. Só restou do idealismo o momento apologético, a vontade de se assegurar do sempre próprio como um absoluto, enquanto o momento negativo, a contradição em relação à pretensão de que o que é feito pelo homem seria absoluto, se inverteu e se transformou em mera medida de precaução, a fim de manter puro o âmbito autodelimitado do espírito, imaculado diante de toda faticidade e de sua força angustiante. A *epoché* "assume", anuncia a sua posse, sem se engajar, como se ela pressentisse que aquilo que pertence ao sujeito já não lhe pertence mais. Nessa precaução, porém, ela sucumbe à fatalidade. A suspensão do juízo em benefício da certeza absoluta abre a porta para o dogma, // que é incompatível com essa certeza. O objeto, como objeto da mera intenção subjetiva, sem levar em consideração o fundamento de sua legitimidade, confunde-se, precisamente em tal subjetivação, com a objetividade inquestionadamente suposta. A declaração de Husserl de que a *epoché* não poderia ser "confundida com aquela *epoché* que é exigida pelo positivismo"[82] é, como todas as declarações semelhantes de sua escola, uma asserção vazia, que se acusa na medida em que se desculpa; para ela, aplica-se a caracterização freudiana da negação.[83] Em Husserl, também se trata do "retorno de toda fundação àquilo que se encontra de modo imediato (*Vorfindlichkeiten*)",[84] só que de um retorno que, por conta de um respeito vão diante do estado de

---

82 Ibid., p.57 (na trad. cit., p.81).
83 Cf. Sigmund Freud, *Gesammelte Werke XIV*, Londres, 1948, *A negação*, p.11 e ss.
84 *Ideen*, p.57 (na trad. cit., p.81).

fato, não consegue mais provar o que se encontra previamente dado e o que não se encontra. Por essa oportunidade assim conquistada, a oportunidade de colocar a mão sobre o que não se encontra previamente dado, como se a consciência fosse segura de si, Husserl precisou pagar com a renúncia à jurisdição da razão, sobre a qual ele se preocupava desde a seção final do *Ideias* e a qual, porém, destrói passo a passo a *differentia specifica* da fenomenologia em relação àquele idealismo (do qual a fenomenologia havia prometido se desatrelar com meios idealistas). Não havia nenhuma outra escolha para a resolução das antinomias da fenomenologia a não ser ou revogar de maneira transcendental a própria fenomenologia ou então trazer à luz seu aspecto dogmático latente e, pela consistência da ciência das verdades puras da razão (como a nova ontologia foi inaugurada), difamar a própria razão.

Posição antagônica no sistema

Essas antinomias encontram a sua expressão mais elevada no conceito supremo ao qual a fenomenologia pura, um pouco *contre cœur*, se lançou: o conceito de sistema. Sem dúvida, Husserl evitou a palavra na maioria das vezes, abstraindo-se da determinação posterior da lógica formal como um sistema dedutivo.[85] Contudo, desde a rearticulação dos problemas da constituição com o sujeito transcendental, a coisa era inevitável, assim como a unidade sintética da apercepção em Kant era indissolúvel do sistema da razão pura. O pudor terminológico de Husserl é compartilhado com outros filósofos da escola de sua época, por exemplo, com o "sistema aberto" de Heinrich

---

85 Cf. *Logik*, p.78 e ss.

Rickert. Com certeza, os pensadores acadêmicos, contra o escárnio de Nietzsche em relação à falta de probidade do sistema, se apoiavam em sua dignidade de cátedra. // Mesmo eles, porém, não tinham como ignorar a experiência, irresistível desde a morte de Hegel, de que a totalidade dos conteúdos da consciência presente, em si tão quebradiça e antagônica quanto disparatada em sua disposição no campo das ciências, não podia mais ser desenvolvida a partir de um princípio uno. Do contrário seria diluída e transformada em uma trivialidade, ou ainda, um puro obscurecimento justificaria aquilo que já existe, como produto do espírito idêntico consigo mesmo e condizente em si. Por outro lado, as ponderações epistemológicas, com as quais a ciência aspira sustentar seu monopólio do conhecimento, conduzem elas mesmas necessariamente ao conceito do sistema: do contrário, a pretensão científica, nas palavras de Kant, permanece "rapsódica".[86] Essa contradição cristaliza-se na filosofia de Husserl, de maneira imanente, sem um arrazoamento histórico-espiritual, a partir da irreconciliabilidade de suas motivações de pensamento. Pois mesmo onde ele, em favor da "jurisdição da razão", vai além da mera descrição de estruturas da consciência e, por exemplo, pratica a teoria do conhecimento como uma espécie de crítica da razão, questionando a constituição da coisa (*Ding*) ou, depois, do eu alheio, mesmo aí ele se vincula ao postulado de um orientar-se, por assim dizer passivo, pelas "coisas" (*Sachen*). Mesmo a unidade do "eu penso" deve, para ele, coincidir com um caráter previamente dado e derradeiro da consciência. Apesar de, em seus escritos posteriores, o conceito infinitesimal desempenhar o seu papel, Husserl nunca se ocupou da funcionalidade, seja,

---

[86] Cf. Kant, *Kritik der reinen Vernunft*, p.130.

de maneira kantiana, como "ação", seja, de maneira neokantiana, como "produzir originário" (*ursprüngliches Erzeugen*). Se ele tivesse revisado aí a sua origem positivista, então isso teria arruinado a plausibilidade de sua tentativa de restaurar a absolutidade do espírito, outrora especulativamente conquistada, sobre o solo da ciência, como um resultado ele mesmo "científico", e de apreender o conceito especulativo de Hegel (do qual ele naturalmente sabia pouco) em meio à mera filosofia da reflexão. Mas só o sistema garantia a unidade transcendental fechada, na qual Husserl precisou inserir toda realidade efetiva para protegê-la da contingência. Por isso, o sistema não pode surgir mais da faticidade, não pode ser nenhuma simples doação, mesmo que Husserl precise, de qualquer modo, tentar interpretá-lo enquanto tal. Isso acontece na "Passagem para a fenomenologia da razão" do *Ideias*, // em nome do "ser prescrito" (*Vorgezeichnetseins*) que, como "ideia", abarca a totalidade do "mundo", ao passo que a "estrutura eidética" (*Wesensbau*) como tal, que capta em si sua infinitude, seria dada positivamente. Neste contexto, Husserl não consegue mais contornar o conceito do sistema:

> Deve-se, pois, entender apenas como exemplo que nos tenhamos restringido à consciência empíria e às "coisas" do "mundo". Nao importa o quanto alarguemos nosso âmbito e em que nível de generalidade e de particularidade nos movamos – e mesmo se descemos ao nível mais baixo de concreção: tudo está prescrito eideticamente. A esfera do vivido segue tão rigorosamente leis em sua estrutura eidética transcendental, toda configuração possível eidética possível é tão firmemente determinada segundo noese e noema, quanto, pela essência do espaço, qualquer figura possível

nele inscrita é determinada – por leis incondicionadamente válidas. O que em ambos os casos é chamado de possibilidade (existência eidética) é, portanto, possibilidade absolutamente necessária, é membro absolutamente determinado na articulação (*Gefüge*) absolutamente determinada de um sistema eidético. A meta é o conhecimento científico deste, isto é, trata-se de marcá-lo e dominá-lo teoricamente num sistema de conceitos e de enunciados de lei que emanem de intuição eidética pura. Como poderemos compreender pormenorizadamente em desenvolvimento ulterior, todas as separações fundamentais, feitas pela ontologia formal e pela doutrina das categorias que a ela vem se juntar – pela doutrina da divisão das regiões do ser e de suas categorias, bem como da doutrina da constituição de ontologias materiais a elas adequadas –, são itens capitais para investigações fenomenológicas. A elas correspondem necessariamente nexos eidéticos noético-noemáticos, que podem ser descritos sistematicamente e determinados segundo sua possibilidade e necessidade.[87]

O caráter contraditório de um conceito de existência eidética marca a antinomia fenomenológica de modo tácito: em relação à essência (*Wesen*), que deve pairar acima de toda fragilidade da existência, é atestado ao mesmo tempo aquele ser independente do pensamento, que não pode ser acolhido em parte alguma senão por uma existência, com a qual as essências (*Essenzen*) de Husserl não querem, a todo custo, se deixar contaminar. // Ele determina a mesma coisa como ontológica e ôntica – uma versão preliminar da doutrina do ser-aí como o ôntico que teria o primado de ser ontológico;[88] doutrina esta na qual não

---

[87] *Ideen*, p.279-80 (na trad. cit., p.299-300).
[88] Cf. Martin Heidegger, *Sein und Zeit*, p.16.

se esconde, aliás, não menos do que em Husserl, o primado constitutivo da subjetividade, o velho idealismo. Permanece incompreensível, permanece um acaso de segunda ordem, porém, como é que uma tal "existência" (*Existenz*) poderia ser integrada à "articulação absolutamente determinada de um sistema eidético". Pois, naquilo que se encontra previamente dado, por mais que ele venha a ser espiritualizado, não é possível antecipar aquilo que será encontrado, a menos que a "articulação" (*Gefüge*), dito em termos kantianos, já esteja presa em um ponto supremo.[89] Husserl precisa recusar isso a si mesmo, uma vez que a fonte de legitimação dos conceitos é, para ele, uma "pura intuição das essências", cuja infalibilidade se apoia sobre o caráter do ser dado. Não obstante, já prepondera aí a compulsão ao sistema, e as ontologias discretamente contrastadas umas com as outras são reduzidas a indicações para um tipo de divisão fenomenológica do trabalho. As *Meditações cartesianas*, por fim, falam sem floreios do caráter provisório das ontologias em relação à unidade do sistema. Só que o sistema mesmo deve se encontrar contraposto ao sujeito como objeto descritivo, como fato de uma ordem suprema; porém, sua pretensão de completude, de imanência absoluta, de independência em relação a tudo aquilo que se encontra fora dele, aquela ideia de que *nulla re indiget ad existendum*,[90] postula o sujeito transcendental. O sistema "prescrito", segundo um hábito matemático, está operando, portanto, em Husserl (que não por acaso se refere ao espaço e à geometria) como conceito de indiferença: segundo ele, o sistema seria objetivo como unidade de todas as regiões

---

89 Cf. Kant, *Kritik der reinen Vernunft*, p.152 (nota de pé de página), B 134.
90 Em latim, no original: "não necessita de coisa alguma para existir". (N. T.)

formais e materiais que se encontram previamente dadas e, ao mesmo tempo, subjetivo, na medida em que essa unidade é buscada na unidade da própria subjetividade. No pomposo conceito de fenomenologia transcendental como *prima philosophia* da época tardia, essa concepção inexpressa de indiferença entre sujeito e objeto se sedimentou. A investigação dirigida para a diversidade dos "fenômenos" da consciência é fenomenológica; já a necessidade de sua fundamentação em uma estrutura do sujeito, preordenada a toda experiência, é transcendental. O fato de ambas convergirem é tomado como óbvio, totalmente por acaso. // A aparência de tal obviedade só é possível porque o momento subjetivo, o eu fenomenologicamente puro, e o momento objetivo, o conceito eideticamente reduzido, são ambos vedados do mesmo modo contra a faticidade e se bastam a si mesmos: nada de fora pode atingir os dois, nada pode lhes acontecer. Essa pureza, contudo, só é garantida pela pureza transcendental. A autorretração (*Selbstzurücknahme*) da fenomenologia não é nenhum ato de revisão ponderada, que se horroriza diante das consequências, por exemplo, como as eternidades efêmeras de Scheler. Quanto mais objetividade deve possuir o noema, o subjetivamente visado, tanto mais o sujeito precisa atuar, a fim de fornecer ao objeto sua unidade. Essa unidade, por sua vez, requer a unidade da consciência, como a sua quintessência, e, portanto, o sistema.

A transição de Husserl para o idealismo transcendental

Historicamente, a concepção de sistema em Husserl não estava de maneira alguma condicionada pela justificação do sentido noemático como uma objetividade que se mantém identicamente. Já no começo dos *Prolegômenos* exige-se a "unidade da estrutura de fundamentação": "O reino da verdade não é nenhum caos desordenado. Ao contrário, impera nele uma unidade das leis; e, assim, a investigação e a exposição das verdades também precisam ser sistemáticas, elas precisam refletir suas estruturas sistemáticas".[91] Naturalmente, o sistema torna-se, de início, como uma objetividade previamente alcançada pela ciência, em certa medida heurístico, pensado sem um "fio condutor". Por exemplo, em formulações do tipo: "Com isso, as formas essenciais de proposições normativas universais podem ser esgotadas".[92] Na unidade da razão lógica, porém, que deve corresponder à unidade da lógica, já está contido virtualmente o sistema, de maneira não tão diversa da que acontece com a relação entre a completude das formas do juízo e a completude das categorias em Kant. A doutrina desenvolvida da correlação conduz inexoravelmente ao sistema. Seu dualismo, o estar mutuamente referido um ao outro entre ser e consciência, é uma ilusão. Quando a filosofia começa a buscar na consciência os títulos de direito para o ser e para o ente, então se instaura aí o principado da consciência, mesmo que se classifique o ser como o "polo oposto" da consciência. Por isso, é preciso interpretar como sistemática a sentença do segundo volume das *Investigações lógicas*: // "Aquilo que não podemos pensar não pode ser, aquilo que não pode ser não podemos pensar".[93] Não há como não ouvir aí as reminiscências da fórmula de

---

91 IL I, p.15.
92 Ibid., p.43.
93 IL II, I, p.239.

Hegel. Ela é a confissão de uma semelhança latente. Husserl procurava reconciliar o dualismo sujeito-objeto, não reduzindo a objetividade à subjetividade, mas inscrevendo de maneira tendencial a própria oposição em algo mais abrangente – em Hegel, esse algo se chama "espírito"; nos dois, esse elemento mais abrangente também se constitui do mesmo modo, por fim, subjetivamente; ambos são, apesar de toda a preocupação com a alteridade, idealistas. Diante de Hegel, porém, a tentativa de Husserl é tão tímida e fraca, que a reconciliação almejada lhe escapa. A ideia do sistema se encolhe e se transforma em algo formal. Em Hegel, o sistema era, segundo a formulação da *Enciclopédia*,[94] a totalidade concreta; já Husserl se dá por satisfeito com as estruturas puras da consciência ligadas no *eidos ego*. A única coisa que resta do sistema é que não haveria nenhum ser que não pudesse ser pensado, de tal modo que todo ser, de maneira abrangente e completa, tem de ser medido a partir da unidade do pensamento. A correlação entre ser e pensamento, que apenas é registrada, revela-se como inócua: ela não se comprova mais em nenhum conteúdo determinado. Tal como depois de uma derrota, a filosofia se retira para uma posição atrás das trincheiras de sua fortificação, atrás da doutrina das categorias do pensamento. Não é a afirmação de uma prioridade constitutiva completa da consciência que decide quanto ao caráter idealista de Husserl – essa prioridade só se encontra explicitamente na fase tardia transcendental –, mas a sua exigência permanente de identidade. Sempre que se afirma tal identidade – um princípio monista de explicação do mundo, que por sua mera forma promove o primado do espírito

---

[94] Cf. Hegel, WW VIII, *System der Philosophie*, p.60.

que dita esse princípio – a filosofia se torna idealista. Mesmo quando o ser, como tal princípio, é jogado contra a consciência, anuncia-se, na pretensão da totalidade do princípio que inclui tudo, o primado do espírito; o que não emerge do espírito é inconcluível (*unabschließbar*) e escapa inclusive ao princípio de si mesmo. O idealismo impera, mesmo quando o *hypokeimenon* é chamado de ser ou matéria ou de algum outro nome qualquer, por causa da ideia do *hypokeimenon*. Essa apreensão total, a partir de um princípio, estabelece o direito total do pensar.

187 // A fronteira teórica com o idealismo localiza-se não no conteúdo da determinação de substratos ontológicos ou de termos primordiais (*Urworte*), mas na consciência da irredutibilidade daquilo que é, em um polo da diferença irrevogável, como quer que esse polo venha a ser constituído. Essa consciência precisa se desdobrar na experiência concreta; caso ela permaneça junto à afirmação abstrata da polaridade, continuará sempre presa ao idealismo. Hoje, nenhum "projeto" (*Entwurf*) pode ser assimilado ao método dialético. Precisamente a virada husserliana para um conceito "correlativo" de ser, virada essa que preparou a sua teologização posterior, tinha um sentido extremamente idealista, e esse conceito jamais o abandonou. Determinações de pensamento, que incluem mesmo a consciência da diferença ou da "alteridade", devem ser arrancadas da faticidade através de uma medida elevada de abstração e, portanto, a alteridade precisa ser extirpada. O traço ontológico de Husserl é, tal como o de Hegel, o traço verdadeiramente idealista. Na medida em que as estruturas mais universais da consciência são privadas de sua relação com toda e qualquer matéria, e na medida em que essa relação mesma só retorna como caracterização formal da estrutura da consciência, o puramente espiritual se instala como em si, convertendo-se, por fim, no ser. Com certeza, Husserl, em uma passagem anterior do *Ideias* – na verdade, logo que chega à *epoché* –, trata do "estranho", do "ser outro" (*Anderssein*) e do modo como a consciência poderia se entrelaçar com isso e "com todo o mundo estranho à consciência".[95] Imediatamente em seguida, porém, ele supõe sem mais a "unidade real de todo o mundo". Assim, o sistema se institui, e o predomínio da consciência sobre o ente (consciência essa que tinha acabado de se separar ontologicamente do ente) é decretado. Somente quando a quintessência do ente surge sem restos nas determinações de pensamento, é que se pode falar de uma tal "unidade real do mundo". Diante disso, a enunciação acerca da alteridade permanece como mero preâmbulo metodológico. Enquanto tal, revela-se no método fenomenológico da redução à "consciência absoluta".[96] Pois a consciência só é absoluta quando não tolera mais nenhuma alteridade que não seja ela mesma própria à consciência – ou seja, só tolera uma alteridade que não seja alteridade alguma.

Fragilidade do sistema

// Ocorre que o sistema, que não quer ser especulativo, mas uma constatação científica de estados de fato, arrasta consigo a contradição para mais além. A legitimação da pretensão sistemática do *Ideias* fracassa. É na unidade da consciência da coisa, e apenas nela, que Husserl tem o seu cânone de um conhecimento sistematicamente legítimo:

---

95 *Ideen*, p.70 (na trad. cit., p.94).
96 Cf. ibid., p.91 e ss. (na trad. cit., p.114 e ss.).

Da consciência empírica de uma mesma coisa, que abrange "todos os aspectos" desta e se confirma em si mesma numa unidade contínua, faz parte, por necessidade de essência, um sistema multifacetado de contínuas diversidades de aparências e perfis, nas quais se exibem ou perfilam em continuidades determinadas todos os momentos objetivos que entram na percepção com o caráter daquilo que se dá a si mesmo (*Selbstgegebenheit*) de maneira corpórea. Toda determinidade tem seu sistema de perfis, e de cada uma dela, assim como da coisa inteira, é lícito dizer que está ali como a mesma para a consciência que a apreende e que unifica sinteticamente recordação e nova percepção, a despeito de qualquer interrupção que possa haver na continuidade da percepção atual.[97]

Isso corresponde inteiramente, abstraindo-se do conceito inconfundivelmente psicológico de perfis, à dedução kantiana da coisidade. Falta, contudo, a – nunca "dada" enquanto tal – unidade da consciência, que, em Kant, possibilita a unidade da coisa e que, em Husserl, passa por alto como algo não concebível de maneira descritiva. Sem ela, no entanto, a afirmação de que os "perfis", ou seja, as aparições da coisa, seriam "contínuos e regrados"[98] seria ela mesma dogmática. Husserl não pode deduzir das coisas em si essa identidade segundo a redução fenomenológica; como imediatamente dado, não existe uma tal "regra", tal como Kant objetava de maneira rigorosa ao empirismo. Husserl, contudo, precisa abdicar dessa dedução, caso não queira ferir o "princípio de todos os princípios". Para a mera descrição, o "sistema" também poderia muito bem ser

---

97 Ibid., p.74-5 (na trad. cit., p.98-99).
98 Ibid., p.75 (na trad. cit., p.99).

Para a metacrítica da teoria do conhecimento

diverso; sua unidade e, portanto, a pretensão sistemática são casuais. Isso, porém, seria incompatível com a própria ideia de sistema. Husserl levou isso em conta no *Ideias*, na medida em que reinterpretou a indeterminação da consciência da coisa, ou seja, seu caráter inconcluso, exposto ao acaso da experiência,[99] na "determinabilidade segundo um estilo firmemente prescrito",[100] e, de maneira neokantiana, transformou a coisa como um sistema de suas aparições possíveis em uma tarefa infinita. // "Ser desta maneira *in infinitum* faz parte da essência insuprimível da correlação entre coisa e percepção da coisa."[101] Precisamente onde o conceito neokantiano de lei seria devido, o termo "estilo" aparece, assim como, mais tarde, a sociologia do saber relativista manipulará estilos de pensamento. Isso é, por assim dizer, duplicado em categorias estéticas que subtraem, do critério de sua obrigatoriedade objetiva, a unidade do objeto e que, não obstante, conferem a ele a dignidade do que é prescrito de maneira abrangente. Cicatrizes linguísticas atestam a incompatibilidade do sistema com o dado previamente encontrável.

---

99 Cf. ibid., p.80 (na trad. cit., p.104).
100 Ibid.
101 Ibid.

// IV
A essência e o eu puro

> *A fantasia em meu sentido*
> *É dessa vez por demais imperiosa.*
> *Deveras, se sou todo esse alarido,*
> *Então hoje sou de uma loucura vertiginosa.*
>
> Goethe, *Fausto*, "Sonho da noite de Valpurga"

Husserl e seus sucessores

Em termos da discussão oficial acadêmica na Alemanha, Husserl já era considerado, antes de Hitler, superado e irrelevante. Embora tenha sido possível conferir-lhe méritos em relação ao método voltado para aquela nova concretude ontológica, com a qual se pensava ter superado o idealismo, então caído em descrédito, esses méritos pareciam tão aleatórios quanto as contribuições de um especialista em uma ciência determinada para um projeto metafísico. Inversamente, para os representantes do cientificismo filosófico – por exemplo, para Friedrich Schlick na *Doutrina universal do conhecimento* –, Husserl parecia ele mesmo um metafísico, um arauto daquela "visão" (*Schau*), tal como foi descrita menos segundo os seus textos e mais segundo os versos de Stefan George: ele teve de compartilhar com outros teóricos da razão, Hegel inclusive, o predicado insípido de "místico". Os primeiros o tomavam por um epistemólogo formalista, sem a preocupação com a existência humana, tal como aqueles a interpretavam, ou seja, sem a preocupação com a essência do homem enquanto um existente; os últimos juntaram a doutrina da ideação com o vitalismo e o irracionalismo, por mais que Husserl, desde a publicação da "Sexta investigação lógica", tenha resistido tenazmente a tal articulação. De sua parte, ele não contribuiu em nada para que pudesse merecer o destino que a "nova objetividade" (*neue Sachlichkeit*) e a "nova falta de objetividade" (*neue Unsachlichkeit*) igualmente lhe prepararam. Ele participou de maneira tão fiel do jogo da "discussão" com seus colegas que, depois da crítica de Paul Natorp ao *Ideias para uma fenomenologia pura*, atenuou-se sua diferença em relação ao neokantismo de Marburgo, um neokantismo aparentemente contraposto a ele de maneira radical, transformando-se essa diferença em mera nuance; // ele levou em consideração cada um deles como "pesquisador" e anunciou reservas, com certeza em razão do "enraizamento principial das ciências",[1] mas não em razão do funcionamento e da função da ciência, que se encontravam, também segundo o seu ponto de vista, "radicalmente" ameaçados. As heranças ontológicas, antropológicas e existenciais de Husserl também não têm o direito de negar a proveniência de seu patrimônio de pensamento. Isso se deve ao método husserliano e não apenas ao método; a questão é que esse método é, em termos de pon-

---

1 *Logik*, p.3.

deração burguesa e responsabilidade crítica, tão superior aos seus adeptos, que esses não gostam nem mesmo de lembrar de Husserl. Isso vale tanto para Max Scheler, quanto para Heidegger. Com certeza, o conceito kierkegaardiano de existência (*Existenz*) parecia ter eliminado, em *Ser e tempo*, aquela postura de "espectador", na qual o fenomenólogo acreditava que deveria ser conservada. Mas, entre os resultados espantosos do estudo recente de Husserl, está o fato de os temas centrais de *Ser e tempo*, ainda que academicamente instrumentalizados, já estarem presentes na obra do mestre. É comum aos dois, antes de tudo, a não obrigatoriedade (*Unverbindlichkeit*) de todos os enunciados em relação "às coisas". Se a confrontação de todo e qualquer conceito husserliano com o seu objeto pode ser reprimida por meio do aceno de que o conceito só vale na *epoché* e não de maneira "ingênua" no mundo dos fatos, então já antes da "viragem" tinha sido evitada toda interpretação mais drástica das teses de Heidegger sobre a angústia ou o cuidado (*Sorge*), a curiosidade e a morte, porque o que está em questão são modos puros de ser do ser-aí (*Dasein*): por mais fortes e próximas da experiência que soem as palavras de ordem de Heidegger, elas simplesmente não aderem à realidade efetiva da sociedade. Husserl e Heidegger fazem com que a ruptura (*Bruch*) entre necessidade e casualidade desapareça em meio ao ponto de partida daquele princípio do eu, que em Husserl se chama "ego transcendental" e, em Heidegger, ser-aí. Nas duas filosofias, ideia e *factum* se interconectam. A tendência de Heidegger de encobrir contradições insolúveis, tais como a contradição entre ontologia atemporal e história, ao ontologizar a própria história em historicidade e ao converter a contradição enquanto tal em "estrutura do Ser", está prefigurada na teoria do conhecimento de Husserl. Também ele procura hipostasiar a insolubilidade como solução do problema. Em idade mais avançada, ele procurou superar a ruptura entre essência e existência com o mesmo golpe de Heidegger, // que definiu o ser-aí como uma estrutura do Ser. Na *Lógica formal e lógica transcendental*, encontramos a seguinte formulação: "Uma vida da consciência não é pensável senão como uma vida dada originariamente sob a forma essencialmente necessária da faticidade, sob a forma da temporalidade universal".[2] O *factum* deve ser superado (*aufgehoben*) na essência, na medida em que a "faticidade" (a saber, a descoberta de que fatos, com uma determinada posição temporal, constituiriam o conteúdo do "eu puro") se dá como lei da essência, inteiramente como determinação formal justamente desse eu. A substrução da forma "faticidade" deveria ser suficiente para se apoderar do próprio *factum*, por intermédio da legalidade transcendental das essências, sem que a teoria admita que a diferença entre a "faticidade" formal e o *factum* de conteúdo, particular, seja idêntica à diferença antiga entre essência e fato. O nome "facticidade", o conceito universal que subsume os fatos como fatos, é transformado como que por um passe de mágica em essência, à qual os fatos obstinados não podem mais fazer mal algum, apesar de o conteúdo da "essência" faticidade não poder, de qualquer modo, derivar precisamente de puras necessidades essenciais. A fenomenologia, em vias de se afogar, tenta escapar do pântano do mero e desprezado ser-aí, puxando-se por seus próprios galhos essenciais. Em uma tal ilusão reside o fundamento material da coincidência linguística com Heidegger. Nos dois, os conceitos, retirados da

---

[2] Ibid., p.279.

experiência, são sempre disfarçados com uma dignidade arcaica, por meio de sua transplantação para o âmbito eidético. Tal dignidade deve protegê-los da intervenção da mesma vida bruta à qual eles devem, por outro lado, justamente essa palpabilidade que corrompe aqueles que estão cansados da abstração; nos dois, inversamente, sempre aparecem determinações totalmente formais de uma maneira que finge a sua drástica clareza (*Anschaulichkeit*). Não é à toa que "projeto", "autenticidade", "autointerpretação" são termos diletos tanto em um quanto em outro; a formação de uma teoria se chama vez por outra em Husserl "trabalho concludente",[3] como se estivesse em discussão a abençoada obra manual cotidiana. A síntese transcendental não é pensada com a sua palavra estrangeira e sincera, mas traduzida na artesanal "interioridade da realização" (*Innerlichkeit des Leistens*). Do mesmo modo, constatações formais tais como a repetibilidade aleatória // ou o conhecer irrefletido criticamente são expressas por partículas gramaticais como "sempre" (*je*) ou "diretamente" (*geradehin*). Nas ponderações preferidas de Husserl sobre a peste universal, em meio à qual a humanidade seria extinta, sem que o menor risco ameaçasse o resíduo fenomenológico, o do eu puro, tem-se talvez até mesmo o direito de supor os arquétipos daquele niilismo no mínimo igualmente misantrópico e inconsequente do jovem Heidegger, que discorria sobre o ser para a morte e o nada niilizante.

A tentativa de irrupção da fenomenologia

A complexão paradoxal do pensamento e da linguagem no Husserl tardio é expressão de um fracasso. Esse fracasso, con-

---

[3] *Ideen*, p.314 (na trad. cit., p.333).

tudo, é o critério de medida do nível filosófico de Husserl, de uma intransigência do pensamento que impele ao absurdo sua própria tentativa de modificar fundamentalmente o idealismo da época a partir de seus pressupostos, sem tocar nos pressupostos. Na fenomenologia, o espírito burguês busca, com um empenho obstinado, fugir do aprisionamento da imanência da consciência, da esfera da subjetividade constitutiva, com o auxílio das mesmas categorias adotadas pela análise idealista da imanência da consciência. A teoria do conhecimento gostaria de atingir as células, nas quais o mundo dos objetos autoproduzidos se posiciona absolutamente como ilusão de uma "natureza", precisamente em virtude de seu caráter redutível a uma "realização" (*Leistung*) subjetiva – ou seja, ao trabalho. É possível depreender muita coisa tanto dessa tentativa quanto desse fracasso. A tentativa indica que a autoconsciência burguesa avançada não pode mais se satisfazer com o fetichismo dos conceitos deduzidos, no qual se reflete, para o seu observador, o mundo das mercadorias. Essa consciência precisaria apreender a coisa mesma. Esta, porém, não é um "fato". A urgência pela categoria de essência, em Husserl, não decorre simplesmente da tendência para uma restauração romântica da tradição escolástica: na essência, não somente o pensamento quer se colocar em segurança diante do *factum*, como também a essência se opõe ao *factum* enquanto mera aparição de cuja validade ela duvida, e é posicionada na *epoché*, a fim de tornar consciente a legitimidade subjacente. O fracasso, porém, atesta objetivamente aquilo que nenhum pensamento burguês depois de Hegel teria mais atestado por si: a necessidade da própria aparência. // Contra toda intenção originária e a partir de si própria, a filosofia de Husserl produz todas as categorias da aparência subjetiva, contra as quais ela estava mobilizada. No seu fim encontra-se a intelecção de que, uma vez admitido o conceito central idealista – o conceito da subjetividade transcendental –, nada mais é pensável que não esteja submetido a essa subjetividade e que não seja, no sentido mais rigoroso do termo, sua posse. Assim, Husserl compromete a nova filosofia da realidade (*Wirklichkeit*) de seus sucessores, ela mesma aparente, de maneira tão fundamental quanto um idealismo cuja *ratio* se torna para ele uma *ratio ultima*. A obra do realista platônico revela-se destrutiva.

Autorrevogação

Com certeza, a *ratio*, em Husserl, desafiou os ataques relativistas que, já em seu tempo, seduziam para um sacrifício da razão, e que, sob o domínio totalitário, auxiliaram para que o cinismo logo conquistasse filosoficamente uma boa consciência. Porém, com uma arrogância racionalista, Husserl também negou a força do existente (*Daseiende*) sobre o pensamento autocrático, força essa que o relativismo registra, como sempre, de maneira desfigurada e ingênua diante do "ser-aí" (*Dasein*) acolhido. O motor do pensamento husserliano é a vontade de instaurar o ser-aí, expulso pela *ratio*, na esfera da própria *ratio* autônoma. Essa vontade determina sua tentativa de irrupção (*Ausbruchsversuch*) bem como os limites dessa tentativa. Sua antitética encontra-se formulada nas duas exigências metodológicas básicas do *Ideias*: "Na esfera lógica, na esfera do enunciado, 'ser-verdadeiro' ou 'ser-efetivo' e 'ser racionalmente atestável' estão, por princípio, em correlação".[4] A isso, contrasta aquele

---

4 Ibid., p.282 (na trad. cit., p.303).

princípio de todos os princípios: toda intuição doadora originária é uma fonte de legitimação do conhecimento, tudo que nos é oferecido originariamente na "intuição" (por assim dizer, em sua efetividade corpórea) deve ser simplesmente tomado tal como ele se dá, mas também apenas nos limites dentro dos quais ele se dá.[5]

O fenomenólogo quer orientar-se segundo cada "intuição doadora originária", sem saber de antemão até que ponto o seu conteúdo seria "racionalmente atestável", universal e necessário. Ao mesmo tempo, porém, ele transforma em critério de medida de toda e qualquer "efetividade", mesmo da intuição doadora originária, e, por fim, da própria doação (*Gegebenheit*), justamente o caráter racional que coincide, em última instância, com a unidade da autoconsciência. // Segundo os clichês da história da filosofia, a fenomenologia seria, por isso, de modo nada diverso da crítica kantiana da razão, a síntese entre racionalismo e empirismo. A interferência mútua, frequentemente observada, entre o traço lógico e o traço psicológico em Husserl é a expressão manifesta disso. Nada torna mais difícil a compreensão dos conceitos fundamentais husserlianos, bem como de seu contexto, do que o cruzamento de tendências racionalistas e empiristas. Só se resolve o enigma desse cruzamento pela intelecção das motivações de Husserl. Ele quer a todo custo decompor, com meios crítico-racionais, os conceitos meramente "produzidos", que encobrem suas "coisas mesmas", desmantelando as "teorizações" e desvelando o efetivamente real (*Wirkliches*), independentemente de um aparato terminológico sufocante. No *Ideias* localiza-se,

---

5 Ibid., p.43-4 (na trad. cit., p.69).

por ocasião da apologia do conceito *a priori* de essência, uma sentença espantosa: "Se 'positivismo' quer dizer tanto quanto fundação, absolutamente livre de preconceitos, de todas as ciências naquilo que é o 'positivo', ou seja, apreensível de modo originário, então somos nós os autênticos positivistas".[6] Evidentemente, o conceito de positivismo converte-se, com isso, no contrário de seu significado originário. No entanto, essa conversão acontece ela mesma sob o ímpeto do desvelamento das "coisas mesmas". Ela inaugura, desse modo, o racionalismo husserliano. A condução da argumentação nos *Prolegômenos à lógica pura*, que procura apresentar os princípios lógicos fundamentais como sentenças estritamente aprioristicas em si, mantém-se inteiramente no âmbito dos dados previamente encontráveis de maneira positivista (*positivistischer Vorfindlichkeit*). No ato de pensamento, a lei causal, segundo a qual esse ato transcorre, não é idêntica à norma lógica, pela qual ele se orienta; em qualquer ato de pensamento dado como fenômeno, tal como se apresenta ao olhar reflexivo, ambas não coincidem:

> Leis causais, segundo as quais o pensamento precisa transcorrer, tal como ele poderia ser justificado segundo as normas ideais da lógica, e essas normas mesmas não são as mesmas. Uma essência é de tal modo constituída, que em nenhum movimento unificado de pensamento ocorreriam juízos contraditórios; de tal modo constituída, que ela não pode consumar nenhuma conclusão que contrarie os modos silogísticos – isso não significa que o princípio de não contradição, o *modus Barbara* do silogismo etc., seriam leis da natureza que conseguiriam explicar tal constituição.[7]

---

6 Ibid., p.38 (na trad. cit., p.64).
7 IL I, p.68.

196   Para Husserl, // o absolutismo lógico e o antipositivismo não seriam senão o resultado de uma investigação positivista simplesmente mais insistente: sob as características da evidência de um enunciado lógico, de acordo com a sua doutrina, nenhuma lei causal de articulação psicológica dos pensamentos ocorre em uma intuição doadora originária. O mesmo ímpeto atua em todas as excursões críticas da fenomenologia husserliana. Os "sentimentos de evidência" inventados; as equivocações da terminologia autocrática, contra as quais a "doutrina da significação" é concebida, em particular a distinção entre sensação e conteúdo da sensação; por fim, a teoria das imagens e dos signos na interpretação da consciência da coisa; todos são pontos de ataque privilegiados. Em todos eles, o racionalismo husserliano se impõe sob a ordem do empirismo husserliano. Suas proposições, significados puros e, na fase tardia, um eu puro, vão de encontro às duplicações inúteis, aos conceitos que não podem satisfazer sua pretensão de legitimação empírico-psicológica, porque eles não estão "aí". Husserl gostaria de eliminar as paredes especulares dos produtos de pensamento, que se interpõem ao pensamento quando ele se torna incapaz de se reconhecer novamente dentro dessas mesmas paredes. A meta do desvelamento lógico e epistemológico é prescrita por aquilo que seria "enquanto tal": pelas proposições em si, em vez das regras psicológicas sob as quais elas são unicamente refletidas pelos homens; pelo significado puro, tal como ele é encontrado e retido pelo "raio do olhar da intenção" (*Blickstrahl der Intention*); pela evidência da "coisa mesma", que se representa pelo "sentimento" dessa "coisa", e não pelo reflexo subjetivo; pelo objeto percebido ou como quer que ele venha a ser visado, e não por seu substituto meramente conforme à consciência.

Nesse sentido, a fenomenologia aspira sair do fetichismo dos conceitos. Ela abala os ornamentos, que assumem a expressão mascarada e degradante de aparência no âmbito do conceito abstrato, de modo em nada diverso dos ornamentos sensíveis da arquitetura e da música do mesmo período. Com Husserl, o espírito objetivo da burguesia se dispõe a perguntar como é que o idealismo seria ainda possível sem ideologia. A resposta, porém, é negativa, fornecida objetivamente pelas "coisas mesmas". Isso dita, para Husserl, o curso dialético do movimento de seu pensamento. // A análise empirista dos dados previamente encontráveis sempre conduz a consequências racionalistas, tais como a do ser absoluto das proposições lógicas enquanto unidades ideais. Seu ser-em-si, porém, é mediado apenas pela "consciência pura" que, segundo a doutrina de Husserl, está preordenada a todo ente. Com isso, a fenomenologia desemboca na posição fundamental da subjetividade transcendental ou, tal como se encontra formulado no último Husserl, do *eidos ego*. A subjetividade transcendental é, contudo, a origem e o título de direito justamente desse fetiche do conceito que o olhar isento e acolhedor para as "coisas mesmas" gostaria de dissolver. Ela define o mesmo idealismo contra o qual se voltou a tendência histórica da tentativa de irrupção. A definição hegeliana do movimento dialético do pensamento como um movimento circular ratifica-se ironicamente em Husserl. A fenomenologia revoga a si mesma.

Caráter de imanência e fetichismo do conceito

A fenomenologia assemelha-se ao círculo, porque emerge do idealismo e, em cada um de seus níveis, reproduz o idealismo sempre como um momento superado (*aufgehobenes Moment*). Embora todas as investigações de Husserl estejam voltadas para "transcendências", para o que não é próprio à consciência, nenhuma delas conseguiu abandonar o plano da análise tradicional-imanente da consciência. O nome "fenomenologia" indica que deve lidar com "fenômenos": com as "coisas mesmas" transubjetivas que apenas subjetivamente são aparentes. Isso implica a contradição determinada no pensamento de Husserl. Na luta contra o fetiche dos conceitos, ele é completamente fetichista, porque as "coisas mesmas", com as quais ele se depara, sempre são meras imagens superficiais (*Deckbilder*) de funções da consciência, "trabalho acumulado". O ser transubjetivo das proposições lógicas, para cuja apologética a fenomenologia de início se desenvolveu, implica a reificação da realização do pensamento, o esquecimento da síntese ou – como o último Husserl o nomeia de maneira semelhante à escola de Marburgo – do "produzir" (*Erzeugens*). Em face dos produtos reificados de pensamento, o pensamento de Husserl se priva do direito de pensar, satisfazendo-se com a "descrição" e trazendo à tona a aparência do em si não aparente: desde Descartes, reificação e subjetivismo não constituem, na filosofia, uma oposição absoluta, mas se condicionam reciprocamente em muitos aspectos. O conteúdo transubjetivo da realidade do conceito husserliano de objeto deve-se simplesmente a uma medida mais elevada de dissecação, de reificação. // Embora o fenomenólogo não consiga pensar os objetos de outro modo a não ser como subjetivamente constituídos, eles estão para ele tão completamente alienados e paralisados, que ele os intui e os descreve como uma "segunda natureza", ao passo que tais objetos, uma vez despertos, rapidamente se dissolvem em determinações meramente subjetivas. Logo que ele insiste na descrição dos "elementos de consciência", o dualismo entre coisa e aparição mais uma vez ressurge na terminologia pseudoconcreta do algo perfilado e do perfilamento. Certamente, as coisas husserlianas, como objetos intencionais, perderam, apesar da afirmação de sua corporeidade, muito daquela substancialidade que ainda tinham como objetos kantianos. Transformadas atomisticamente em meros "sentidos" dos atos singulares, arrancadas de espaço, tempo e causalidade, elas são transplantadas para uma eternidade sombria, na qual nada de ruim pode lhes acontecer. Nessa eternidade, no entanto, não é mais possível reconstruir o substrato das ciências naturais a partir dessas coisas, substrato que ainda emergia como resultado da analítica transcendental kantiana.

"Atitude"

Com isso, porém, a própria postura fenomenológica se torna ambígua. Se a tentativa de irrupção se inicia no âmbito da mera *dóxa*, então inversamente a *epoché*, que impede a irrupção, concorda de uma maneira bastante confortável com a realidade empírica. Ela é caracterizada por Husserl como uma "atitude" (*Einstellung*), que deve se distinguir por princípio da "atitude natural" daquele que acolhe, de maneira irrefletida, a "tese geral do mundo" em sua espacio-temporalidade. A atitude fenomenológica permanece aquém da *dubitatio* cartesiana, com a qual Husserl gosta de comparar, devido à fraqueza de sua arbitrariedade. Se Descartes empreende a dúvida universal para se assegurar do absolutamente certo, então a tentativa husserliana é, quando comparada com a cartesiana, meramente uma disposição metodológica que se deduz como recomendada, mas de maneira alguma como necessária. Ela prescinde da obrigatoriedade interveniente, porque, de acordo com Husserl, com ela não se altera muita coisa; ela é concebida menos como crítica obrigatória da razão e mais como a neutralização do mundo das coisas, sobre cujo poder e sobre cujo direito não se expressa mais nenhuma dúvida séria.

199   // É claro, igualmente, que a tentativa (*Versuch*) de duvidar de algo de que se tem consciência como estando à disposição condiciona necessariamente certa revogação da tese (*da "atitude natural"*); e é precisamente isso que nos interessa. Não se trata de uma conversão da tese na antítese, da posição em negação; não se trata tampouco de uma conversão da tese em conjectura, suposição, em indecidibilidade, numa dúvida (não importa em que sentido da palavra): tais coisas tampouco entram no âmbito de nosso livre-arbítrio. Trata-se, antes, de algo inteiramente próprio. Não abrimos mão da tese que consumamos, não modificamos em nada a nossa convicção, que permanece em si mesma o que ela é, enquanto não introduzirmos novos motivos de juízo: o que justamente não fazemos. E, contudo, ela sofre uma modificação – enquanto permanece em si mesma o que ela é, nós a colocamos, por assim dizer, "fora de ação", nós a "tiramos de circuito", nós "a colocamos entre parênteses". Ela continua aí, assim como o que foi posto entre parênteses continua a ser entre eles, assim como aquilo que foi tirado de circuito continua a ser fora da conexão com o circuito.[8]

---

8 *Ideen*, p.54 (na trad. cit., p.79).

Não é à toa que Husserl compartilha a expressão "atitude" com o relativismo privado burguês de todo mundo, que torna os modos de comportamento e as opiniões dependentes menos de um conhecimento obrigatório do que de um ser-assim (*Sosein*) aleatório da pessoa que emite juízos. É possível que ambos tenham tomado essa palavra da linguagem da fotografia. Poderíamos até supor essa linguagem como o modelo que serve de base para a teoria do conhecimento husserliana no espírito objetivo. Ela pretendia se apoderar da realidade intacta, isolando os seus objetos com aquele brusco "raio de olhar", tais como se encontram dispostos e expostos no ateliê, diante das lentes que os apreendem. Como os fotógrafos de antigamente, o fenomenólogo se cobre com o pano negro de sua *epoché*, solicita aos objetos que permaneçam imóveis, inalterados, e, por fim, produz passivamente, sem a espontaneidade do sujeito cognoscente, os retratos de família do tipo daquela mãe "que olha amorosamente para a sua prole".[9] Tal como na fotografia, onde a câmara escura e o objeto da imagem registrada possuem uma estreita relação, na fenomenologia, o mesmo acontece com a imanência da consciência e o realismo ingênuo. A filosofia da imanência vai tão longe que, // para ela, "a consciência absoluta" se torna "resíduo do aniquilamento do mundo":[10] "O ser imanente é [...] indubitavelmente ser absoluto, no sentido de que ele, por princípio, *nulla 're' indiget ad existendum*.[11] Por outro lado, o mundo da *'res'* transcendente é inteiramente depen-

---

9 Ibid., p.251 (na trad. cit., p.270).
10 Ibid., p.91 (na trad. cit., p.114).
11 Em latim, no original: "não precisa de nada para existir". (N. T.)

dente da consciência, não da consciência pensada logicamente, mas da consciência atual".[12] Mas precisamente a pretensão de totalidade da subjetividade doadora de sentido extingue a si mesma. Se o sujeito abarca "tudo" em si mesmo, se ele confere a tudo o seu significado, então ele poderia muito bem não estar presente como um momento essencial do conhecimento; trata-se de um mero enquadramento, no qual se estabelecem diferenças que, todavia, são exclusivamente o que determinam a subjetividade. O exagero de subjetividade husserliano significa ao mesmo tempo uma carência extrema de subjetividade. Na medida em que o ego, enquanto condição constituinte ou doadora de sentido, precede toda objetividade (*allem Objektiven*) como previamente dado, ele abdica de toda intervenção do conhecimento e, por fim, da práxis. De maneira acrítica, em uma passividade contemplativa, ele estabelece um inventário do mundo das coisas, tal como este se lhe apresenta na ordem existente. Com razão, o fenomenólogo diz da *epoché* que "não perdemos propriamente nada"[13] – a não ser o direito de se pronunciar sobre a aparência e a realidade. Dá-se por satisfeito com um título formal de posse sobre o "mundo" aceito. A exterioridade impotente da redução, que deixa tudo como estava antes, se insinua no fato de que os objetos reduzidos não recebem nenhum nome próprio, mas se tornam visíveis como objetos reduzidos apenas por meio de um ritual de escrita gráfica, ou seja, por meio de aspas. Ao utilizar as aspas, que supostamente deveriam anunciar a pureza fenomenológica,

---

12 Ibid., p.92 (na trad. cit., p.115).
13 Ibid., p.94 (na trad. cit., p.115).

o pesquisador rigoroso se depara com o humor fatal daquele jornalista que escreve "dama" para se referir a uma prostituta. O mundo entre aspas é uma tautologia do mundo existente; a *epoché* fenomenológica é fictícia.

Fantasia e corpo

A *epoché* insinua uma solidão absoluta e, ao mesmo tempo, confessadamente se refere, em todos os seus atos – enquanto "sentido" desses atos –, ao mundo no qual ela diz submergir. Reflete-se aí uma contradição fundamental do estado social, cujo mapa a fenomenologia traça de maneira tão fiel quanto inconsciente. Nele, o indivíduo é transformado em alguém que acolhe (*Hinnehmenden*) de maneira impotente, completamente dependente da realidade previamente dada, preocupado apenas em se adaptar. // O mesmo mecanismo, porém, torna o indivíduo tão semelhante a uma coisa entre coisas, tão isolado na sociedade – que determina sua existência (*Dasein*) até o cerne –, que o indivíduo se vê como não percebido, incompreendido e autossuficiente. A fenomenologia transfigura a contradição das duas experiências. Ela faz do mundo meramente acolhido, intuído, uma posse do indivíduo absoluto, a quintessência de todos os correlatos do "discurso solitário". Justamente por isso, no entanto, ela consagra e justifica o meramente existente como essencial e necessário, através daquela consciência pura, que supostamente não precisa de nenhuma coisa para sua existência. Husserl não deixou nenhuma dúvida quanto ao caráter ficcional da solução. Ele declara a ficção como a peça central do método:

Assim, para quem gosta de expressões paradoxais e entende a plurivocidade do sentido, pode-se realmente dizer, com estrita verdade, que a "ficção" constitui o elemento vital da fenomenologia, bem como de todas ciência as eidéticas, que a ficção é a fonte da qual o conhecimento das "verdades eternas" retira seu alimento.[14]

De fato, Husserl tenta advertir quanto ao caráter polêmico dessa proposição, que, "recortada como citação, cairia como uma luva para o escárnio naturalista do modo de conhecimento eidético".[15] Mas não há necessidade para tal precaução. Não é a ousadia paradoxal do eidético que provoca a crítica. Nela se expressa o melhor agente (*Agens*) da fenomenologia: o exagero utópico sobre o mundo aceito das coisas; o ímpeto latente de, na filosofia, deixar vir à tona o possível no efetivamente real e o efetivamente real a partir do possível, em vez de se dar por satisfeito com a fachada de uma verdade deduzida dos próprios fatos, de sua "abrangência" (*Umfang*) conceitual. Certa vez, as tendências de vanguarda do expressionismo puderam se referir com razão a Husserl. Não obstante, a própria ficção husserliana trai rapidamente o possível em benefício do efetivamente real. Ao suprimir a instrução para o resgate da experiência, que se estabelece em toda e qualquer ficção, definindo essa instrução como "pura possibilidade", Husserl acaba transferindo para a ficção presente a clareza que, no entanto, só caberia a uma experiência futura. Em vez de pensar o possível // como

---
14 Ibid., p.132 (na trad. cit., p.154).
15 Ibid., nota de pé de página.

algo que se lança estritamente para além do existente (*Daseiende*) e que ainda precisa ser efetivado, ele o transforma, como que por um passe de mágica, em algo real *sui generis*, que poderia ser percebido passivamente tal como a realidade aceita. Ao seu apriorismo se associam diretamente elementos do naturalismo. Ele demonstra formulações fantasiosas não através de figuras expressionistas, mas através das figuras de Arnold Böcklin: a ilha dos mortos, o fauno tocando flauta, os espíritos da água. É próprio a todos esses seres (*Wesen*) um elemento naturalista: eles se apresentam como irreais e, não obstante, como reproduções claras de algo por assim dizer real, como imitações rigorosas de faunos ou de seres elementares previamente dados, e não como expressão do pensamento que, por sua vez, determina o possível a partir de si mesmo como algo novo e diferente de tudo que existe. Eles não são "livres". De maneira análoga, o possível em Husserl é ficção no sentido negativo, no sentido de que se apresenta como se já fosse efetivamente real. Nas formulações fantasiosas de Husserl, prospera um *quid pro quo*: os objetos naturalmente intuídos são elevados ao nível de objetos "simbólicos", essencialmente obrigatórios, enquanto aquilo que é pensado é tratado como se fosse claro de antemão em uma experiência modificada qualquer. O momento de unidade desse *quid pro quo* é o conceito do corporal (*Leibhaft*): nas fantasias pintadas por Böcklin e na "coisa mesma" pensada por Husserl.

> Those Boecklins! All the extraordinary pictures one had only on postcards or hanging, in colored reproduction, on the walls of pensions in Dresden. Mermaids and tritons caught as thought by

a camera; centaurs in the stiff ungainly positions of racehorses in a pressman's photograph.[16, 17]

Embora o corpo estabeleça os limites da aparência idealista, na esfera husserliana ele domina como aparência. O nu é o símbolo do não simbólico. Ele habita no interior do templo neorromântico das essências. Para Husserl, a pureza do olhar fenomenológico, desprovido, por assim dizer, de desejos, passivo, vale tanto quanto a "antinatureza" da ascese fenomenológica, que ainda é proclamada na *Lógica transcendental e lógica formal*. Diante do corpo, a fenomenologia se concebe como um "estilo essencial";[18] ela chega até ele por "níveis de clareza".[19] Quando o corpo é finalmente apreendido, então se mostra apenas como a própria consciência visual que desaparece nele como em um espelho. O mundo meramente existente (*seiende Welt*) reluz como mundo de sentido subjetivo, a pura subjetividade como o verdadeiro ser. // Em tal ilusão termina a fenomenológica tentativa de irrupção.

Intuição categorial

A tese da perceptibilidade do puramente possível como doutrina da visão das essências (*Wesensschau*) ou, tal como ela é

---

16 Em inglês, no original: "Esses Boecklins! Todos os quadros extraordinários que só se tem em cartões-postais ou pendurados em reproduções coloridas, em paredes de pensões em Dresden. Sereias e Tritões capturados como se fossem pensados por uma câmera; centauros em posições duramente deselegantes de cavalos de corrida em meio a uma fotografia de jornalista". (N. T.)
17 Aldoux Huxley, *Eyeless in Gaza* [Sem olhos em Gaza], p.457.
18 *Logik*, p.217.
19 *Ideias*, p.127 (na trad. cit., p.150).

chamada originariamente por Husserl, da intuição categorial (*kategoriale Anschauung*), se tornou o lema de todas as correntes filosóficas que se reportam à fenomenologia. O fato de que deve ser possível assegurar-se dos estados de coisas ideais por meio de métodos novos, com a mesma imediatidade e infalibilidade que, segundo a concepção tradicional, era possível assegurar-se dos dados sensíveis, explica a influência que Husserl exerceu sobretudo naqueles que não mais se satisfaziam com os sistemas neokantianos e, contudo, não estavam dispostos a se entregar cegamente ao irracionalismo. Para eles, a intuição intelectual de Fichte e de Schelling, à qual Husserl, aliás, nunca se referiu, parecia ter sido elevada ao estatuto de "ciência rigorosa" pelas disposições fenomenológicas, uma ciência cujo programa Husserl reivindicou como a sua filosofia, no célebre artigo para a revista *Logos*. A afinidade de muitos de seus alunos com tendências retrógradas indica a suspeita, já manifesta por Troeltsch,[20] de que o método da visão das essências teria sido, desde o começo, adequado para maquinações ideológicas, de que teria oferecido o subterfúgio para disfarçar, como verdades eternas, sem demonstrações, algumas afirmações de conteúdo de todo tipo, na medida em que elas só podiam se reportar ao "ser", ou seja, à existência (*Dasein*) dos poderes institucionais. No entanto, aqueles que se sentiram de início atraídos por Husserl não eram de maneira alguma meros obscurantistas. O que os atraía era antes a chance de não precisar mais se ocupar, na filosofia, somente com aquelas formas vazias e abstratas que só mais tarde e arbitrariamente seriam preenchidas com

---

20 Cf. Ernst Troeltsch, *Der Historismus und seine Probleme* [O historicismo e seus problemas], Tuebingen, 1922, p.597 e ss.

um "material", para o qual as formas seriam extrínsecas. Eles depositavam esperanças em um procedimento que pudesse descortinar o próprio material e extrair suas formas concretas autênticas. A palavra de ordem "concretude" transformou-se, já há muito tempo, em chavão e, ela mesma, em algo completamente abstrato. Ela possuía outra feição nos primórdios da fenomenologia, quando Scheler atacou a ética rigorosista e a "traição à alegria", // desmascarando o aspecto bolorento dos sistemas oficiais. Visualizar as essências: isso também significava se ocupar com o essencial. Hoje, os espíritos da água fenomenológicos só se ocupam com a sua essência.

O ápice paradoxal

O próprio Husserl não se interessou tanto em investigar tal conteúdo, cujo instrumentário ajudou a produzir. Não que ele tenha se distanciado da maioria de seus alunos ou que só ocasionalmente tenha publicado análises materiais; mas, em sua *oeuvre,* há um espaço bem restrito para a teoria da visão das essências, o que de maneira alguma corresponde à importância decisiva que se esperaria do efeito causado pelo conceito. Afora o capítulo introdutório, em certa medida sibilino, do *Ideias*, o conceito se encontra tratado de maneira detalhada apenas na "Sexta investigação lógica". Mas, mesmo nessa investigação, Husserl o expõe de maneira breve. Logo em seguida, trata de protegê-lo contra possíveis incompreensões e de revisá-lo a tal ponto, que não resta praticamente mais nada da tese a não ser o nome. Os escritos tardios eliminaram tacitamente o conceito de visão das essências e o substituíram por uma interpretação neokantiana e funcional da evidência. Contudo, as constantes hesitações do pensador não devem ser responsabilizadas por isso. Na verdade, a intuição categorial é o ápice paradoxal de seu pensamento: é a indiferença, na qual devem ser superados o tema positivista da clareza e o tema racionalista do ser-em-si dos estados de coisas ideais. Nesse ápice, o movimento do pensamento husserliano não consegue se manter. A intuição categorial não é um princípio recém-descoberto do filosofar, mas se revela como momento dialético da transição: como grandeza imaginária.

Origem do absolutismo lógico

De certa maneira, a intuição categorial é produzida, nos *Prolegômenos*, pela doutrina das proposições em si. Se essas proposições devem ser verdadeiramente mais do que criações de pensamento, então não podem ser propriamente pensadas como resultantes, mas apenas como previamente encontradas (*vorgefunden*) no pensamento. A exigência paradoxal de um pensamento que seria previamente encontrável (*vorfindenden*) decorre da pretensão de validade do absolutismo lógico. A doutrina da intuição categorial é sua consequência no lado do sujeito:

> Quem permanece preso na esfera de uma ponderação geral pode se iludir pelos argumentos psicologistas. A mera consideração de qualquer uma das leis lógicas, // de sua intenção autêntica (*eigentliche Meinung*), e da compreensibilidade (*Einsichtigkeit*) com a qual ela é tomada como verdade em si, precisaria pôr um fim à ilusão.[21]

---

21 IL I, p.64.

A "Sexta investigação lógica" defenderá mais tarde que as "verdades em si" – os estados de fato objetivamente dados de antemão e, todavia, ideais – se tornam compreensíveis pela "mera consideração". Nessa investigação, as verdades em si são denominadas "estados de coisas" (*Sachverhalte*). Afirma-se do estado de coisa:

> Do mesmo modo que o objeto sensível em relação à percepção sensível, o estado de coisas se comporta em relação ao ato "dado" nele (de maneira mais ou menos adequada) da apercepção (nós nos sentimos impelidos a simplesmente dizer: assim se comporta o estado de coisas em relação à percepção do estado de coisas).[22]

Por meio de uma intuição categorial, o racionalista Husserl quer atribuir às *vérités de raison* dos *Prolegômenos* aquele caráter de uma doação imediata, que é considerado, pelo positivista Husserl, como a única fonte legítima do conhecimento. Aqui, o positivista admite as proposições em si, as puras unidades de validade; lá, o racionalista assume a imanência da consciência legitimante, o âmbito das doações imediatas, das vivências. As duas estão separadas pela linha de demarcação fenomenológica: aquelas proposições são "essências", estas são "fatos". Entre elas não vigora nenhuma outra relação a não ser a intencionalidade. As *vérités de raison* são "visadas" em vivências fáticas. A intenção deve conduzir a *vérités* enquanto tais, sem a menor subjetivação ou relativização. O em-si das *vérités* deve aparecer; elas não devem ser produzidas em uma reflexão subjetiva, mas devem ser claras e dadas por si mesmas, e também não devem

---

22 IL II, 2, p.140.

pagar o tributo daquilo que é meramente fático e contingente, daquilo que é devido na "simples" intuição sensível. Como um *deus ex machina*, a intuição categorial precisa reconciliar os temas conflitantes de Husserl. No paradoxo, oculta-se para o filósofo aquela dialética que se realiza por cima de sua cabeça.

Preenchimento de momentos não sensíveis

A intencionalidade, o "pensar", não é suficiente para a produção do paradoxo. O visar de uma coisa e mesmo o visar de estados de coisas ideais, por exemplo, do tipo das proposições aritméticas, ainda não é idêntico à sua evidência. Mesmo algo falso pode ser visado. Isso oferece a Husserl a justificativa para, na construção da intuição categorial, ir além do conceito da mera intencionalidade. // Husserl acrescenta a esse conceito outro relativo ao "preenchimento" (*Erfüllung*) intuitivo da mesma intencionalidade:

> a expressão que, de início, funciona de maneira meramente simbólica é acompanhada depois pela intuição (mais ou menos) correspondente. Quando isso ocorre, então vivenciamos uma consciência do preenchimento, descritivamente peculiar: o ato do puro significar encontra o seu preenchimento no ato que o torna intuitivo, de maneira semelhante a uma intenção que visa metas.[23]

A intencionalidade afirma sua primazia em relação a esse conceito de intuição. A intuição não determina a intenção a partir de si mesma. Ela se orienta pela intenção, "ajusta-se a ela". A dependência da intuição em relação à intenção, que ex-

---

23 Ibid., p.32.

clui de antemão todos os momentos heterogêneos do material intuitivo da esfera do significar, leva Husserl à suposição de um total paralelismo entre a intenção e seu preenchimento. O preenchimento corresponde à intenção nos momentos em que se ajusta à intenção. Essa suposição, porém, induz à tese de que não apenas os momentos dirigidos para algo fático, mas mesmo os momentos "categoriais", não sensíveis, dos significados, devem encontrar um preenchimento próprio. Husserl define esses preenchimentos dos momentos categoriais da intenção como intuições categoriais. Na teoria do preenchimento, concentra-se o paradoxo da visão das essências. Pois não passa despercebido para Husserl a constatação de que não é possível conceber os momentos específicos do pensamento em juízos e proposições como se fossem cópias de um ser não sensível, transubjetivo. Afinal, os próprios momentos não sensíveis não podem ser determinados de outro modo a não ser justamente como momentos do pensamento. Husserl não combateu a teoria das imagens (*Bildertheorie*) e dos signos, a fim de restituí-los despreocupadamente na "fenomenologia do conhecimento". Assim, na "Sexta investigação lógica", recusou uma vez mais a teoria da imagem (*Abbildtheorie*), e é essa recusa que inicia a revisão da intuição categorial:

> Nós partimos do fato de que a ideia de uma expressão, em certa medida imagética, é totalmente inútil para descrever a relação, que tem lugar entre os significados expressivos e as intuições expressas, no caso de expressões formadas. Isso é, sem dúvida alguma, correto, e agora merece somente uma definição mais precisa. Só precisamos refletir seriamente sobre o que seria possivelmente a coisa (*Sache*) da percepção // e o que seria uma coisa do significar, e precisamos prestar atenção no fato de que só a certas partes

dos enunciados, indicáveis de antemão na mera forma do juízo, corresponde algo na intuição, enquanto às outras partes do enunciado não pode corresponder nada nela.[24]

Mas o conceito da intuição categorial não pode prescindir da teoria das imagens: somente quando os momentos categoriais dos significados reproduzem em imagem um ser ideal e objetivo, "correspondendo" a ele, em vez de simplesmente o produzir, é que esse ser objetivo e ideal pode ser intuído, qualquer que seja o sentido dessa intuição. Assim, Husserl vê-se obrigado, apesar da própria intelecção crítica, a defender positivamente os "correlatos objetivos" das formas categoriais, ou seja, uma intuição em princípio não sensível, que preenche esses correlatos. Senão, a tese fundamental das proposições em si entra em colapso:

> O "um" e o "isso" (*Das*), o "e" e o "ou", o "se" e o "assim", o "tudo" e o "nenhum", o "algo" e o "nada", as formas de quantidade e as determinações numéricas etc. – tudo isso são elementos significativos da proposição, mas buscamos em vão os seus correlatos objetivos (se é que temos realmente o direito de atribuir-lhes tais correlatos em geral) na esfera dos objetos reais, o que não significa outra coisa senão a esfera dos objetos de uma percepção sensível possível.[25]

Em uma notória contradição com as restrições da teoria do preenchimento, o conceito da intuição categorial encontra a sua formulação extrema:

---

24 Ibid., p.134-5.
25 Ibid., p.139.

Ora, mas se a pergunta é colocada: onde é que as formas categoriais dos significados encontram o seu preenchimento, se não por meio da percepção ou da intuição naquele sentido mais restrito, ao qual tentamos delimitar provisoriamente ao falarmos sobre a "sensibilidade" – então a resposta já se encontra claramente prescrita para nós através das ponderações que acabaram de ser consumadas. De início, o fato de as formas também encontrarem efetivamente preenchimento, tal como simplesmente pressupusemos acima, ou ainda, o fato de as significações inteiras, formadas de tal e tal modo, encontrarem preenchimento (e não, por exemplo, só os momentos significativos "materiais"), torna-se indubitável na presentificação de qualquer exemplo de um enunciado perceptivo confiável [...] No entanto, se as "formas categoriais" da expressão, presentes ao lado dos momentos materiais, não terminam na percepção, na medida em que esta é compreendida como mera percepção sensível, // então a locução "expressão da percepção" deve possuir como base um outro sentido; de qualquer modo, deve estar presente aí um ato que realiza, para os elementos categoriais da significação, os mesmos serviços que a percepção sensível realiza para os elementos materiais.[26]

"Apercepção"

Husserl constrói a intuição categorial como um modo de doação, em analogia à percepção sensível. Mas a validade dessa analogia é bem delimitada. O *tertium comparationis* reside apenas em um elemento negativo: no fato de a intuição sensível

---

26 Ibid., p.142.

tanto quanto o modo de consciência (que Husserl denomina intuição categorial, e que, na verdade, precisaria se chamar simplesmente um juízo fundamentado) não serem "autodoações" (*Selbstgebungen*) absolutas, mas, antes, momentos parciais do processo total do conhecimento; ou ainda, no fato de, tal como o Husserl tardio o expressou, permanecerem submetidos à "possibilidade da desilusão". Isso isola justamente a doutrina da intuição categorial. O termo "apercepção" (*Gewahrwerdung*), que pavimenta o caminho para essa doutrina, é, tal como já acontecia com o conceito husserliano da percepção, ambíguo. O caráter de imediatidade, que ele imputa à "apercepção do estado de coisas", não é nenhum outro senão o caráter da imediatidade da execução do juízo (*Urteilsvollzug*). A teoria do conhecimento tradicional enunciaria isso sob a forma de que o juízo, de acordo com a sua constituição subjetiva, seria um ato, e de que o ato judicativo estaria imediatamente dado. Julgar e aperceber-se de um estado de coisas julgado são expressões equivalentes, ou, dito de outro modo, a segunda expressão dá uma roupagem metafórica à primeira. Não se acrescenta ao ato do julgar nenhum outro ato, nenhuma "percepção do julgado", a não ser que se reflita sobre o juízo consumado. Essa reflexão ultrapassaria, contudo, por princípio, a "imediatidade" da consumação atual do juízo, na medida em que ela transforma essa realização em seu objeto. Aquela imediatidade da execução do juízo, não obstante, reside no conceito husserliano de "aperceber-se" (*Gewahrwerden*). Aperceber-se significa, para ele, o visar originário de algo julgado, a execução do juízo como ato, a síntese, que diz respeito ao estado de coisas julgado e ao mesmo tempo o cria. Concomitantemente, contudo, confere--se à "aperceber-se" a realização crítica, a legitimação do juízo e, com isso, se ultrapassa a pura imediatidade, que é a única que legitima a analogia com a intuição sensível. // Aperceber-se do estado de coisas também significa para Husserl assegurar-se da verdade do juízo. A equivocação da expressão "ato doador da apercepção" é estritamente a seguinte: aperceber-se de um juízo, a saber, efetuar a síntese do juízo, e levar a verdade desse juízo a uma evidência absoluta. Os dois significados, porém, não podem ser interpretados como intuição categorial. A síntese da execução do juízo não é intuição categorial, mas aquele ato de pensamento que, de acordo com Husserl, só deve ser "preenchido" justamente por uma intuição categorial. A reflexão, porém, que constitui a condição materialmente necessária do caráter de evidência, não é nem intuitiva, nem imediata. Ela coloca o estado de coisas julgado em relação com outros estados de coisas: o seu próprio resultado é uma nova categorização. Ainda que a reflexão recorra a momentos sensivelmente intuitivos, ela contém formas não intuitivas, conceituais em si. Husserl transpõe o primeiro significado do termo "apercepção", de acordo com o qual esta designaria o próprio julgar – ou seja, caso se insista no "preenchimento" de um juízo, anteriormente visado como vazio, por meio de sua execução atual – para o segundo significado, para a reflexão sobre o estado de coisas fundante que produz a evidência; quer dizer, um "preenchimento" em sentido totalmente diverso. Em sua crença no *"datum"*, ele denomina o mediado de modo imediato, a fim de manter distante a possibilidade da desilusão. Ele atribui universalidade e necessidade ao imediato, que só são concedidas pelo mediado, pelo avanço na reflexão. Se a *epoché* total da teoria do conhecimento se converte em realismo ingênuo, então a consequência da intuição categorial é, tal como já acontecia nos *Prolegômenos*, o realismo ingênuo da lógica. Como irrupção que escapa da imanência do pensamento, a construção paradoxal continua impotente. Também ela provoca a regressão da espontaneidade kantiana do pensamento à sua mera receptividade. No caso do último Husserl, o conceito da receptividade espontânea surge explicitamente, o que não é, obviamente, de modo algum implausível.

Motivação do objetivismo

Por meio da crítica da intuição categorial, caem por terra também todas as suas consequências. As essencialidades autônomas, independentes do homem, independentes de sua atividade e de sua história, // (que devem, apesar disso, ser apreendidas em sua "pureza" pelo homem); o desdobramento dessas essencialidades em uma assim chamada doutrina material dos valores, que deve sua concretude justamente à clareza fictícia; a crença de que seria possível vislumbrar imediatamente, a partir de um fenômeno singular, a sua essência estática, emancipada de espaço e tempo – tudo isso foi chamado à vida meramente por uma fórmula metódica, que não oferece tanto um novo procedimento do conhecimento, mas expressa muito mais a incompatibilidade entre certeza positivista e verdade racionalista. A intuição categorial não é uma "visão" de essencialidades, mas um ponto cego no processo do conhecimento. Se, por um lado, a pretensão científica da filosofia de Husserl se sente superior à especulação hegeliana, por outro, a doutrina da ideação se encontra muito aquém, em termos de reflexão científica, do ponto de vista hegeliano. Isso fica mais evidente no conceito de ser, conceito esse que virou o centro das atenções dos sucessores filosófico-existenciais de Husserl. Hegel restringiu a imediatidade do conceito de ser, com o qual a dialética se inicia, concebendo-o como mero momento parcial de seu movimento imanente. Ele ensina

> que não há nada, nada no céu ou na natureza ou no espírito ou onde quer que seja, que não contenha ao mesmo tempo a imediatidade tanto quanto a mediação, de tal modo que essas duas determinações se mostram como inseparadas e inseparáveis, e toda oposição como nula.[27]

Por isso:

> O ser é o que se inicia, o que surge, o que é exposto por mediação e, precisamente, esta é ao mesmo tempo o superar (*Aufheben*) de si mesma.[28]

Para Husserl, porém, o ser se faz imediatamente presente em uma intuição categorial:

> Ele é, sem dúvida, desde o princípio, óbvio: assim como um outro conceito (uma ideia, uma unidade específica) só pode "emergir", ou seja, só pode nos ser dado com base em um ato, que coloca diante de nossos olhos, ao menos imaginativamente, uma particularidade qualquer correspondente a ele, o conceito do ser só pode emergir quando um ser qualquer, efetiva ou imaginativamente, for colocado diante de nossos olhos. Se, para nós, o ser

---

27 Hegel, WW IV, *Wissenschaft der Logik*, parte I, p.70-1.
28 Ibid., p.73.

é considerado como ser predicativo, então um estado de coisas qualquer nos precisa ser dado e isso naturalmente por meio de um ato que o doe // – o análogo da intuição sensível comum.[29]

A oposição entre os momentos hegelianamente superados no conceito de Ser, os momentos da imediatidade e da mediatidade, oposição essa que já contém o movimento dialético próprio ao conceito em si, é abolida por Husserl mediante a fórmula mágica da clareza categorial do ser (*kategoriale Anschaulichkeit des Seins*). No lugar do movimento imanente do conceito, entra em cena seu uso equívoco. Como premissa, Husserl utiliza a expressão "ser" no sentido mais universal, mais abstrato e mais mediado possível; como conclusão, substitui, de maneira sub-reptícia, o "Ser" pelos entes, como o momento imediatamente intuitivo (qualquer que venha a ser sua configuração), como o momento que atinge a categorização. A filosofia existencialista como um todo se alimentou dessa contaminação. O ser da filosofia existencialista não é aquele que, como momento real e fundamental da consciência, pode prescindir da abstração. É, antes, um ser que se dá como ideal, exatamente como a consciência pura husserliana, um ser que, enquanto imediatamente claro (*anschaulich*), dispensa, contudo, toda e qualquer consciência, a começar pela meditação epistemológica. Essa clareza procede do meramente existente (*Daseienden*), do fático, contra o qual a idealidade e o caráter *a priori* do conceito de ser queriam se proteger. Assim, já se anuncia em Husserl a metafísica ilusória do Ser enunciada pelos eleatas dos nossos dias: o puro ser, idêntico ao puro pensamento. Hegel já havia

---

29 IL II, 2, p.141.

desmascarado esse conceito de Ser. O Ser hegeliano não é a identificação obtusa entre mediatidade e imediatidade. Ele não se deixa hipostasiar, e só uma interpretação violenta misturaria Ser e ente. O Ser hegeliano articula-se segundo suas oposições, voltando-se contra si mesmo. É um conceito eminentemente crítico. Ele é idêntico ao nada, que os eleatas renegam.

O desvanecer do argumento

O impulso originário da intuição categorial como o impulso da irrupção apontava para além da má identidade entre pensamento e ser. Por trás da doutrina de que se poderia "vislumbrar" (*einsehen*) imediatamente um "estado de coisas" como as proposições aritméticas, encontrava-se o pressentimento de uma estrutura de legitimidade objetiva, em princípio supraordenada em relação a qualquer consumação intelectual particular. Essa legitimidade teria sido removida da arbitrariedade do visar, ainda que, para Husserl, o visar forneça a base da análise epistemológica. Husserl nota que esse "vislumbrado" (*einsichtige*) estado de coisas é mais do que produto do pensamento meramente subjetivo. // O juízo aritmético não consiste meramente na execução subjetiva dos atos do coligir, cuja síntese ele representa. Esse juízo declara que precisa haver algo subjetivamente não redutível, que exige este e nenhum outro coligir. O estado de coisas não é puramente produzido, mas é ao mesmo tempo "previamente encontrado" (*vorgefunden*). Precisamente o não surgimento do estado de coisas lógico em sua constituição através do pensamento, a não identidade entre subjetividade e verdade, impeliu Husserl à construção da intuição categorial. O estado de coisas ideal "intuído" não deve ser nenhum mero produto de pensamento. Se, porém, como ocorre em algumas formulações do capítulo das essências no *Ideias*, Husserl acredita que pode descobrir a legitimidade supraordenada como uma pura *quale* do objeto singular, sem recurso à pluralidade, então uma realidade efetiva pode inesperadamente dar razão a ele. Pois, enquanto um "sistema", tal realidade determina todos os objetos supostamente individuais, de maneira tão completa que seria possível deduzir a "essência" de qualquer traço singular do sistema. Contudo, a unidade característica da extensão numérica do conceito oferece somente um reflexo pálido dessa essência. Aqui, talvez seja possível supor uma das causas do efeito provocado por Husserl. Sua filosofia codifica uma experiência objetivamente histórica, sem jamais decifrá-la: o desvanecer do argumento (*das Absterben des Arguments*). A consciência encontra-se em uma encruzilhada. Quando o recurso à visão (*Schau*) e o desprezo pelo pensamento discursivo oferece o pretexto para uma direcionada "intuição do mundo" (*Weltanschauung*) e para uma cega subordinação, então eles sinalizam ao mesmo tempo aquele instante, no qual desaparece o direito ao argumento e ao contra-argumento, e no qual a realização do pensamento consiste apenas em chamar pelo nome aquilo que é: ou seja, aquilo que todos já sabem, de modo que a argumentação não é mais necessária, aquilo que ninguém mais quer saber, de modo que nenhum contra-argumento precisa ser escutado. Denominou-se a era burguesa como a era da classe em discussão eterna. A fenomenologia indica, de maneira provisória e insuficiente, o fim da discussão. Ela permanece insuficiente, porque ela mesma insiste em categorias do visar, da mera subjetividade: o estado de coisas não idêntico torna-se para ela a doação imediata da consciência, // algo meramente mental. Sua existência fática, porém, transforma-se em ser ideal, em pensamento.

Fenomenologia como filosofia da reflexão

O culpado por tudo isso é o ponto de partida estático da relação sujeito-objeto. Husserl concebe forma e conteúdo

> nessa ordem hierárquica um em relação ao outro, de tal modo que o objeto seria algo por si completo, pronto, que poderia prescindir totalmente do pensamento para a sua realidade efetiva, enquanto que, em contrapartida, o pensar seria algo precário, que só se completa junto a uma matéria-prima, a saber, como uma forma indeterminada e flexível que precisa se adequar à sua matéria.[30]

As análises husserlianas, mesmo a construção paradoxal da intuição categorial, permanecem todas aprisionadas, dito em termos hegelianos, na mera reflexão. Husserl acreditou que seria possível se apoderar de todo conceito particular de maneira "livre de teorias" e, por isso, livre de contradições, na descrição da vida da consciência; e fez isso sem verificar primeiramente a interdependência dos conceitos fundamentais da teoria do conhecimento. Nesse pensamento da reflexão de Husserl, pensamento completamente contrário ao pensamento hegeliano, a dialética, contudo, triunfou, na medida em que as descrições parciais que ele oferece levam sempre a contradições. Proposições em si, preenchimento, intuição categorial deveriam dissolver essas contradições. Não obstante, são invenções, muito mais

---

30 Hegel, *Logik*, p.38.

do que o conceito especulativo ao qual o pensamento científico renunciou e que já teria superado em si todas essas invenções como os seus momentos finitos e restritos. A dialética, restituída contra a sua vontade, devora as invenções do senso comum (*Menschenverstand*), apologeticamente considerado. Enquanto as descrições dos estados de fato ideais são desautorizadas pelos fatos recalcitrantes, o postulado dos "dados previamente encontráveis" destrói o mecanismo da formação idealista dos conceitos. O idealismo tradicional rejeitou de maneira soberana a questão acerca da execução atual das sínteses subjetivas, ao denominá-las funções transcendentais, que seriam, por princípio, pré- e supraordenadas a todo "agir" (*Tun*) psicológico dos indivíduos. Entretanto, tais função foram, confessadamente, obtidas a partir de abstrações de realizações fáticas do conhecimento, a saber, de realizações contidas na ciência previamente existente. Husserl não se conformou com isso. // Ele exigiu das sínteses subjetivas, como "atos", a sua legitimação e empreendeu a tarefa de salvar uma segunda existência (*Dasein*) para os seus significados. Isso porque tais significados não lhe pareceram fatos imediatos que seriam encontrados psiquicamente, quando ele ousou, antes, fundamentá-los metafisicamente. Sua tentativa é novamente uma tentativa de "mediação", só que não mais no interior do conceito especulativo, mas no interior do conceito de reflexão. Essa tentativa fracassou. Seu fracasso, contudo, atinge o próprio idealismo.

Sistema em decadência

Pois as contradições da lógica husserliana não são erros casuais e corrigíveis. São originárias e inerentes ao idealismo:

é impossível corrigir um erro da teoria do conhecimento idealista sem produzir necessariamente um novo erro. Para corrigir contradições, um conceito se desenvolve a partir de outro em uma consequência rigorosa, embora nenhum deles se aproxime mais da "coisa" do que o primeiro. Sem dúvida, cada novo conceito se embrenha ainda mais profundamente na mata espessa da invenção. Os teoremas idealistas mais profundos e mais enfáticos, por exemplo, o teorema kantiano do esquematismo da razão pura e da unidade sintética da apercepção (*Appezeption*), estão a uma distância enorme das realizações cognitivas dos homens, efetivamente executadas e passíveis de serem demonstradas. Ao mesmo tempo, são as mais propícias para incorrer em contradições teóricas. Conceitos simples, insustentáveis em uma fundamentação coerente, conceitos tais como o de *sensation* e de *reflexion* de Locke, conseguem descrever com maior precisão os modos de comportamento do pensamento do que aquele "eu penso", que, na verdade, já não mais expressa atos reais de pensamento, mas sim uma constelação histórica de sujeito e objeto independente da atividade individual. O caráter fechado do sistema idealista consiste no avanço de suas contradições. Ele continua herdando o contexto geral de culpa (*Schuldzusammenhang*) da *prima philosophia*. Por mais que tenha se empenhado a favor da *prima philosophia*, Husserl exigiu sua liquidação objetiva. É somente assim que se pode compreender sua relação com Descartes. Em Descartes, o pensamento burguês, ainda não completamente autônomo, procura reproduzir a partir de si mesmo o *cosmos* cristão. Em seus primórdios, o espírito burguês habita as ruínas do espírito feudal. Com a fenomenologia, o pensamento burguês converte-se por fim em determinações dissociadas, postas fragmentariamente uma ao lado da outra, // e resigna-se diante da mera reprodução daquilo que é. A doutrina husserliana das ideias é o sistema em decadência, assim como os primeiros sistemas foram construídos a partir da sobreposição de escombros do *ordo* de outrora. Quando a fenomenologia tenta finalmente reconstruir a totalidade, "despertando-a" dos escombros, das "substâncias" díspares, seu espaço logo se reduz ao ponto do *eidos ego*, e, no lugar da unidade na multiplicidade posta pela razão autônoma, entra em cena a gênese passiva através de associação.[31] A unidade formal do mundo como unidade constituída pela subjetividade transcendental: isso é tudo o que resta do sistema do idealismo transcendental.

Elementos avançados e retrógrados

Assim, é possível separar os elementos avançados e regressivos da filosofia de Husserl com alguma drasticidade. Por um lado, avançados são aqueles elementos nos quais o pensamento "visa para além"[32] (*hinausmeint*) de si mesmo, sob a coerção de suas contradições. Isso porque a fenomenologia se dirige, por mais que em vão, para uma realidade não imanente à consciência; ou ainda, porque, ao perseguir suas próprias contradições, ela se depara com a rocha primitiva idealista, colide em aporias, que não têm como ser evitadas por muito tempo e das quais só se conseguiria desviar com o abandono do próprio ponto de partida idealista. Por outro lado, Husserl assume traços regressivos, logo que apresenta as aporias como determinações

---

31 Cf. CM, p.113-4.
32 Cf. IL II, 2, p.41 e 236.

"positivas" e hipostasia a instância subjetiva, tanto como imanência da consciência quanto como essencialidade do conceito isento de fatos. Os temas que desmontam a fenomenologia são aqueles que, em princípio, atuam de maneira progressiva, particularmente os que constituem a polêmica do primeiro Husserl com Brentano e com os discípulos mais próximos deste. Nos aparatos conceituais auxiliares recusados por ele – tais como o sentimento da evidência, o "objeto" da sensação, a suposta impossibilidade psicológica da coexistência de juízos contraditórios na mesma consciência – ou ainda, nas diversas teorias das imagens e dos signos, Husserl destruiu as invenções teóricas por meio da confrontação com as realizações do conhecimento, para as quais o pensamento fetichizador de conceitos atribuía suas funções inventadas. A força explosiva de suas análises, porém, é suficiente para abalar igualmente o próprio fetiche de Husserl. De início, // essa força liberou o caminho para a fenomenologia chegar a uma concepção extrema de idealismo, o idealismo transcendental. No entanto, ela não se deteve diante de seu conceito fundamental, o da subjetividade pura. Na medida em que o progresso crítico transfere para essa subjetividade toda o poder legitimador, ela precisa finalmente pagar na mesma moeda toda a dívida (*Schuld*) do movimento idealista do conceito. O ímpeto de tal movimento já tinha se estabelecido há muito tempo, na fase fenomenológica propriamente dita, quando Husserl se separou do positivismo, ou seja, na polêmica contra o psicologismo. Sem dúvida, mesmo essa polêmica possui componentes questionáveis. A lembrança do homem real e de seu instinto, que não obedece às puras determinações do pensamento, deve ser afastada e proscrita pelos exercícios fenomenológicos. Com efeito, a fenomenologia reprime a parcela do homem nos princípios da lógica pura, idolatrando, por sua vez, o poder do pensamento humano, permitindo que as leis lógicas vigorem além do círculo de seu juízo, vigorem mesmo no círculo daquelas figuras supraterrenas pelas quais ela manifesta predileção. Apesar disso, a polêmica dos *Prolegômenos* se dirige contra a mais insistente ilusão do homem, a saber, contra a ilusão do indivíduo. De qualquer modo, a comprovação cabal da diferença entre a lei lógica e a lei psicológica trouxe como resultado, a constatação de que as normas, segundo as quais os indivíduos pensam, não coincidem com as normas, segundo as quais transcorre a vida de sua própria consciência e de seu próprio inconsciente. O indivíduo não pertence a si mesmo justamente naquela atividade em que acredita da maneira mais firme possível estar em posse de si, ou seja, na atividade "livre" do pensamento. Autonomia e isolamento do indivíduo como um indivíduo pensante são tanto a aparência (*Schein*) — a aparência necessariamente produzida pela sociedade burguesa –, quanto o relativismo que, inversamente, espera se libertar da obrigação que o vincula ao conhecimento, mediante o recurso ao indivíduo aparente. A única diferença é que os *Prolegômenos* absolutizaram a instância da qual depende a execução das operações lógicas. As teorias "monadológicas" posteriores de Husserl, em particular as que se encontram nas *Meditações cartesianas,* procuram corrigir essa imperfeição. No entanto, se existe um ponto em que a autocorreção husserliana conseguiu simplesmente arruinar uma grande intelecção fundamental, esse é o ponto. Algo semelhante aconteceu com um outro tema,

217 // que não fica atrás do tema antipsicologista em termos de força desilusionista e que funciona, ao mesmo tempo, como seu corretivo: o tema antissistemático. Husserl foi o único filósofo da escola alemã da época a defender o direito crítico da razão, sem inferir a partir desse direito a pretensão de deduzir o mundo a partir do conceito, de "apreendê-lo" de maneira total. Precisamente aquela ênfase, com a qual ele contrasta a pura razão e suas objetivações do ser "mundano", manteve a empiria vulnerável e não transfigurada. As descobertas empíricas não são amaldiçoadas a partir do alto das ideias, desde que permaneçam apenas descobertas empíricas. Embora o pensamento de Husserl registre passivamente as quebras e contradições de seu objeto, o caminho para tanto raramente foi tranquilo. Sem dúvida, a fenomenologia preserva uma certa inclinação para o fragmento, tendência que compartilha com eruditos do tipo de Dilthey e de Max Weber. Ela justapõe "investigações", análises levadas a termo, sem unificá-las adequadamente, sem nem mesmo nivelar as inconsistências que surgem dos estudos particulares. Somente depois de Husserl ter perdido a confiança no método fenomenológico é que ele se viu preparado para, de maneira prudente e contra sua vontade, aceitar o sistema. Sua postura antissistemática foi premiada pela descoberta – na análise, por assim dizer, quase cega, sem ter sido dirigida "de cima para baixo" por um supraconceito qualquer – daquilo que a construção dos idealistas sistemáticos estabelece dedutivamente e que, em contrapartida, o pensamento reconstrutor dos positivistas esquece: o momento dinâmico do conhecimento, a síntese. Para Husserl, ela é um estado de fato da descrição. O conceito do juízo, enquanto conceito constitutivo da lógica

formal, é designado pela "objetividade idêntica",[33] e a análise do sentido dessa objetividade, sem a qual toda decisão acerca da verdade e da não verdade, mesmo de uma lógico-formal, seria impossível, culmina na questão sobre "o que nos assegura dessa identidade".[34] A resposta de Husserl, porém, indica que, sem uma síntese objetiva, não seria possível a objetividade do juízo.

Quando o processo de pensamento progride, e nós, articulando sinteticamente, retornamos para aquilo que é anteriormente dado como uno, esse algo dado não é mais originariamente evidente; ele é consciente, em meio à rememoração (*Wiedererinnerung*) e em meio a uma rememoração que não é mais de maneira alguma intuitiva. // A rememoração, acontecendo como intuição efetiva e própria, significaria a restituição de todos os momentos ou passos particulares do processo originário; e, mesmo que isso acontecesse, ou seja, mesmo que uma nova evidência fosse produzida, é certo que isso implicaria a restituição da evidência antiga? Pois bem, levemos em consideração agora o fato de que os juízos, que, com uma evidência viva, foram constituídos originariamente como unidades intencionais — constituídos sob o modo da posse de si (*Selbsthabe*) —, devem manter a continuidade de sua vigência como objetos que são incessantemente para nós, como objetos disponíveis a qualquer momento para nós, como convicções que subsistem para nós, desde sua primeira constituição. A lógica não se refere a dados (*Gegebenheiten*) em uma evidência meramente atual, mas aos construtos duradouros, que chegaram à evidência para a sua instauração originária (*Urstiftung*), aos construtos que

---

33 *Logik*, p.163.
34 Ibid.

podem ser reativados e identificados novamente, assim como às objetividades, que se encontram doravante presentes, com as quais podemos operar em pensamento, apreendendo-as novamente; objetividades que podemos continuar transformando categorialmente em novos e cada vez mais novos construtos.[35]

Na medida em que, graças ao conceito da objetividade, a reificação ingênua da lógica avança na consciência teórico-crítica, seu momento sintético-subjetivo é também denominado:

> O desvelamento da gênese de sentido dos juízos significa, dito de maneira mais exata, o mesmo que o desenlace dos momentos de sentido, que estão implícitos nele e que lhe pertencem essencialmente – o sentido que manifestamente veio à luz. Os juízos como produtos prontos de uma "constituição" ou de uma "gênese" podem e precisam ser questionados sobre essa "constituição" e essa "gênese". A peculiaridade essencial desses produtos é, justamente, que eles sejam sentidos, que portam em si mesmos, como uma implicação de sentido de sua gênese, uma espécie de historicidade; que, neles, um sentido remeta passo a passo ao sentido originário e à intencionalidade noemática correspondente; que se possa, portanto, questionar, a todo construto de sentido, sobre a história de seu sentido, essencialmente necessária a ele.[36]

Husserl conseguiu ir muito longe nessas sentenças. Seu conteúdo em termos de novidade pode parecer modesto. A fundamentação da identidade coisal na síntese subjetiva provém de Kant, e a comprovação da "historicidade interna" da

---

35 Ibid., p.163-4.
36 Ibid., p.184.

lógica, de Hegel. Mas o alcance da intelecção de Husserl está no fato de que ele conseguiu chegar à síntese e à história da coisa rígida e mesmo do juízo formal abstrato, // enquanto que, no caso dos idealistas clássicos, elas ainda pertencem a uma concepção – justamente "sistemática" – do espírito prévia ao pensamento, concepção que abarca o mundo das coisas, sem conhecer – e apenas a passagem dialética permite tal conhecimento – a situação do próprio mundo como uma situação de reificação, e sem dar expressão a esse conhecimento através do método. No entanto, Husserl, pesquisador dos detalhes e positivista convertido, insiste em permanecer diante do objeto rígido e estranho do conhecimento, até que esse objeto ceda ao seu olhar de Medusa. A coisa, enquanto objeto idêntico do juízo, abre-se e por um instante expõe aquilo que sua rigidez deveria encobrir: uma execução historicamente determinada. O acolhimento (*Hinnahme*) e a análise da reificação, através de uma filosofia cujo propósito é meramente descritivo e hostil à especulação, levam à constatação de que precisamente a história se torna manifesta como a sua "descoberta" central – desse modo, o conceito de descoberta descritiva supera a si mesmo. Husserl precisaria apenas atravessar a porta já aberta para ver que a "historicidade interna", que ele tinha constatado, não é somente interna.

O museu de ciências naturais

A fenomenologia abdicou disso: "aqui não se narram histórias".[37] Com a descoberta da gênese como "implicação de

---

37 *Ideen*, p.7, nota de pé de página (na trad. cit., p.33).

sentido", ela alcança o seu extremo apenas uma vez. De resto, a concepção estática da relação entre sujeito e objeto predomina. Só a *Lógica formal e lógica transcendental* e as *Meditações cartesianas* complementam explicitamente a fenomenologia estática mediante a fenomenologia genética enquanto fenomenologia constituinte. Em relação à fenomenologia estática, temos a seguinte formulação: "Suas descrições são análogas às da história natural, que se ocupam com tipos particulares e eventualmente os organizam de modo sistemático".[38] Não é à toa que surge o conceito de história natural nesse contexto. Husserl acredita que é possível oferecer uma fenomenologia do espírito, ao estabelecer e catalogar seu museu de ciências naturais (*Naturalienkabinett*). Como no museu de ciências naturais – onde se colecionam e se expõem, como se fossem posses, as relíquias de uma vida esvaecida, cuja "natureza" apenas alegoricamente significa uma história passada, cuja história não é mais do que simples transitoriedade (*Vergängnis*) natural – é assim que as coisas se apresentam na visão fenomenológica; em suas "incursões",[39] ela lida com fósseis, com sínteses petrificadas, cuja "vida intencional" é apenas o reflexo esmaecido da vida passada e real. As salas de exibição das demonstrações husserlianas estão sempre isoladas da práxis da sociedade atual. // Tal como em um triste memorial, seu inventário adquire a aura do significativo, que Husserl interpreta como essencial. A expressão obsoleta "inventário" pertence à linguagem do Movimento Secessionista – que fala de "visão" (*Schau*), "fluxo de vivências" e "preenchimento" –, assim como o piano de armário pertence

---

38 CM, p.110.
39 *Ideen*, p.265 (na trad. cit., p.285).

Para a metacrítica da teoria do conhecimento

à ilha dos mortos. A ilusão de ótica (*Blendwerk*) e a decoração cênica (*Versatzstück*) se encontraram nos textos de Husserl:

> Tomemos um exemplo de formação de representação a partir de representações de nível superior, formação que pode ser bastante complicada e, no entanto, facilmente compreensível. Um nome proferido nos faz recordar a Galeria de Dresden e de nossa última visita a ela: passeamos por suas salas e nos colocamos diante de um quadro de Tenier, que exibe uma galeria de pintura. Se supusermos ainda que os quadros dessa galeria representam outros quadros que trazem, por sua vez, inscrições legíveis etc., então poderemos mensurar que fusão de representações e que mediações devem ser efetivamente estabelecidas para chegar às objetividades a ser apreendidas.[40]

O propósito do exemplo não é o desvelamento do mal infinito, que ele descreve. A absurda linha de fuga dos quadros, na qual a própria fenomenologia persegue em vão seus objetos, indo de intenção em intenção, torna-se para Husserl o cânone de um mundo, que vale a pena contemplar, porque permanece imóvel ao fenomenólogo como uma coleção de "sentidos" noemáticos fundados no reflexo do espelho, uma coleção à parte e curiosa como a dos quadros de quadros na galeria. Trata-se do mundo como cenário de uma câmara escura (*Guckkastenbühne*). Husserl chegou muito perto da consciência disso na mesma frase, com a qual recusou tal consciência: "A experiência não é um buraco em um espaço da consciência, através do qual se

---

40 Ibid., p.211 (na trad. cit., p.232).

irradia um mundo previamente existente a toda experiência".[41] Ele nega uma noção de "buraco de observação" (*Guckloch*), apenas porque não se pode experimentar nada que seja totalmente estranho ao sujeito; exatamente como alguém que nunca tivesse deixado o espaço em que ocorre a encenação e que, portanto, recusa estar diante de uma encenação. O fenomenólogo está inseguro. É assim que ele se apresenta no museu de cera, considerado por ele como outro "exemplo concreto": "Passeando prazerosamente pelo pan-óptico, encontramos na escada uma mulher estranha, que nos acena adoravelmente – é a conhecida brincadeira do pan-óptico. Trata-se de uma boneca, que nos engana por um instante".[42] // O espírito que passeia com prazer só se tranquiliza com a sabedoria: "Quando reconhecemos o engano, as coisas se dão de maneira inversa, e então, passamos a ver uma boneca que representa uma mulher".[43] Ele encontra a paz no mundo das coisas, ao interagir não com uma mulher, mas com uma boneca. A insegurança, porém, é aquela de alguém que não sabe se deve tomar o interior como exterior ou o exterior como interior, de alguém que só se concede o desejo originário de evadir através da figura distorcida da angústia.

Ideal abstrato de segurança

A angústia marca o ideal da filosofia husserliana como o ideal da segurança (*Sekurität*) absoluta, de acordo com o modelo da propriedade privada. Suas reduções são reduções ao que é

---

41 *Logik*, p.206.
42 IL II, I, p.442-3.
43 Ibid., p.443.

seguro: à imanência da consciência das vivências, cujo título de posse não deve abalar o poder da autoconsciência filosófica, à qual tais vivências "pertencem"; e às essências, que, livres de toda existência fática, resistem a toda intrusão da existência fática. Os dois postulados se contradizem mutuamente. O mundo das vivências é, de acordo com Husserl, mutável, nada mais do que "fluxo" (*Strom*); a transcendência das essências, contudo, nunca pode se tornar ela mesma uma vivência. É possível compreender a trajetória de Husserl a partir da tendência de unificar esses dois postulados de segurança (*Sicherheit*) em uma segurança última, em uma certeza que identifica a essência e o fluxo da consciência. Seu ímpeto em direção à segurança é tão grande, que ele, com a ingenuidade cega de toda crença em posses, desconhece o quão compulsivamente o ideal de uma segurança absoluta leva à sua própria aniquilação; o quanto a redução das essências ao mundo da consciência as torna dependentes do elemento fático, do elemento perecível; o quanto, inversamente, o caráter essencial da consciência priva a consciência de todo conteúdo particular e abandona ao acaso tudo o que deveria estar assegurado. A segurança resta como o último e solitário fetiche, tal como os algarismos dos milhões estampados em uma cédula bancária já há muito tempo desvalorizada. De maneira mais evidente do que em qualquer outro lugar, manifesta-se aqui o caráter de resignação da fenomenologia, próprio da burguesia tardia. Nela, a ideia da crítica científica apresenta seu lado reacionário: sem analisar o ideal de segurança enquanto tal, ela gostaria de proibir qualquer pensamento que não estivesse em condições de se submeter a esse ideal – de preferência, gostaria de proibir o próprio pensar. Também é possível encontrar rastros disso na transformação do pensamento em "visão", em ódio à teorização.

// Eternização do elemento temporal

A tendência de eternizar os "dados previamente encontráveis" ou os "dados" da consciência como posses inquestionáveis do filósofo e, ao mesmo tempo, como essenciais, auxilia na justificação da posse. Com a eternização daquilo que é visado pelo ato momentâneo e, com isso, por fim, do puramente temporal, os conceitos fenomenológicos precisam pagar o preço da aparência de sua proximidade com as coisas e de sua concretude, que estariam isentas de qualquer construção. Assim, tais conceitos preparam imediatamente as ideologias de seus sucessores. Quanto mais concreta a fenomenologia se torna, maior a complacência com que proclama o condicionado como incondicionado. Husserl assumiu, por exemplo, do pragmatista William James, a tese empírica dos *"fringes"*, enunciando-a no *Ideias* como uma tese eidética. Do mesmo modo, defendeu em seguida um paralelismo estrito entre psicologia como ciência pura da lei e fenomenologia eidética, paralelismo que deveria levantar suspeitas em relação à autarquia desta última. A concepção de "halo" (*Hof*) da consciência atual adquire nele a seguinte forma: "o fluxo de vivências jamais pode consistir de puras atualidades (*Aktualitäten*)".[44] Um sociólogo inspirado por Husserl apressou-se em deduzir desse trecho a necessidade de classes sociais. Estas seriam, segundo ele, a expressão daquelas consolidações psicológicas que corresponderiam às inatualidades da consciência. Uma sociedade sem classes pressuporia a atualidade universal da vida da consciência de todos seus membros, e justamente essa atualidade é excluída pela intelecção

---

44 *Ideen*, p.63 (na trad. cit., p.88).

das essências de Husserl. A teoria de Husserl precisa assumir a responsabilidade por filosofemas desse tipo. Por mais inofensiva e formal que pareça, ela nunca pode sustentar a pretensão de uma invariante "estrutura da consciência pura". Como essa estrutura provém das observações psicológicas de determinadas pessoas em determinadas situações, ela acaba retornando a estas. A "inatualidade" dos homens depende da reificação do mundo no qual eles vivem. Eles se enrijecem (*erstarren*) no mundo rígido; esse mundo é produzido pelos homens e, ao mesmo tempo, os reproduz. Sem dúvida, toda reificação é um esquecimento; mas nenhum fenomenólogo conseguiria erigir, de antemão, as barreiras eternas que estariam fixadas para manter o estado presente de um mundo no qual mais nada obriga ao esquecimento. O conteúdo propriamente reacionário da fenomenologia é seu ódio contra a "atualidade". // Embora a fenomenologia procure nos homens a "esfera das origens absolutas", ela preferiria expulsá-los do mundo tão logo este tenha surgido diante deles, um procedimento parecido com aquele dos deístas em relação ao seu Deus; Husserl quer simplesmente "colocar entre parênteses" esse mundo. O humano só adquire valor para a fenomenologia em sua desumanidade: como algo completamente estranho ao homem, no qual ele não consegue se reconhecer, algo que se torna eterno enquanto algo morto. A fenomenologia arranca de maneira impiedosa o visar e a intenção (*Meinen und Meinung*) daquele que visa e intenciona; tira o dado daquele que dá, e se sente tanto mais fundamentalmente segura em sua objetividade, quanto mais se esquece da existência: assim como, primeiramente, a relação da síntese com as proposições em si e com os "estados de coisa" é a mesma relação que prevalece na sociedade, também o é a relação da análise "genética" final do conhecimento com o seu suporte real e seu objeto real. Husserl encontra as diferenças sociais na análise do "meio cultural" (*Kulturmilieu*). Essas diferenças são registradas por ele como os diversos níveis de acessibilidade da cultura objetiva para os diversos indivíduos e comunidades humanas. No que diz respeito a esse ponto, a versão francesa das *Meditações cartesianas* prossegue: "*Mais cette accessibilité justement n'est pas absolue, et cela pour des raisons essentielles de sa constitution, qu'une explicitation plus precise de son sens met facilement en lumière*".[45,46] Se, de fato, a cultura objetiva não se encontra igualmente aberta à consciência individual, de maneira universal como, segundo a asserção de Husserl, o corpo e o ser psicofísico, então os responsáveis por isso não são condições transcendentais, mas sim condições históricas da sociedade de classes. A interpretação transcendental de Husserl, contudo, transplantou o tempo para o espaço, exatamente como procedeu mais tarde o pensamento totalitário, sem as circunstâncias transcendentais. As diferenças nos modos de como os homens contribuem para a vida humanamente digna (*menschenwürdig*) são fundamentadas pela conjectura de que os homens viviam em "culturas" muito distantes umas das outras em termos espaciais, "culturas" que seriam primordialmente "suas" e a partir das quais gradualmente avançariam em direção à "cultura da humanidade" (*Menschheitkultur*). Contudo, a egologia e a *epoché* fenomenoló-

---

45 Em francês, no original: "Mas essa acessibilidade não é justamente absoluta, e isso por razões essenciais ligadas à sua constituição, que uma explicação mais precisa de sua origem traz facilmente à luz". (N. T.)
46 MC, p.112.

gica se convertem em uma espécie de xenofobia transcendental: "*C'est moi et ma culture qui formons ici la sphère primordiale par rapport à toute culture 'étrangère'*".[47, 48] A realidade das vivências da consciência individual "purificada", // por extensão, a realidade de sua nação são transformadas em fundamento da teoria social e da sociedade, apesar de toda a sua contingência e limitação. Além disso, como realidade essencial, ela deveria valer também independentemente do tempo. É esse espírito que levou Husserl a justapor na "Sexta investigação lógica" os três exemplos de "atos não objetivantes como preenchimentos significativos aparentes": "Que Deus proteja o imperador. Franz deveria se poupar. O cocheiro deve atrelar os cavalos".[49]

Origem do "eidos ego"

A derradeira segurança (*Sekurität*), que o movimento conceitual da fenomenologia ambiciona, é a segurança do *eidos ego*: a subjetividade essencial deve ser imediatamente certa e absolutamente válida em sua pureza. O apelo a ela faz com que desapareçam os conceitos anteriores mais contraditórios. O Husserl tardio pode então prescindir da intuição categorial. Mesmo que a evidência se dissolva em meio a um processo[50] e se liberte de toda doação estático-coisal,[51] nada é sacrificado de sua segurança, caso realmente uma "fundamentação abso-

---

47 Em francês, no original: "Sou eu e minha cultura que formamos aqui a esfera primordial com relação a toda cultura 'estrangeira'". (N. T.)
48 Ibid., p.114.
49 IL II, 2, p.215.
50 Cf. *Logik*, p.245 e ss.
51 Cf. ibid., p.251-2.

luta do conhecimento só é [...] possível na ciência universal da subjetividade transcendental como o único ente que é absolutamente;"⁵² ainda que se prove que a evidência seja uma estrutura da subjetividade transcendental. Em virtude da questão acerca do *eidos ego*, a fenomenologia é mais interessante do que a simples nuance do idealismo. O trabalho científico na fundamentação da lógica pura, que a *oeuvre* completa de Husserl realiza, o capacitou a rastrear a presença do elemento fático, do puro ente, do que não se pode deduzir da ideia, mesmo lá onde o idealismo tradicional se acha protegido de todos os acasos do mundo: no eu pensante. Sua crítica a Descartes volta-se contra o naturalismo do *cogito*:

> Já em Descartes, o ego é fixado por uma evidência absoluta como um primeiro recanto do mundo, que existe para além de qualquer dúvida [...] Assim, a única coisa que parece estar em questão é descobrir, mediante um procedimento dedutivo logicamente válido, o resto do mundo.⁵³

> Um realismo como o de Descartes, que, no ego ao qual remonta, de início, a automeditação transcendental, já acredita ter concebido a alma real do homem e que, a partir desse primeiro elemento real, projeta hipóteses e conclusões prováveis em um reino de realidades transcendentais [...], tal realismo perde de vista, de modo contrassensual, o problema real, // uma vez que, em toda parte, pressupõe como uma possibilidade aquilo que está incessantemente em questão como possibilidade mesma.⁵⁴

---

52 Ibid., p.240.
53 Ibid., p.202.
54 Ibid., p.203.

Para a metacrítica da teoria do conhecimento

Por medo de perder a segurança absoluta, justamente o postulado originário cartesiano da certeza indubitável, Husserl vai mais longe do que toda a tradição idealista. Ele demonstra a dependência do *factum* contingente no ego cartesiano e estabelece, como pressuposto verdadeiro e por si só suficiente, o ideal de um ego isento de fatos e transcendental. Com isso, porém, toca no fulcro do idealismo. Se a análise crítica do sentido de uma subjetividade transcendental fosse além da sua subjetividade; se ela conseguisse se apoderar, no *eidos ego*, do momento da faticidade, do momento do "mundo" espaço-temporal, então não haveria como salvar o idealismo. Husserl colocou finalmente a pretensão de validade do idealismo sob a forma do tudo ou nada.

Consciência, pura essência, tempo

A consequência da concepção de consciência como essência pura só é extraída nos dois últimos escritos de Husserl publicados em vida. A *Lógica formal e lógica transcendental* afirma a "necessidade de partir da subjetividade própria em cada caso":

> Para ser correto e explícito, porém, preciso dizer em primeiro lugar: essa subjetividade sou eu mesmo, que medito sobre aquilo que para mim é e vale, e que, agora, medito como lógico sobre o mundo pressuposto como sendo e sobre os princípios lógicos referidos a ele. De início, portanto, sempre eu e novamente eu, puramente como o eu daquela vida da consciência, por meio da qual tudo recebe o sentido de ser para mim.[55]

---

55 Ibid., p.208-9.

Mas:

> Quando eu, na universalidade de meu *ego cogito*, me encontro como uma essência psicofísica, como uma unidade constituída dentro dela, e quando me encontro referido, sob a forma de "outros", a essências psicofísicas diante de mim que, como tais, são não menos constituídas a partir de multiplicidades de minha vida intencional, então aqui já se fazem sentir, na relação comigo mesmo, grandes dificuldades. Eu, o "ego transcendental", "antecedo" a tudo o que é mundano, justamente como o eu, em cuja vida da consciência se constitui pela primeira vez o mundo como unidade intencional. Portanto, eu, o eu constituinte, não sou idêntico ao eu já mundano, não sou idêntico a mim mesmo como realidade psicofísica; e minha vida consciente anímica, psicofísico-mundana, não é idêntica ao meu ego transcendental, // no qual o mundo se constitui para mim com tudo o que há nele de físico e psíquico.[56]

Decisivo aqui é o modo como os dois conceitos de eu se relacionam um com o outro: a subjetividade "eu mesmo", que é equiparada por Husserl simplesmente com a pessoa psicofísica, e o "ego transcendental"; só quando este ego transcendental, de acordo com seu sentido, se tornar completamente independente do "eu mesmo", só quando não for perturbado por faticidade alguma, é que sua estrutura atinge a absolutidade, que deveria lhe assegurar o primado diante do sujeito do *cogito* cartesiano. Husserl pressupõe como "já compreensível, em virtude da clarificação (*Klärung*) transcendental, que minha alma" – o "eu mesmo" empírico – "é uma auto-objetivação de

---
56 Ibid., p.210-1.

meu ego transcendental";[57] que, portanto, o eu transcendental precede, segundo seu sentido, o eu empírico e é sua condição constitutiva. Aqui reside o *nervus probandi*. A passagem falsa, a "inserção sub-reptícia", da qual Husserl falou certa vez,[58] torna-se reconhecível na consequência dessa afirmação: "E eu não encontro [...] minha vida transcendental e minha vida anímica, minha vida mundana, em todo e qualquer aspecto, como tendo o mesmo conteúdo?".[59] A identidade da forma linguística "eu", nos casos dos dois conceitos de eu, não significa outra coisa a não ser que o conceito do eu transcendental foi derivado do eu empírico por abstração, sem que estivesse claro que os dois estavam baseados em um único princípio *a priori*. No entanto, se o "conteúdo" dos dois fosse de fato completamente idêntico, por que, então, Husserl acentua tão fortemente a diferença entre eles? Por que é atribuído a eles uma valoração diferente ou uma originariedade transcendental diferente? Husserl não oferece nenhum critério para defender essa diferença. Por outro lado, insiste cada vez mais na identidade do conteúdo.[60] Apesar disso, trata-se para ele de uma "transposição falsificadora", "quando se confunde essa experiência interna psicológica com aquela que é requisitada de maneira transcendental, como uma experiência evidente do ego *cogito*".[61] A afirmação da existência de uma diferença principial entre os dois, apesar da identidade completa de seu "conteúdo", não deixa aberto outro caminho senão recorrer

---

57 Ibid., p.212.
58 Ibid., p.226.
59 Ibid., p.211.
60 Cf. ibid., p.224-5.
61 Ibid., p.224.

à "forma", de uma maneira kantiana e bastante tradicional, e transformar o ego transcendental na condição abstrata da "possibilidade em geral" do empírico, sem qualquer conteúdo, a não ser o conteúdo que se acrescenta ao eu empírico. // No entanto, entre as condições "transcendentais" da consciência pura – precisamente no sentido da fenomenologia "genética" do Husserl tardio –, pertence a sua constituição, que pressupõe, segundo esse sentido, uma experiência temporal e, com isso, uma experiência de conteúdo em si mesma. Falar de uma consciência objetivamente ou subjetivamente atemporal não teria sentido, porque uma estrutura concreta de consciência (*konkrete Bewußtseinszusammenhang*), tal como as reduções husserlianas supostamente devem preparar, não pode ser pensada a não ser como temporalmente determinada. A estrutura da intencionalidade, como retencionalidade e protencionalidade, que, de acordo com Husserl, é a única a possibilitar a vida da consciência, é a estrutura do tempo. As descobertas de toda psicologia, contudo, são para ele "fatos".[62] Tornam-se "fatos", porém, justamente mediante sua determinação temporal. Essa determinação não poderia ser retirada de uma vida "pura" da consciência – caso essa vida ainda seja identificável como vida da consciência e caso ela seja mais do que o "eu penso" abstrato kantiano, do qual Husserl tinha uma vontade premente de se diferenciar.

Ego transcendental e faticidade

Se o ego transcendental ou, como Husserl diz de maneira ambígua, "meu" ego transcendental fosse a mera forma da mul-

---

62 Cf. ibid., p.221-2.

tiplicidade das vivências empíricas, então ele não poderia se objetivar "por si mesmo". Seria objetivo apenas através das vivências como seu conteúdo fático. Nesse caso, a "alma" não seria nenhuma auto-objetivação do transcendental. A unidade transcendental, para ter apenas um "sentido", para ser determinável apenas como unidade, permanece referida a algo fático. O fático pertence ao "sentido" do transcendental, que não pode ser autonomizado nem tratado como fundamento absoluto. Do contrário, o ego transcendental seria efetivamente "meu" ego em um sentido mais do que formal; seria o eu com a plenitude de suas vivências. Dessa forma, sempre teria sido aquela "alma" mesma e não precisaria se "objetivar" em uma segunda camada, por assim dizer. Do ponto de vista da análise de consciência, o conceito de alma é equivalente ao conceito de estrutura de vivências (*Erlebniszusammenhang*), legitimamente objetivado em suas formas de relação. Husserl pode empregar os conceitos como bem lhe aprouver; o idealista pode chamar as condições de possibilidade de uma vida da consciência, que foram abstraídas, de transcendentais – mas elas sempre permanecem dependentes de uma determinada vida da consciência "factual" qualquer. Os conceitos não são válidos "em si". // Eles se deixam determinar, assumem uma significação, apenas quando estabelecem relações com um eu fático. Hipostasiados, eles seriam incompreensíveis. O mais rigoroso conceito de transcendental não conseguiria se libertar da interdependência com o *factum*. Nessa medida, o transcendental continua sendo o que Husserl criticava no ego cartesiano: uma parte do mundo. Husserl reconheceu, corretamente, que a mundaneidade do substrato da psicologia não possui nenhum primado ontológico em relação à mundaneidade da natureza psicofísica. Se a filosofia transcendental depende daquela mundaneidade do substrato da psicologia, então ela também não terá esperanças de fundamentar a mundaneidade da natureza psicofísica. A filosofia transcendental se degenera como *prima philosophia*.

Equivocação do "eu"

As *Meditações cartesianas* buscam levar a termo as considerações genéricas da *Lógica formal e lógica transcendental* em relação ao *eidos ego*. O eu transcendental não seria

> o homem passível de ser previamente encontrado como homem na experiência natural de si, o homem que encontra previamente, nas restrições abstrativas às puras consistências da experiência interna de si, puramente psicológica, a sua própria *mens sive animus sive intellectus*[63] pura.[64]

Hegel já tinha criticado esse pensamento em Fichte:

> A determinação do puro saber como eu traz consigo a rememoração duradoura do eu subjetivo, cujas barreiras devem ser esquecidas, e mantém a representação presente, como se as proposições e relações, que se dão no desenvolvimento ulterior do eu, pudessem ocorrer e ser previamente encontradas na consciência habitual, uma vez que ela é efetivamente a consciência que as afirma.[65]

---

63 Em latim, no original: "a mente, a alma ou o intelecto". (N. T.)
64 CM, p.64.
65 Hegel, *Ciência da lógica*, parte I, p.82.

Por causa disso, não é possível hipostasiar ontologicamente a identidade da forma linguística. "Minha" vida transcendental não está contida em "minha" vida psicológica como seu substrato. Do mesmo modo, não se pode desconsiderar o momento da unidade que se expressa na identidade da forma linguística. Se o eu transcendental é completamente alijado do *animus* ou do *intellectus*, então se torna problemático o direito mesmo de denominá-lo "eu". A crítica pode acompanhar isso até na sintaxe da apresentação francesa de Husserl da *epoché*:

> On peut dire aussi que l'*epoché* est la méthode universelle et radicale par laquelle je me saisis comme moi pur, avec la vie de conscience pure qui m'est propre, vie dans et par laquelle le monde objectif tout entier existe pour moi, // tel justement qu'il existe pour moi.[66, 67]

Mediante o reflexivo "*me*", o "*je*", o eu psicologicamente vivencial e judicativo, consegue ser referido em geral ao *moi pur*, apenas quando o indivíduo que reflete sobre si mesmo, enquanto sujeito gramatical do juízo, se equipara com o *moi pur*, enquanto objeto gramatical. A igualdade com o sujeito expressa-se sob a forma reflexiva, a igualdade com o objeto, sob a determinação predicativa "*comme moi pur*". Justamente a referência unitária, caracterizada desde o princípio por Hegel

---

66 Em francês, no original: "Também se pode dizer que a *epoché* é o método universal e radical pelo qual eu me apreendo como eu puro, com a vida da consciência pura que me é própria, vida na qual e pela qual o mundo objetivo existe inteiramente para mim, tal justamente como ele existe para mim". (N. T.)

67 MC, p.18.

como inevitável, é contestada por Husserl; no entanto, ela se impõe contra sua vontade.

Solipsismo

Dessa significação dupla do eu, porém, depende finalmente a tese das *Meditações cartesianas* sobre o caráter eidético do sujeito transcendental como pura possibilidade. Ela nos diz: "Toda constituição de uma possibilidade efetivamente pura entre possibilidades puras traz consigo implicitamente como seu horizonte visual um ego possível no sentido puro, uma modulação pura da possibilidade de meu ego fático".[68] Se a variante do "eu puro" sempre deve permanecer uma variante de "meu eu" e retirar sua evidência da experiência de si, então essa variante está necessariamente ligada a uma vida determinada da consciência, a saber, à vida daquele que se denomina "eu"; portanto, é mundana ou está irrevogavelmente referida a algo mundano. Se assim não fosse, o termo "meu", usado e abusado por Husserl, seria estritamente incompreensível. Apesar disso, ele afirma que o ego transcendental, por meio da livre variação da fantasia como uma possibilidade pura, precederia mesmo o "meu" eu no sentido lógico. Nessa transição desaparece a ligação do ser "transcendental" supostamente absoluto com o *factum*. Por meio da variação, o eu não é mais "meu" – quer dizer, não é mais um eu. Precisamente, o específico da expressão "eu" não poderia passar despercebido para a fenomenologia, dedicada à análise do significado: em uma proposição, cujo sujeito se chama "eu", essa expressão não poderia ser substituída

---

68 CM, p.105.

por outra que, por exemplo, indicasse o nome da pessoa que fala, uma vez que a imediatidade da referência proposicional ao falante, em oposição a uma proposição simplesmente mediada, constitui ela mesma um momento do sentido da proposição. De acordo com isso, o *hysteron próteron* (o posterior anterior) torna-se palpável. // Pois somente o "meu" eu deve ser indubitavelmente certo, enquanto imediatamente presente; até esse ponto Husserl permanece cartesiano. Todavia, quando o teórico do conhecimento procede por variações desde o "seu" eu até o eu eidético, então a absolutidade de "seu" eu é, para ele, o fundamento legítimo para a atribuição da certeza apodítica ao *eidos ego,* obtido por abstração desse eu. Daí surge o conceito de "experiência transcendental", experiência que só pode ser feita sobre o "próprio" estado de consciência. O *eidos ego* hipostasiado, porém, serve para que Husserl, retroativamente, fundamente "seu" ego e qualquer outro ego através do caráter *a priori* da essencialidade isenta de fatos. Esse caráter apriorístico, por sua vez, estaria ele mesmo fundado de acordo com sua doutrina, na certeza imediata da consciência pessoal fática. Husserl está ciente da dificuldade.

> Com certeza, é preciso atentar para o fato de que, na passagem de meu ego para um ego em geral, não está pressuposta nem a realidade efetiva, nem a possibilidade de um âmbito de outros egos. Aqui, a abrangência do *eidos ego* está determinada pela autovariação de meu ego. Eu finjo apenas para mim, como se eu fosse diferente, mas não finjo aqui que sou outros.[69]

---

69 Ibid., p.106.

O resíduo fenomenológico é interpretado no sentido do solipsismo, e a construção da visão das essências é novamente utilizada para escapar desse solipsismo. Essa construção, ao menos de acordo com o *Ideias para uma fenomenologia pura*, gostaria de se apoderar de sua "essência" em um objeto individual singular. De modo semelhante, a variação da singularidade absoluta da "minha" vida de consciência gostaria de trazer à tona, sem qualquer consideração de outras vidas de consciência, das quais a essência poderia ser abstraída, o puro *eidos ego*. No entanto, essa construção colapsa. Se, para o teórico do conhecimento, o "seu" eu fosse de fato simplesmente dado como ponto de partida, sem nenhum outro saber adicional a não ser o saber do "seu" eu (um saber, todavia, completo, que qualifica cada uma de suas vivências como momento de uma "consciência" unificada), então mesmo a variação só poderia transcorrer no interior do "seu eu", porquanto ela retém "seu" eu. Todas as possibilidades "puras", como quer que elas venham a ser indicadas, permaneceriam possibilidades puras "dele", e cada eu variado, o eu do falante. A variação conduziria, em todo caso, a um conteúdo alternante, mas não a uma consciência transcendental. Quem representa o eu transcendental, tal como Husserl o postula, sem representar aí minimamente "um outro", // nem mesmo como mera possibilidade, é sempre apenas esse próprio eu puro. A variação da fantasia mediante a pura possibilidade não consegue romper com a imanência das mônadas, porque o conceito de unidade que está na base dessa imanência, conceito esse que deve fundamentar, para Husserl, a essência supraindividual do ego, é ele mesmo monadológico. "Meu" eu já é, na verdade, uma abstração, é algo completamente diferente da experiência originária que Husserl afirma ser.

Pela relação possessiva, o "meu" eu se determina de maneira extremamente mediada. Nele, a "intersubjetividade" está conjuntamente colocada (*mitgesetzt*), só não como possibilidade pura arbitrária, mas como a condição real do ser-eu, sem a qual a restrição ao "meu" eu não poderia ser compreendida. Na medida em que a lógica de Husserl limita o eu como pertencente a si mesmo, ela expressa justamente que ele não pertence a si mesmo. A impossibilidade, porém, de obter a "essência" a partir da mônada absoluta indica a posição dos indivíduos na sociedade monadológica.

Aporias da experiência transcendental

A essência não pode prescindir da relação com a existência (*Dasein*); a experiência monadológica não tem como se tornar essencial. A experiência aparece em Husserl no interior da própria concepção transcendental e é denominada com o termo paradoxal de "experiência transcendental".[70] O impulso positivista impõe-se ainda no *eidos ego*: a transposição do eu puro para o interior de uma "essência", sua emancipação de tudo o que há de "mundano", satisfaz a Husserl meramente como uma emancipação prescrita pelo curso da "pesquisa"; não como posição (*Setzung*) no sentido do idealismo fichtiano. O ego transcendental deve ser dedutível como uma região experienciável:

> De fato, em vez de pretendermos utilizar o ego *cogito* como premissa apoditicamente evidente para chegar a supostas conclusões

---
70 Ibid., p.62.

sobre uma subjetividade transcendental — (no texto de Husserl: transcendente, T. W. Adorno) —, dirigimos nossa atenção para o fato de que a *epoché* fenomenológica (para mim, para o filósofo que medita) desvenda uma esfera ontológica infinita de um novo tipo, como esfera de um novo tipo de experiência, de uma experiência transcendental.[71]

A "existência" (*Existenz*) do sujeito transcendental como região da experiência e sua concepção como pura possibilidade da variação da fantasia, porém, não são compatíveis. // Husserl afastou a subjetividade transcendental tanto do *eu penso* abstrato, quanto também, por outro lado, do conceito tradicional (*Stammbegriff*) de experiência, o conceito do dado. "Mas a doutrina descritiva da consciência, que se inicia radicalmente, não possui tais dados e tal totalidade diante de si, a não ser como preconceitos."[72] Como é que, a partir disso, a "estrutura" da consciência pode ser então compreendida? Ela não deve ser posta nem deduzida. É considerada mais do que conteúdo de consciência. Sua clareza imediata não é mais defendida. Nesse caso, ela só poderia ser obtida por abstração. Com efeito, não se apresenta nenhum motivo pelo qual a abstração se romperia em categorias como "meu" eu, que só podem ser compreendidas na relação com o fático; nenhum motivo pelo qual o movimento de abstração não prossiga até o "eu penso" kantiano, enquanto "elemento puro". Tanto em seu topo, quanto em sua base, a estrutura transcendental se encontra igualmente em risco: no topo, porque ela permanece

---

[71] Ibid., p.66.
[72] Ibid., p.77.

longamente em relação com o *factum* até se reduzir à pura identidade; na base, porque, sem uma relação com "conteúdos", ela não pode ser conduzida a uma "experiência" transcendental, como quer que esta venha a se configurar. Quando a teoria husserliana passa a vislumbrar esses conteúdos, ela acaba por admitir sem mais sua contingência. Com isso, porém, ela chega no ponto em que precisa hipostasiar de maneira definitiva a aporia, sublimar o fato em ontologia, consumar o seu truque de Münchhausen, com uma necessidade sistemática – o ponto no qual o idealismo, não querendo finalmente abdicar, se converte na metafísica da tautologia e projeta o seu fracasso objetivo (*sachlich*) para um fundamento ontológico. Husserl introduziu o conceito do "*a priori* contingente" para determinadas proposições materiais (*sachhaltige*) sob a forma "todos os fenômenos sonoros possuem uma extensão temporal". Ele aplica esse conceito à própria subjetividade transcendental e, assim, atribui a ela a marca do paradoxo:

> Para nos aproximarmos do conceito do *a priori* contingente, basta expor, no quadro de nossas considerações atuais, meramente preliminares, o seguinte: uma subjetividade em geral (singular ou comunicativa) só é pensável em uma forma essencial, que obtemos com uma evidência progressiva em seus conteúdos bastante diversos, ao desentranharmos claramente a nossa própria subjetividade concreta, // e então, através da livre alteração de sua realidade efetiva para outras possibilidades de uma subjetividade concreta em geral, dirigimos nosso olhar para o invariável que aí se torna visível, ou seja, o essencialmente necessário. Se sustentarmos, desde o começo dessa livre alteração, que a subjetividade deve sempre ter a capacidade de ser e permanecer "racional", em particular, deve sem-

pre permanecer judicativa e cognoscente, então nos depararemos com estruturas essenciais vinculantes (*bindende*), que se encontram sob o título de razão pura e, em particular, de razão pura judicativa. A ela também pertence, como pressuposto, uma ligação constante e essencialmente necessária com alguns componentes hiléticos, compreendidos como bases aperceptivas das experiências possíveis, que devem ser necessariamente pressupostas para o julgar. Se determinarmos, portanto, o conceito da forma, em princípio, através de componentes essencialmente necessários de uma subjetividade racional em geral, então o conceito *hylé* é (exemplificado por cada "*datum* sensorial") um conceito formal, e não aquilo que deve ser seu oposto, um conceito contingente. Por outro lado, não há exigência essencial alguma para que uma subjetividade judicativa e cognoscente (e, assim, também de uma subjetividade racional em geral) seja capaz de sentir cores e sons, para que seja capaz de ter sensações de tal e tal diferença e de coisas do gênero – ainda que mesmo tais conceitos precisem ser formados como *a priori* (isentos de tudo o que é fático e empírico).[73]

A distinção entre necessidade e contingência nessas sentenças é inócua. Assim como não há uma "exigência essencial" para que a subjetividade perceba "cores e sons", também não se pode concluir, a partir do puro pensamento, que a subjetividade realize experiências em geral. A "existência" de subjetividade não pode ser deduzida como necessária, como "*a priori* formal". E mais. Se a proposição "todos os fenômenos sonoros têm uma extensão temporal" possui um "núcleo material" (*sachhaltigen*

---

[73] *Logik*, p.26-7.

Kern), então também possui aquele *a priori* formal mais puro, no sentido de Husserl, o princípio de não contradição, pois este só é compreendido em sua ligação com o todo do conhecimento e com seu conteúdo, e não se torna objetivo (*vergegenständlichen*) em isolamento. Nessa proposição oriunda da acústica se encontra presente, de acordo com Husserl, o momento da contingência, uma vez que sua validade depende de haver algo assim como "som em geral", ou seja, depende de uma consciência fático-psicológica poder realizar ou não vivências fáticas. // O que Husserl concede para o *a priori* contingente também vale para o seu *a priori* formal. Consequentemente, o conceito do *a priori* contingente adquire, na própria teoria de Husserl, validade universal. Seu *a priori* absoluto envolveria um momento do não *a priori*. Não deveria ser difícil constatar o vazio de sentido da tese de que o *factum* não *a priori* possuiria seu *a priori* em não ser *a priori*. Certamente não se ganha muito com isso. Exatamente como o conceito de acaso (*Zufälligkeit*) em todo o pensamento burguês, o conceito husserliano de contingência (*Kontingenz*) é expressão da impossibilidade de reduzir o real ao seu conceito, o fato à sua essência; em última instância, o objeto ao sujeito. A discussão acerca da contingência, assim como do *a priori*, é o indício de um processo social obscuro e não planejado, ao qual o indivíduo é entregue: o processo é "necessário", o indivíduo é "contingente", e não somente o indivíduo, mas também a extensão daquilo que seria possível.

O fim do idealismo

A superação do idealismo, que finalmente se anuncia na filosofia de Husserl, não pode ser considerada como sua conquista. Se o método fenomenológico acabou resultando na ontologia existencial e na antropologia filosófica, então seu "fracasso" – palavra preferida de todos os diádocos[74] – certamente abre espaço para o fracasso destas. O fato de o puro pensamento não ser o absolutamente primeiro no mundo, mas ter sua origem no homem e na existência corpórea, transformou-se em lugar-comum de todos aqueles cujo "anticartesianismo" evita analisar a relação entre consciência e ser, preferindo antes difamar a própria consciência ao apelar à solidez do meramente existente. Comparados a eles, Husserl, apesar de tudo, mantém-se fiel à razão crítica – "jurisprudente". Quando essa razão, porém, se enreda em antinomias insolúveis, ao tentar comprovar a si mesma como fundamento absoluto e total do ser, então a exposição das antinomias não apenas retira o direito crítico dessa razão, como também torna muito mais manifesto que não há uma condição absoluta para o ser. Uma coisa é instituir irracionalmente a irredutibilidade do ser como o seu primado ontológico, outra é levar adiante a análise fundamental da consciência, até o ponto em que ela se torna o que não é próprio à consciência. // Pois esse seu contrário não é meramente o seu contrário, nem o inconsciente, nem o ser privado de todo e qualquer enunciado. A exigência do primado da consciência sobre o ser não é honrada (*geht zu Protest*). Não obstante, nem por isso se outorga o primado ao ser-aí. Em Husserl, o processo que está sempre pendente, o processo em torno do absolutamente primeiro, acaba refutando o próprio conceito do absolutamente primeiro. Nesse ponto, a ultrapas-

---

[74] Termo que designava, na Grécia antiga, o fundador ou seguidor de uma escola filosófica. (N. do R.)

sada filosofia da consciência é, segundo a sua função objetiva, mais avançada do que aquela dos arrivistas filósofos do ser. Esses filósofos recaem no pensamento da identidade, enquanto aquela filosofia da consciência, embora não chegue à dissolução da compulsão filosófica para a identidade, ao menos força essa dissolução. O idealismo não é simplesmente a inverdade. Ele é a verdade em sua inverdade. A aparência (*Schein*) idealista é tão necessária em sua origem quanto em sua transitoriedade. Que a consciência assuma uma figura monadológica; que, para o indivíduo, o saber acerca de si mesmo apareça de maneira mais imediata e segura do que o mesmo saber de todos os outros – tudo isso é o fenômeno (*Erscheinung*) que pertence a um mundo falso, no qual os homens estão alheios e incertos uns aos outros e no qual cada um só se relaciona imediatamente com seus interesses particulares, interesses nos quais, não obstante, leis universais, "essenciais", se efetuam: tal como o *eidos* transcendental de Husserl se efetua na mônada. O entrelaçamento entre aparência e necessidade, característico do idealismo, dificilmente se tornou mais visível em sua história do que em Husserl. Hostil tanto ao caráter necessário de aparência da indução quanto ao caráter aparente da necessidade da dedução, Husserl aspirou confinar o idealismo a um lugar paradoxal. A motivação de tal paradoxo, a constituição monadológica dos homens, só poderia ser superada, se a consciência finalmente dominasse o ser, sobre o qual ela sempre afirmou apenas a inverdade de que ele se fundamentaria na própria consciência.

Índice onomástico

A
Agaton, 70
Alcibíades, Clinias Escambónidas, 70
Anaximandro, 64
Antístenes, 74
Aquino, São Tomás de, 106
Aristóteles, 42, 48, 74, 79, 87, 106, 115, 129, 167, 185, 238, 243
Avenarius, Richard Heinrich Ludwig, 122

B
Benjamin, Walter, 232
Bergson, Henri, 92-97, 99, 197, 218-9, 224
Böcklin, Arnold, 319
Brentano, Franz, 77, 127-8, 166, 340
Bühler, Karl Ludwig, 260

D
De Maistre, Joseph, 89
Descartes, René, 45, 57, 87, 93, 105, 312-3, 338, 354
Dilthey, Wilhelm, 168, 342
Durkheim, Émile, 139

E
Epicarmo (de Siracusa), 33
Epicuro (de Samos), 100

F
Feuerbach, Ludwig, 84
Fichte, Johann Gottlieb, 104, 321, 360
Franz (imperador), 353
Freud, Sigmund, 95, 169

G
Goethe, Johann Wolfgang von, 34, 301
Górgias (de Leontinos), 44, 74

H

Hamilton, William, 143
Hegel, Georg Wilhelm Friedrich, 24, 33-5, 49, 54, 58-9, 64-5, 73, 78-9, 92, 99-100, 107, 127, 130, 157, 159, 174, 181, 211, 227-8, 275, 289-90, 295-6, 302, 306, 332-3, 345, 360-1
Heidegger, Martin, 49, 303-5
Heráclito (de Éfeso), 54, 238
Heymans, Gerardus, 142
Hitler, Adolf, 58, 301
Höfler, Otto, 143
Horkheimer, Max, 14
Hume, David, 56, 75, 165, 237, 261, 286
Husserl, Edmund, 19-24, 29-31, 33, 35-7, 40-1, 45, 49, 51-3, 60-2, 66, 68, 72-78, 80-3, 94, 97-118, 120-7, 129-31, 133-40, 142, 144-9, 151-7, 160-90, 193-200, 202-8, 211, 213-9, 221-33, 235-6, 240-2, 245-57, 261-3, 265, 268-78, 280-93, 295-9, 301-8, 310-5, 317-22, 324-47, 349-59, 361-7, 369-71
Huxley, Aldoux, 51

J

James, William, 179, 350

K

Kant, Immanuel, 59, 72-4, 77, 105, 217, 233-4, 237-9, 243-5, 254, 256, 265, 271-3, 282-4, 286, 288-9, 294, 298, 344

Köhler, Wolfgang, 260-1
Kraus, Oskar, 127-9

L

Lange, Friedrich Albert, 113
Lask, Emil, 62
Leibniz, Gottfried Wilhelm, 84
Lichtenberg, Georg Christoph, 87
Locke, John, 84, 173, 338

M

Mach, Ernst, 122, 282
Maimon, Salomon, 242
Meinong, Alexius, 143
Mill, John Stuart, 143
Montaigne, Michel Eyquem de, 46
Morgenstern, Christian, 162

N

Natorp, Paul, 47, 302
Nettesheim, Agripa de, 105
Nietzsche, Friedrich Wilhelm, 54-6, 69, 130, 289

P

Parmênides (de Eleia), 42, 47, 238
Platão, 41, 43-5, 47-50, 70, 75, 167, 176, 238

R

Rickert, Heinrich, 168, 189, 289
Russell, Bertrand, 129

S

Scheler, Max, 52, 79, 152, 260, 293, 303, 322

Schlick, Friedrich, 301
Sigwart, Christoph von, 142, 146
Simmel, Georg, 168
Sócrates, 41, 44, 70

T
Tenier, David, 347
Troeltsch, Ernst, 321

V
Valéry, Paul, 68

W
Weber, Max, 102, 342
Whitehead, Alfred North, 129
Wittgenstein, Ludwig Joseph Johann, 88
Wundt, Wilhelm, 101

SOBRE O LIVRO

Formato: 14 x 21 cm
Mancha: 23 x 44 paicas
Tipologia: Venetian 301 12,5/16
Papel: Off-white 80 g/m² (miolo)
Cartão Supremo 250 g/m² (capa)
1ª *edição*: 2015

EQUIPE DE REALIZAÇÃO

Edição de texto
Nair Hitomi Kayo (Copidesque)
Carmen T. S. Costa (Revisão)

Capa
Vicente Pimenta

Editoração eletrônica
Eduardo Seiji Seki (Diagramação)

Assitência editorial
Jennifer Rangel de França

Impressão e Acabamento
FARBE DRUCK
gráfica e editora ltda.